U0556604

守望者
The Catcher

林光华，1979年生，江苏人，中国人民大学国学院副教授、博士生导师，香港中文大学哲学博士，首都师范大学文学博士，江苏师范大学古典文学硕士、汉语言文学学士。学术专长为道家哲学、魏晋玄学。2005年赴台湾地区学习，2009年赴德国学习，2019年美国华盛顿乔治城大学访问学者。已出版专著《〈老子〉之道及其当代诠释》《魏晋玄学"言意之辨"研究》《放下心中的尺子：〈庄子〉哲学50讲》《无为的能量：〈老子〉哲学40讲》，教材《老子解读》《庄子解读》。在《哲学研究》、*Frontiers of Philosophy in China*等国内外期刊发表论文数十篇，在喜马拉雅、优酷、爱奇艺、腾讯、复旦人文智慧课堂等平台开设网络课程"林光华讲老子""50个用得上的《庄子》智慧""道解《红楼梦》""10本爱情文学名著导读""中国哲学通识课"等，致力于中华传统文化的研究与传播，目前已开展道家、情感哲学类讲座70余场。

郑泽绵副教授推荐

《爱的能量：爱情哲学50讲》是作者多年思考和讲授哲学的重要成果，体现出作者作为诗人的体验敏锐度与作为哲人的思想穿透力。书中对文学、电影、文化史的经典案例的分析引人入胜，加深了我们对相关文化现象与爱情心理的理解。作者对爱情被扭曲的现象和某些现代病症也给予了恰当的诊断和化解之道。尤其是本书的下编针对现代女性的处境、婚姻中的爱恨交织、独身与丁克现象、虚拟之爱等问题，皆有独到的论述。本书是21世纪以来中文学界关于爱情哲学的重要著作。

本书融贯中西，视野开阔，层次分明，深入浅出地娓娓道来。对于哲学专业读者与广大的人文爱好者而言，本书都是温暖心灵的思想盛宴。

郑泽绵

守望者
The Catcher

THE POWER OF LOVE
A PHILOSOPHICAL STUDY OF LOVE

爱的能量
爱情哲学50讲

林光华 / 著

中国人民大学出版社
·北京·

献给爱过、爱着和将爱的人

自　序
无法定义的爱情

爱情无法定义。爱情这么玄妙的东西竟然可以作为一门哲学课来讨论，我自己也没有想到，将其写成一本书就更出乎意料了。

我之所以要讲它，写它，是因为它是一个伴随很多人成长的重要"事件"，是现象学意义上的纯然发生、当下构成的现象，它无论以什么样的形式出现或不出现，都对我们的人生有重要的影响。爱情从来没有离开过人类的生活，只是很久以前不会用"爱情"这个名称。爱情是个谜，岁月越久，越能看清。这"看清"又只是相对的。很多我过去非常不屑的电影或文学作品，现在这个年龄重温又会瞬间感动，原来以前的"看清"是模糊甚至幼稚的。

即使没有恋人或爱人，爱情这个东西也如影随形。

我自己人生重大的决断也都与爱情有关，无论是选择哲学，攻读第二个博士学位，还是选择婚姻，生儿育女。我难以想象，如果没有爱情，我的人生将多么乏味与没有创造力。韩炳哲说："没有爱欲，思考就丧失了活力。"① 没有爱欲，就不会有爱情。思考与爱欲并不是分属于理性与感性的两件对立的事，而是互相刺激、相互成全的。所以，哲学的思考不仅与诗亲近，与爱情也不远。

这是一本综合了哲学、文学与心理学的书。它只是一个试探，还远不成熟。这个小小的果实是青涩的，它是根据我在中国人民大学开设的"爱情哲学"课的讲稿修改而成的。这门课缘于2007年我在香港中文大学读博时做陶国璋老师"爱情哲学"课助教的经历。这门课是我们哲学系最受欢迎的通识课之一，教室里总是坐满了人，阶梯上都是，我第一次知道原来"爱情"还有专门的课程去探讨，这里的学生好幸福。古今中外很多大思想家都讨论过它，他们为我打开了一扇门，引领我到了一个新的领域。我发愿要将这门课带到内地的高校讲，并有自己的特色，不仅有西方哲学，也要有中国哲学，加上我第一个博士学位是文学，所以希望也有文学的视角。爱情这个现象具有普遍性，没有哪个时代或者哪个民族不存在爱情，只是发生的方式和背后的习俗、传统有所不同。哲学研究人类一切普

---

① ［德］韩炳哲著，宋娀译：《爱欲之死》，北京：中信出版社，2019，第81页。为节省篇幅，以下同一文献再次出现时，只注责任者、书名和页码。

遍的现象，所以爱情完全可以放在其中。当然，爱情哲学又有它的特殊性，不同于形而上学、伦理学、美学，它极具个体性与经验性，所谓"如人饮水，冷暖自知"。所以，每个人都有自己的"爱情哲学"。

在写作的过程中，我既努力保持对每一种爱情的中立态度，又会情不自禁地在分析时融入我自己的体悟，在客观与主观、主体与客体之间游走，像是和爱情谈了一场恋爱，如同韩炳哲援引的马尔西里奥·费奇诺的话："我爱你，而你也爱我，我在你中找到我。"[1] 我爱着爱情，在这本书的书写过程中也会发现我自己的问题，常常茅塞顿开。

这本书几乎都是在孩子睡觉的间隙写的，有时甚至只能抱着孩子写。白天我几乎全部的时间都在带二宝，晚上他睡了我才能开始写，中间常常要经历刚刚冒出灵感就被一声"妈妈"中断的无奈，这个时候会很沮丧。但正是这种"实际生存处境"中的"现身情态"，让我更能体会现代女性兼顾事业与家庭的困难。这些辛劳又会在孩子突然的一句童言童语或挤到我的臂弯给我一个甜甜的微笑时被我瞬间忘却。

我也像很多人一样经历过对爱情的怀疑，经常在虚无的边缘打捞自己，调动我所学的各种知识来琢磨它的成因，是个人

---

[1] ［德］韩炳哲著，宋娀译：《爱欲之死》，第44页。

的命运，还是男权制的结果？每一种爱情无论是怎么发生的，被别人评说成什么样，其中都有美好的东西，也映射出人性与人格中的各种矛盾与问题，只是有时候我们没有发现。人很容易在繁忙的生活中掩饰或转移内心的痛点或迷茫，尤其在手机时代，很容易自我麻醉，但这些问题会在关键的时候出现。爱情在最根本处是与自己的相处，是找到一条自己的道路。我希望我的每一本书都能把这条路显示给大家，它是我的，也是很多人的。

爱情的幸运是相似的，爱情的不幸却各有不同。我希望这本书能帮助人避开爱情里的各种凶险——悬崖、冰川、沟壑、雷电，顺利地找到独属于每个人自己的那条小路，用自己独特的方式命名它。

每个人都有自己的爱情哲学，一个人就是一种爱情。我书中援引的很多哲学家、心理学家、社会学家、文学家对爱情的看法都不是唯一的定义，也不一定是适合所有人的。我尽量不对爱情下定义，以尊重它的多样性与复杂性，但又会经常随机地出现"爱情是……"这样的表达，这正说明爱情是流动的、变化的、因人而异的。思、诗、禅，都不足以表达它。它就是随机的凑合、构造，它就是流动本身；它是最平凡的诗意，又是生活真谛的浓缩。

爱情是一场智与美的修行。爱情是更广阔的人与人之间关系的缩影，你如何对待爱情，决定了你如何对待他人，对待世界。当我们谈论爱情时，我们谈论的是对世界的理解，对他人的理解，对自己的理解。克里希那穆提说：理解了爱，才能理解美。所谓的人生意义，所谓的幸福，所谓的爱情，最终要抵达的都是美。只有美会打动我们，让我们心悦诚服，让我们觉得来此人间是一场享受。爱情是修行的道场之一，是"情关"，我们最终爱的可能不是一个具体的、充满缺点的、随时会变的爱人，而是这个人带来的"美好"，而那些不美好的、伤害性的东西，都是必须过的"关"。

中国哲学的"道"的本义是道路。爱情是一条弯弯曲曲、落英缤纷的道路，需要我们自己走上去，恋爱要亲自谈，情书要亲自写，人要亲自拥抱。这条路通向美妙而深邃的森林。希望这本小书能为准备踏上这条道路、已在路中行走或跌倒的人提供一根拐杖，以便稳住心神，少走弯路，跌倒了也能爬起来。

爱情不是必需品，但爱情会让我们的生命更加丰盈，经由爱情对人生的意义与价值，我们对生命的质地与人性的奥秘都会有更深的领悟，对短暂的一生更懂得珍惜，留下更多的回忆。

爱情不可思议，但我还是思议了。正如老子说"道可道，非常道"，但还是说了。

在思、议、说的过程中，我们会看到那不可说的东西。

文字，只是面纱。爱情，永在路上。

目　录

上编　爱情之思

第一讲　爱是生生之道的人间体现 ……………………… 3
第二讲　爱情的三个悖论 …………………………………… 10
第三讲　爱情的三个难题 …………………………………… 23
第四讲　西方哲学视野下的"爱" ………………………… 34
第五讲　中国哲学视野下的"情" ………………………… 48

中编　爱情之探

第一篇　叛逆之爱 …………………………………………… 63
第六讲　幼年时期的三个主要特点 ………………………… 65
第七讲　原生家庭的问题及其影响 ………………………… 76
第八讲　反叛男权：《红楼梦》中的贾宝玉之爱 ……… 85

第九讲　反叛家庭：《情人》背后的杜拉斯 …………… 93

第十讲　亲子关系的维护：儒道两种方式 …………… 102

第二篇　依附之爱 …………… 113

第十一讲　依附型人格与"恋爱依赖症" …………… 115

第十二讲　茨威格的《一个陌生女人的来信》 …………… 123

第十三讲　《今生今世》背后的张爱玲 …………… 131

第十四讲　《英儿》背后的顾城 …………… 142

第十五讲　爱己才能爱他：弗洛姆的人格理论 …………… 154

第三篇　分裂之爱 …………… 163

第十六讲　安全感与冒险感：双重需要理论 …………… 165

第十七讲　不安全感的哲学原因 …………… 172

第十八讲　弗洛姆的性论与邦尼的宽恕论 …………… 179

第十九讲　昆德拉的"不能承受之轻" …………… 191

第二十讲　背叛与救赎：毛姆的《面纱》 …………… 199

第四篇　滋养之爱 …………… 209

第二十一讲　完善的人格：俗我、真我与觉我 …………… 211

第二十二讲　阿德勒的人格论 …………… 221

第二十三讲　李银河与王小波：爱你就像爱生命 …………… 229

第五篇　精神之爱 …………… 237

第二十四讲　柏拉图式恋爱 …………… 239

第二十五讲　茨维塔耶娃：抒情诗的呼吸 …………… 249

第二十六讲	先秦与魏晋道家的自然之情	258
第二十七讲	从苏轼到沈复的古典爱情	266
第二十八讲	林徽因与徐志摩的爱与选择	275

第六篇 自由之爱 … 285

第二十九讲	海德格尔的自由论	287
第三十讲	萨特的自由论	298
第三十一讲	弗洛姆的自由论	307
第三十二讲	波伏娃的自由论	318
第三十三讲	萨特与波伏娃的契约式婚姻	325

第七篇 放手之爱 … 339

第三十四讲	缘起性空：中观思想与爱情的无常	341
第三十五讲	无常：《红楼梦》中的宝黛之爱	347
第三十六讲	无言：《红楼梦》中的宝妙之情	358
第三十七讲	无情：从弘一法师到阿伯拉尔	370

第八篇 危难之爱 … 387

第三十八讲	爱情与死亡的关系	389
第三十九讲	以命赌爱：张爱玲的《色戒》	395
第四十讲	危难之爱：张爱玲的《倾城之恋》	406

第九篇 控制之爱 … 415

第四十一讲	弗洛姆：生本能与死本能	417
第四十二讲	道家的死亡观与"不控制"论	427

第四十三讲　林奕含的《房思琪的初恋乐园》·········· 432

下编　爱情之问

第四十四讲　爱情的本质是什么 ················ 443
第四十五讲　如何保持精神的追求 ················ 447
第四十六讲　爱、性与婚姻的关系是什么 ············ 451
第四十七讲　现代女性的处境是什么 ··············· 459
第四十八讲　如何面对婚姻中的爱恨交织 ············ 463
第四十九讲　如何看待独身、丁克现象 ·············· 469
第五十讲　如何看待"虚拟之爱" ················ 473

附录　爱情私语 ···························· 479
后记 ···································· 483

上编 爱情之思

第一讲　爱是生生之道的人间体现

中国儒道思想的核心精神是"生生不息"。爱是生生不息之道在人间的体现。

人从天地而来，人之感情秉乎天而有，顺乎人而成。谈爱情，先从天地说起。《周易·系辞上》曰："天地之大德曰生"[①]，天地最大的德行是创生，创生是宇宙间最大的能量，也是一个奇迹。孔颖达曰："言天地之盛德，常生万物而不有生，是其大德也。"天地创生万物，而不占有万物，是大德。"乾知大始，坤化成物"，乾、坤即天地，天地使得万物开始、生长、成熟、延续、更迭。这些都是儒家对"生生"力量的赞美，这种创生

[①] ［清］李道平撰，潘雨廷点校：《周易集解纂疏》，北京：中华书局，1994，第619页。本书《周易》引文及注疏皆出自此书，只注篇名，不另出注。

是"大爱""大仁"。荀爽曰:"生息万物,故谓之爱也。""爱"最初主要指"慈爱",并非指儿女情长、男女之爱。道创生人,人创生后代,万物并生,遵天法地,人类得以在宇宙中绵延不绝。《周易·系辞下》曰:"天地氤氲,万物化醇。男女构精,万物化生"。"氤氲"是个非常美的词,很难翻译,天地交融、酝酿,阴阳交织、互动,万物产生,这就是我们的世界。

《老子》第四十二章讲:"道生一,一生二,二生三,三生万物。万物负阴而抱阳,冲气以为和"[1],道创生万物,而人居其一。万物都有阴阳,阴阳和合而生生不息,人也不例外,男女相融、情投意合而创造生命。《周易·系辞下》曰:"刚柔相推,变在其中。"在刚柔的互动中,万物产生变化。这是阴阳的二对生结构,男女是一对阴阳,氤氲化醇而能生,个体与宇宙万物都在不断变化中创生。从这个角度说,爱情是从一到二,从二到三,从三到多的生命变化之原初动力。不变则静矣、死矣。只有阴阳相交、阴阳相济才能生出变化,一个"家"才能形成的。

孔子曰:"天何言哉?四时行焉,百物生焉,天何言哉"(《论语·阳货》)[2],也是感叹天地无言却创生了万物的伟力,大

---

[1] [魏]王弼注,楼宇烈校释:《老子道德经注校释》,北京:中华书局,2008,第117页。本书《老子》与王弼注皆出自此书,只注章数,不另出注。

[2] 杨伯峻:《论语译注》,北京:中华书局,2006,第267页。本书《论语》引文皆出自此书,只注篇名,不另出注。

自然中产生了人，人吸收了大自然的生命能量而具有创造性，这创造性首先是造人，其次才是创造工具，最后才谈得上创造物质文明与精神文明。越是自然的人，越有能量，越有创造力。《庄子·知北游》曰："天地有大美而不言，四时有明法而不议，万物有成理而不说"①，这"大美"不只是自然风光，而是"野马也，尘埃也，生物之以息相吹也"（《庄子·逍遥游》）的生生气象。人从天地运行的法则中洞察人的生存之道，遵循天道，顺应天时，得以生机勃勃地繁衍至今。

中国儒道思想虽有很大不同，但其根本思想是"生生之道"与"个体修身"。爱情可以看作生生不息的"道"在人间的显现，阴阳互动，男女相亲，爱情产生。爱情是自然而然产生的，但经营爱情需要个体的修身。天地不仁，大道无情，但人间有爱。这"爱"主要体现在情侣之爱、夫妻之爱、亲子之爱、兄弟之爱以及人神之爱，爱情直接关乎夫妻、亲子、兄弟的关系，它是一种小家庭内部的情感信仰，通过"爱"把一代又一代人连接起来。爱情使两个陌生人愿意走到一起，缔结婚姻，繁衍后代，这使得人类不仅能延续，而且是美好地延续。现代爱情不再是"父母之命，媒妁之言"，而是顺从自然的两情相悦、自

---

① ［晋］郭象注，［唐］成玄英疏，曹础基、黄兰发点校：《南华真经注疏（下）》，北京：中华书局，1998，第422页。本书《庄子》、郭象引文皆出自此书的上、下两册，为节约篇幅，只注篇名，不另出注。

主决定，它使繁衍变成了美好的创造，使子嗣成为爱情的结晶。

"道"是人类得以生生不息的动力，它落实到个体就是个体的创生能力与能量，这种能量就是爱，只有爱能让现代人更愿意创造新的生命，它是个人生活的动力与幸福的主要来源。从带有情欲特征的两性之爱升华到了最无私的亲子之爱，这种能量流动在家庭、家族、社会、国家与宇宙中，会影响到人与物，让"万物一体"的本源关系不断被唤起与加固。最简单的体现就是当我们恋爱时，我们会变得温柔、甜美、热情、乐观、能量满满、充满希望，觉得一切都是美好的、可爱的，恨不得去拥抱所有人，向全世界宣告自己恋爱了。恋人的心中美滋滋地装着彼此，这个能量流动是多么美好。这样天地万物也就能更好地连接起来。

爱也是弗洛姆说的人的"生本能"的最好体现，是人积极的生活态度、饱满的生命动力的表现。爱情中尽管常常伴随着痛苦与伤害，但这痛苦与伤害也会促进人去成长。没有人天生就会谈恋爱，会爱，会经营婚姻，爱情是一门需要学习的课程。无论在爱，还是不在爱，无论结婚还是不结婚，无论生育还是不生育，爱情都以不同的方式影响着我们的生活，哪怕只是憧憬，哪怕刻意回避，都是爱情作用于我们内心的方式。在每天疲于奔命的生活中，我们的内心会因为爱着而升起一点信心与美好。这就是爱情对于平凡的我们最基本的意义。

第一讲　爱是生生之道的人间体现

爱情本来是一个"关关雎鸠，在河之洲。窈窕淑女，君子好逑"①（《诗经·国风·关雎》）的最自然的事情，就像两只鸟在互相回应中走向结合，你叫一声，我应一声，爱情就产生了，人们在《诗经》的时代就记录下了这美好的情景。今天的爱情则有很多的困难，爱情变得越来越难，或者越来越边缘化，人们心心念念的是如何实现自己的成功与野心，更在意别人对一个人是否成功的评判，而常常对爱情与婚姻漫不经心。在这个越来越多的年轻人选择"不婚不育"的时代来讲爱情，似乎更有它的现实意义。当你视野足够广，足够深，真的到达了"人情练达"之时，才不会随波逐流，才能做出正确的选择，为整个人类的命运着想。

文艺复兴时期著名的哲学家费奇诺认为，爱情是世界各部分之间"结合的永恒的节点"，"性是一种宇宙力量，只有从其宇宙现象的角度思考，它才能被理解"。②持类似观点的代表还有德国的哲学家谢林、舍勒等。印度圣雄甘地也认为，精神上真诚的人存在着深刻的和谐与共鸣，"在所有有生命的生物中也必然存在这种凝聚力；有生命的众生之间的凝聚力的名字便是

---

①　李炳海编著：《〈诗经〉解读》，北京：中国人民大学出版社，2008，第21页。以下《诗经》引文皆出自此书，只注篇名，不另出注。
②　[意]维托·曼库索著，杨姝睿、张密译：《爱的小哲学：关于爱情、性和婚姻》，北京：中国友谊出版公司，2021，第184页。

爱。"① 我们都是爱的产物，尽管这爱有很多种，在爱的过程中也会遇到各种艰辛与离合，但是茫茫人海中，人头攒动的背后都是爱，没有前人的爱、父母的爱，就不会有我们，"我们属于这种聚合和凝聚的整体逻辑"②。

当你的爱情受挫时，哪怕只是和自己的伴侣吵架，可能瞬间也会觉得爱情不存在，更何况面对分手的痛苦。但是爱情就是这样一个充满惊喜、刺激与"凶险"的旅程，在这个旅程中，最高的"丛林法则"是"爱"，即便爱情是庄周梦蝶般的一场大梦，但不经过大梦，你就不会大觉。孤独的时代更需要爱情，如果人类有一天灭绝了，我相信人类留在宇宙中的纪念碑上一定会刻上与爱情相关的文字。爱是人类致敬宇宙的方式，爱情是人类之爱中的最小单位。也许真有刘慈欣所写的类似"三体"文明的存在，那我们地球文明的特别之处在哪里？"三体人"也许理解不了爱情，但恰恰是因为爱情，人们才能体会更宽广更深邃的人际之爱，爱情是地球文明中一种璀璨而独特的存在。其实我们每个人都是《三体》中的物理学家汪淼，每天都会看到我们自己生命的"倒计时"③，只是它没有被打在我们的视网膜上而已，它时刻提醒我们作为宇宙中有限的存在，如何让个

---

① [意]维托·曼库索著，杨姝睿、张密译：《爱的小哲学：关于爱情、性和婚姻》，第184页。
② 同上，第184-185页。
③ 刘慈欣：《三体》，重庆：重庆出版社，2016，第22页。

体的生命更美好,让人类的生命更长久。

爱情会让我们暂时忘记这个"倒计时",流连于某个美好的时刻更久一些。因为有爱情,人面对死亡才不孤独,不恐惧,不遗憾。因为有爱,人与人才更加和谐,人类才更加文明与高贵。个体的人乃至整个人类在浩瀚的星空中都无比渺小与短暂,爱情是一道光,它点燃了生命,带来了慰藉与寄托,沉思与智慧,美好与力量。爱情是孤独者对星空的深情凝望,是人的心灵的深层需要。费舍尔说:"爱是一种需要、一股热望、一份想要找寻人生至宝——一位爱侣——的渴求。我们为爱而生。此言不虚,如果人类生生不息,一百万年后我们仍会坠入爱河,比翼双飞。"① 无论今天的爱情被说成什么样,人们对爱情怀抱怎样复杂的心情,我相信爱情都会伴随人类而存在,人类也会因为爱情而更富有生机。无数人的爱,无数生机的汇聚,就是对宇宙之"道"的最好体现。

---

① [美]海伦·费舍尔著,倪韬、王国平、叶扬译:《我们为何结婚,又为何不忠:性、婚姻和外遇的自然史》,北京:中信出版社,2020,前言,第3页。

第二讲　爱情的三个悖论

常常有人感慨，越是深爱一个人，越是矛盾重重；越是对一个人好，对方越是不领情；离得越近，伤害得越深；等等。这是因为爱情本身就有悖论。爱情不是一个可以线性追求的东西，不是说你付出越多越好，两个人越亲密越好，两个人越能谈得来越好。爱情关系是两个人之间的互动，不是一个跑另一个追，那永远也追不上。也不是两个人一起向对方跑去，那样很快就到达了终点。更不是付出越多，对方越爱你，付出多的一方期待与要求也会更高，而被爱的一方会感到压力、愧疚，这都是对爱的阻碍。爱情至少有三个常见的悖论，即自相矛盾的地方，如果我们能认知它，就能把握好爱的分寸。这里先简要概括。

第二讲　爱情的三个悖论

第一，既同一又差异。

两个人因同一而相爱，因差异而分开，这是常见的爱情的结局。同一是指两个人的共同点，既包括表层的专业背景、兴趣爱好等，也包括深层的人格特点、性格脾气与价值观等。差异是指两个人所有不同的方面。同一与差异同时是爱情所需要的。也就是说，相爱的人既需要高度的同一，又需要很大的差异，要非常像，又要非常不同，这样爱情的机制才能发动起来并且长久地运行。两个人高度同一，才能发生共鸣，这就是通常说的"琴瑟和鸣""志同道合"；两个人有很大差异，才能带来刺激，这就是通常说的"不是冤家不聚头"。这种同一与差异就像《周易》中的"阴阳"，一白一黑是最大的"差异"，阴阳是"同一"的，只是一体的两面。"同一"能给人带来安全感，因为对方是你的"知己"，了解你而不会产生误解与伤害。"差异"能给人带来冒险感，因为对方与你不同，所以你能看到不一样的世界，会对对方的世界产生好奇，两个人能碰撞出更多的火花，有更多的可以互补的内容。

但是，爱情要同时满足人对安全感与冒险感的需要才能长久，既不因"同一"而厌倦，又不因"差异"而冲突。这就是个矛盾。因为太像就容易厌倦，有差异自然有冲突。安全感最终带来乏味，冒险感最终带来冲突。两个完全一致的人不会相爱，因为另一个人完全是自己，那爱自己就好了；两个完全不同的人也很难相爱，因为所有方面都会产生冲突，无法和谐共处。所以，要遇到那个对的人很不容易，这个人既要与你有很多"同质"的交集，又要有很多"异质"的地方，所以，相爱确实需要缘分和运气，爱下去确实需要智慧与能力。

这"同一"与"差异"也可以同时是价值观、性格与兴趣上的，甚至包括两人的全部成长史和生活习惯，都是"同中有异""异中有同"。你想要简单地认准一个人爱下去，但爱情不听你的，越爱越累，因为在彼此同化对方的冲动下，"同一"越来越多，甚至连长相都很有"夫妻相"了，也就无趣了，太熟悉了以至于无话可说，这就是把爱情过成了亲情；而在"差异"上会不断冲突，想要对方认可自己，这就会让双方都感到不自由，越来越疏远。爱情要在"同一"的基础上兼容"差异"，把"二"变成"一"，这是很高的境界，如巴迪欧所说：

> 在山村中，某个宁静的傍晚，把手轻搭在爱人肩上，看夕阳西下即将隐入远处的山峦，树影婆娑，草地宛如镀金，归圈的牛羊成群结队；我知道我的爱人亦在静观这一切，静观同一个世界，要知道这一点，无需看她的脸，无需言语，因为此时此地，两人都已溶入同一世界之中。当此际，爱就是这种悖论，这种同一的差异性和差异的同一性。[①]

[①] ［法］阿兰·巴迪欧著，邓刚译：《爱的多重奏》，上海：华东师范大学出版社，2012，第55页。

第二讲 爱情的三个悖论

这是个理想的画面，是同一与差异的悖论达成了最大限度融合的画面。彼此融合的过程包括无数个细节的冲突与磨合，很多爱情都在这种磨合中失败了，陪伴到最后不是因为最初的爱情，而是因为不断把"差异"变成"同一"的亲情。因此，爱情是既快乐又痛苦的，在二者"同一"的方面会感到同频共振的快乐，在二者"差异"的方面会感到互相征服的痛苦。可以说，没有不带痛苦的爱情，只是痛苦的原因与程度不同。也没有不经过痛苦就能达到快乐的爱情，因为痛苦让你学会接纳对方，尊重对方的自由，将两个人的"差异性"调节得刚刚好，彼此保持最适合彼此的距离，这样，爱情的美就能持续。

所以，爱情其实因为"同一"与"差异"的并存才成立，完全相同或完全不同的人之间很难发生爱情，青梅竹马的熟悉未必能走到最后，贾府里的焦大也不会爱上林妹妹，因为同一性与差异性都太大了。"同一"与"差异"之间永远有张力，它像一张古琴，声音有轻有重，有按音的实在，有泛音的空灵，且需要经常调调琴，弦太松或太紧了都弹不好。总是弹《十面埋伏》这样动的不行，总是弹《文王操》这样静的也不行，要时动时静，时松时紧，时缓时急才刚刚好。弹琴，其实也是谈情。所以认识这个悖论，在爱情中就不会为双方的"差异"而沮丧，因为这正是你爱上对方的原因。也不会因为双方对彼此的熟悉而失去趣味，因为"左手握右手"的安全感正是你想要的。

面对彼此的"差异",不要强迫对方改变,不能欣赏就包容,不能包容就忽略。面对彼此的"同一",不要把对方当成父母一样可以无所顾忌地说话的人,而是要有分寸,这是古人说的"夫妇之别",要保持距离。要让爱情长久,就要珍惜彼此的"同一",理性对待双方的"差异",在有冲突的时候,让渡"自我"的一部分自由,来包容对方的"差异"。在熟悉得无话可说的时候,各自创造新的生活内容,探索新的风景,关注新的领域,不断在求知中分享更多新鲜的生活内容。爱情中的"相爱相杀"、爱恨交织的原因之一就是对这个悖论没有处理好,或没有意识到,或不愿意去面对它、解决它。

第二,既占有又失去。

爱情,当你占有它的时候,也是在失去它,这是又一个悖论。你占有了爱的人,也就失去了渴望得到的那份渴望。并且,你爱上的对象会随着你的占有而改变,无论这种"占有"是确立恋爱关系、同居还是步入婚姻。爱情看似在层层递进,走向固定,实际上这种通过"占有"而获得的确定性和固定性是对爱情的束缚与破坏。这种"占有"其实是一种"绑定",两个人的所有事情从此绑在一起,事无巨细,连两个人的命运都绑在一起,一荣俱荣,一损俱损,你个人的价值已经不是自己能决定的,而是取决于双方的状况。你做的任何事情都要考虑对方

第二讲　爱情的三个悖论

的感受，甚至对方的家人、朋友的感受，考虑你们的事情会给别人带来什么影响等。当束缚越来越多时，爱情也就渐渐没了。

为什么爱情不会因为彼此"占有"而一劳永逸？这不是简单的因为熟悉而厌倦的问题。从哲学意义上说，爱情不是一个"物"，爱的人也不是一个"物"，爱情是当下构成的、非对象化的东西，就是你不能把它当作一个固定的东西拥有。弗洛姆说：

> 人能占有爱情吗？如果可以的话，那爱情就是一种物，一种质料，是可以为人所有和占有的东西。真实的情况是：世界上并没有像"爱情"这样一种物。"爱情"只是一个抽象名词，也许是一位女神或其不为人知的本质，尽管谁也没有见过这位女神。实际上只存在爱的行动。①

我们能占有的是一个"物"，一个"对象"，爱情不是一个"物"，而是不断发生的行动。没有一种现成的、固定的东西叫"爱情"，只有你去爱的各种行动。所以，我们不能占有爱情，只能去行动，不停地创造爱，今天你在爱，爱情就在，今天你没有去爱，爱情就不在了，当然这种爱的行动不一定要去说我爱你、送花、关注对方，它可以是心里的，对爱的人的精神的支持。

---

① ［美］埃里希·弗洛姆著，李穆等译：《占有还是存在》，北京：世界图书出版公司北京分公司，2018，第52页。

当我们"占有"一个物时，会视其为私有物，享受"拥有感"，然后，就忽略了行动。在我们很多人的潜意识里，似乎占有爱的人就等于完成了，拥有爱情就等于成功了，当我们有这种想法时，就没有打算再去做多大的努力。以占有的方式去体验爱情实际上恰是对爱的对象的限制、束缚与控制，这样其实已经不是爱情了。这种爱会让对方窒息或麻木，这是对爱的活力的扼杀，人们把占有对方、控制对方称作爱，其实是为了掩饰没有爱。我们越是对爱人提要求，越是占有他，越是说明爱已经不存在了。弗洛姆说，一些彼此相爱的夫妇的生活史中，他们的关系是"从'爱上了'开始，到幻想去'占有'终止"[①]。当你反反复复要让对方说"我爱你"，要求对方关注你，要求仪式感，要求查看对方手机时，其实只是对已经不爱的事实的掩饰。真正的爱不是你能占有的，所有对彼此的要求都是一种"占有"，只不过是以"爱"的名义。

阿多诺说："一旦被完全占有，所爱的人就不再被真正凝视……爱是一种专门与对方说话的感情，它依附于所爱的特征。"[②] 所爱之人被占有之后，就不再是特殊的、专门的那一个，而是越来越熟悉，越来越普通的一个。你一旦占有了爱的人，

[①] [美] 埃里希·弗洛姆著，李穆等译：《占有还是存在》，第53页。
[②] [德] 阿多诺著，丛子钰译：《最低限度的道德：对受损生活的反思》，上海：上海人民出版社，2020，第84页。

他（她）也就不再是那个朦胧又独特的人了，不是你"寤寐思服、辗转反侧"的那位"窈窕淑女"，不是魂牵梦绕的那位"在水一方"。渴望、忐忑不安、梦寐以求……正是构成爱情感受的重要部分。中国很多地方管爱人叫"对象"，我们苏北地区就如此。这是个很有意思的词，"对象"是把爱的人充分"对象化"的称呼。我们那儿把相亲叫"找对象"，把恋爱叫"处对象"，管配偶叫"我家对象"。这些都是在传达"他（她）是我的"。也就是通常说的"名花有主""名草有主"了。爱的人被对象化，你和你的"对象"靠习惯与责任生活在一起，越来越像彼此的"私人财产"，而不是"心上人"。互相吸引的点少了，因为熟悉而忽略了彼此的独特性，一切变得平庸起来。但是，"占有"又是人的本性，这就是爱情的悖论。

占有对方时，自己的主体性也消失了，巴塔耶说："对爱而言客体是必需的，客体是主体的占有物，被主体占有。不再有主体-客体，裂开的缺口存在于他们之间。在缺口中，主体与客体相互消解了，有通道，有交流，然而不是彼此之间的：一个与另一个失去了区别性的存在。主体的问题、知的愿望被消除了：主体不再存在。"① 相互融合即相互消解，爱情中常常伴随着"迷狂"的内在经验，没有原则、没有理性、没有界限，包

---

① ［法］乔治·巴塔耶著，程小牧译：《内在经验》，北京：三联书店，2017，第119页。

括主体自身的消解,而产生虚无的感受。"我不可能逃脱,面对无限的虚无,我在自身之中被抛弃,甚至空无、冷漠。但内在经验是征服,为了他人才如此,经验中的主体陷入迷途,迷失在客体中,而客体本身也消解了。"① 人既追寻内在的经验,又无法完全封闭自我,需要不断出去寻找,在逃避虚无的过程中有时免不了沦为"人群"中的一个,"作为主体,他将自己从自身中抛弃,陷入泛泛的人群的可能性的存在中"②。人既想在爱情中"确立"自己,又会为爱痴狂"抛掉"自己,这也是一个悖论。确立自己,从而获得存在感、安全感、价值感;抛掉自己,从而进入"无我"的状态,与更大的能量接通。这两面在爱情中是并存的。

爱情包含了对异质性的"他者"的渴望与想象,我们通常只会渴望我们没有的事物,苏格拉底在《会饮篇》中提醒我们,重要的不是探寻为什么我们爱某个人,而是为什么我们会去爱。③ 我们被对方吸引的是既同质又异质的东西,但是"世俗之爱"常常是一个同化对方的过程,或者一方顺从另一方以求安稳。爱情源于渴望,渴望越深,结合的欲望就越强,在爱情中就越有存在感,但是等这份渴望满足了,爱情也就消失大半。

---

① [法]乔治·巴塔耶著,程小牧译:《内在经验》,第121页。
② 同上,第122页。
③ [法]奥德·朗瑟兰、玛丽·勒莫尼耶著,郑万玲、陈雪乔译:《哲学家与爱:从苏格拉底到波伏娃》,上海:华东师范大学出版社,2020,第24页。

就像你特别向往的一个地方，你会一直想象它的样子，等你真的到了那个地方，就会发现不过如此，即便美不胜收，但领略了之后，你对它的渴望与想象也就消失了。

当然，认识到爱情的这个悖论不意味着就不去追求爱情，不去表白，不去结婚了，而是当你认识到了，你就能做出更好的选择，更懂得把握两个人之间的距离。这样的心态会让爱情持续得更久，让两个人在爱情中的自由更多一些，当爱情消失的时候内心的痛苦就会更少一些，因为幻灭的不是爱情，而是你对爱情的渴望与想象。最好的爱情就是在爱情中各自做自己，不失主体性，但又能接纳与欣赏对方，彼此有距离地深情凝望。

第三，既亲密又排斥。

爱情中的亲密感主要是由"同一"带来的，而排斥感是由"差异"引起的。爱情是相爱之人既亲密又排斥的一种特殊情感。往往恋爱的时候我们觉得相同点多，而结婚之后，会发现两个人的差异更多，所以亲密感渐渐变成排斥感，甚至变成冷暴力。爱人之间最亲密的体现莫过于"性"，但每一次无论多么激动人心的性爱之后，大概都会瞬间升起一种失落感和虚无感，因为融合的感觉总是短暂，激情之后很快回到现实。对于异性恋来说，伴侣之间的"差异"还包括男女两种性别之间的天然差异，所谓"一个来自水星，一个来自火星"。这种差异像一堵墙，常常会影响两个人的亲密感，需要很长时间的磨合甚至主动的学习，才能了解另一种性别的特点，慢慢地加以接受。最亲密的性爱之后，往往该吵架还是会吵架，因为在性中感受到的是彼此的融合，在性爱结束之后彼此的"差异"立刻又显示出来。这些矛盾的根源究竟是什么？我们真的了解自己和伴侣吗？我们对伴侣的认识在多大程度上是客观的？心理学家罗兰·米勒说：

> 我们很少真正地如自己认为的那般了解伴侣。即便是多年的老友或结婚很多年的夫妻，他们认为彼此有着许多共同点，但实际上并非如此。他们过高地估计了彼此的相像……人们似乎是和幻象中的伴侣结婚——他们爱上的是另一种人，却认为自己的伴侣就是这种人——当他们真正了解彼此在很多方面存在严重分歧时，或许会很失望。[1]

人们从恋爱到结婚到有孩子，常常是在潜意识中把对方当作自己想象的那个人，而不是完全真实的对方，甚至对方连自己都认不清自己。我们会因为身体或心灵的亲密误以为我们已经非常了解对方，当我们有这样的想法时要小心，我们了解的永远只是我们眼中的对方。人心、人情、人性都会变化，不同

---

[1] [美]罗兰·米勒著，王伟平译，彭凯平审校：《亲密关系》，北京：人民邮电出版社，2017，第99页。

第二讲 爱情的三个悖论

的环境、处境与情境下人会展现出不同面向的自己，连自己都意想不到。或者说，连我们自己都不能完全了解自己内心深处的东西，它将会怎样随着环境、处境与情境产生怎样的变化。有的人一无所有时彼此相爱，大富大贵时彼此就不爱了；有的人年轻时彼此相爱，到了中年就不爱了；有的人恋爱时热烈地相爱，结婚后就不爱了；有的人事业顺利时彼此相爱，事业低谷时就不爱了；有的人健康时彼此相爱，一方得了重病时就不爱了……人还是那个人，但心会变，情会变。所以，亲密感是暂时的、当下构成的，是情境化的产物，不意味着两个人真的走进了对方的内心。有时候我们自己都不住在自己的心里。

人因为有对亲密感的需要，所以渴望缩短与恋人的距离，走向"性"，走向婚姻。但两个有独立个性的人又相互排斥。在亲密与距离、吸引与排斥之间，爱情无比脆弱，相爱的人战战兢兢。连孔子都说："唯女子与小人为难养也，近之则不孙（逊），远之则怨"（《论语·阳货》），孔子的思想当然有时代的局限性，他是站在男性的角度来说的，那时候女性没有经济独立。但这句话从爱情的角度解读是没问题的，这句话不只是对于女性，对于男性也一样适用，可以说洞察了两性之间亲密关系的困难。无论是男性还是女性，在爱情中一方太过亲近，另一方都容易骄纵无礼；一方太过疏远，另一方都容易心生怨恨。这就是爱情中既亲密又排斥的悖论。如何在渴望与得到，占有与放手,亲密与排斥的张力中控制得恰到好处?这需要爱的智慧。爱情得以长久不是靠冲动与激情,而是靠理解、忍耐、包容这些良好的素养与内心的善良。

  正因为爱情中有这么多的悖论,所以一旦处理不好,爱情就会消失,会成为一个人的苦恼或不愉快的记忆。认识这些悖论,就会知道当你经历爱情时应该抱以何种态度和心态。你不再只想占有对方,不会过度地要求亲密,对爱情中的矛盾、得失、生灭也都会淡然。爱情让我们绽放生命中最美好的一面,也会暴露人性中最恶的一面。所以,传奇的爱情很多,罪恶的爱情同样不少。爱情可以让人重生,也可以让人毁灭。爱情是平凡的,又是伟大的;是可以理解的,又是不可思议的;是看起来可有可无的,又是你的一生中避不开的。所以,爱情是修行的道场,认识这些悖论是我们修行的第一步。

第三讲　爱情的三个难题

爱情就是这样一个吸引我们的"缪斯",又是一个迷惑我们的"潘多拉",但是人被丘比特的箭射中时,躲也躲不掉。爱情充满偶然与命运感。爱情很简单,也很复杂。如果在爱情中受挫了,不要惊慌,那只是爱情向你展示了它自身的难题。这些难题虽然不能说每个人都会遇到,不具有绝对的普遍性,但是很有代表性。我将难题归纳为三点:总在寻找中、爱与性分离和人性中的自恋与自私。这里面有爱情自身的悖论,也有相爱之人的灵与肉的具体的矛盾,更有理想与现实的冲突。爱上容易,相处不易。爱情容易,婚姻不易。爱情时时刻刻都要求我们面对现实的、人性的考验,在任何时代都有它的困难。

第一,总在寻找中。

人很难找到与自己完全匹配的那个人，常常觉得找到了，但很快会觉得不是。没有完美的爱人，只有不停地寻找或放弃寻找。这个问题要从柏拉图《会饮篇》中的"球形人"讲起，他说：

> 从前人的形体是一个圆形的东西，腰和背部都是圆的……长着两副面孔，一副朝前一副朝后，可是形状完全一模一样，耳朵有四个，生殖器有一对，其他器官的数目都依次比例加倍……他们的体力精力当然非常强壮，因而想要和神灵比高低。①

人最初都是球体形状的，并且有三种性别：男性、女性和双性。"双性人"即"阴阳人"，同时具有男性和女性的特征，身体方面有优越性，拥有惊人的力量，因而变得日益骄纵，想要登上天梯与神作战，一比高低。所以宙斯命诸神将"双性人"劈成两半，康复之神把劈开后的身体上四处张开的皮紧紧地缝在肚子上。所以，我们每个人实际上都是半个人，为了重回完整，就要不停地去寻找另一半，"爱情便在这种缺失感中诞生了"②。为了减轻人的痛苦，神又把人的生殖器移到前面，让男

---

① ［古希腊］柏拉图著，王太庆译：《会饮篇》，北京：商务印书馆，2013，第32-33页。
② ［法］奥德·朗瑟兰、玛丽·勒莫尼耶著，郑万玲、陈雪乔译：《哲学家与爱：从苏格拉底到波伏娃》，第21页。

女交合时感到快乐,短暂地忘记自身的残缺,这就是"性"。所以,无论你找到一个什么样的人,即使是被劈开的那另一半,两个人中间也总有裂痕,这就是为什么人会不停地寻找,感觉找到了,但缝合的伤口依旧在,总是不能痊愈,于是再继续找。这是爱情中的第一个难题。《会饮篇》说:

> 宙斯说到做到,把人剖成两半,就像切水果做果脯,用头发割鸡蛋一样。剖开之后,他吩咐阿波隆把人的面孔和半边颈项扭转到切开的那一边,让人常见切割的痕迹,学乖一点;扭转之后,再把伤口治好……然后他像皮匠把皮子放在鞋楦头上打平一样,把皱纹弄平,使胸部具有现在的样子,只在肚皮和肚脐附近留了几条皱纹,使人永远不忘过去的惩罚。①

这是对人的骄傲的惩罚,人只能在爱情中暂时忘掉被惩罚的痛苦并变得谦虚。人对另一半的寻找就是"爱欲"(Eros,爱洛斯)。"爱洛斯"是个精灵,是神与人之间的媒介。人靠爱欲的推动来追求爱情,而不是靠肉欲。柏拉图说:"如果我们一旦成了爱神的朋友,与他和平相处,那就会碰见恰好和我们相配的爱人……我说全人类只有一条幸福之路,就是实现自己的爱,

---

① [古希腊]柏拉图著,王太庆译:《会饮篇》,第33-34页。

找到恰好和自己配合的爱人，总之，还原到自己的本来面目。"①两个人一定要有对真理的渴望和追求，才有可能彼此相爱。真理是相爱的基础、桥梁，也是相爱之人想要去寻找的巅峰胜景。所以，你要成为爱智慧的人，才能遇到真正的爱情。你跟这类人相处，才能找到与自己匹配的那一个。全人类都需要一条幸福之路，那就是实现自己的爱。没有人不追求幸福，幸福离不开爱情。没有爱情的人生是有缺憾的，因为你始终没有找到另一半来成就更完善的自己。李银河说：

> 最可怜的人是从来不知道爱的存在的人。他们像小动物一样懵懵懂懂度过一生，只是一个生物性的存在、肉体的存在，而不是一个精神的存在。……第二可怜的人是不会爱的人。他们知道爱是美好的，是值得追求的，但是他们没有爱的能力。不知怎样才能去爱一个人，去得到一个人的爱。可能的原因是灵魂缺少营养。②

爱情是一种启蒙，让人突然感到自己与动物不同，与一个小生物不同，与别人不同。汪民安说："爱欲最终引向了真理这一目标。在灵魂之美这条路的终点，他才会瞥见真正的美本身，

---

① ［古希腊］柏拉图著，王太庆译：《会饮篇》，第37页。
② 李银河著：《一生所寻不过爱与自由》，北京：北京联合出版公司，2019，第98页。

瞥见永恒的美，始终如一的美，作为理念和真理的美。"① 爱情的美好在于相爱的人对追求真理有共同的兴趣与热望。在世俗中是寻找不到"美"本身的，所以在世俗中追求爱情是辛苦的，即使找到了，当初被切开后又缝合起来的伤痕一直都在，无法真正地合二为一。所以我们永远在爱的路上，一边品尝它的甘甜，一边接受它的变迁。活在尘土，望向光里。在现代社会，受资本、商业与科技等多方面的影响，能遇到那个愿意与你去共同追求真理的人就更难了。资本成了择偶的考量，爱情成了商业的消费，爱人变成了虚拟世界的"纸片人"，爱被很多替代品所替代，渐渐变得肤浅、庸俗。但这正是我们重提爱情、呼唤爱情、认识爱情、探究爱情的必要性所在。

第二，爱与性分离。

爱与性的合一是相爱之人所期望的，但在现实中又往往事与愿违。无论从生物本性，还是从后天选择来说，爱与性都是两回事，它们有各自独立的功能。爱是对美与真理的追求，更偏向精神性。性是身体的快感、本能的欲望和生育的需要；爱绝对地要求一对一，而性本身没有这个要求。在现代社会，性尤其成为一个独立的领域，成为"视觉主义"时代资本运作过程中的消费品，与商业利益直接挂钩。如拉康所说："我们将人

---

① 汪民安著：《论爱欲》，南京：南京大学出版社，2022，第13页。

的欲望抽出，扔到市场，竞价拍卖"①，性的背后是资本，从娱乐到色情，无不渗透着性作为商品交换的价值。

爱与性的分离，除了这些外部的影响，还有个人的选择问题。如米兰·昆德拉的《不能承受的生命之轻》中的"托马斯难题"，托马斯爱着特蕾莎，与特蕾莎的爱、性与婚姻都是合一的，但是在她之外还有很多个性伴侣，他认为爱与性是两回事，没有爱的性更轻松。性变成了一种猎奇和能力的象征。这背后的心理当然非常复杂，有的是因为自卑，有的是因为不安全感，有的是因为自身的人格有缺陷，有的是价值观的扭曲，有的是为了反叛原生家庭，还有的是特殊癖好、性瘾者。弗洛伊德说：

> 只有极少数受过良好教育的人才能将"情"和"欲"在体内进行恰当的融合。几乎所有的男人都认为他对女性的尊重会对自己的性行为造成局限，只有在找到身份低微的性对象时，他们的潜能才能得到充分的发挥。回过头来讲，会出现这样的情况是因为他们性目的中掺杂了一些堕落的因素，以致他无法冒险在一个他所敬重的女性身上得到满足。②

---

① [法]奥德·朗瑟兰、玛丽·勒莫尼耶著，郑万玲、陈雪乔译：《哲学家与爱：从苏格拉底到波伏娃》，第30页。
② [奥]西格蒙德·弗洛伊德著，彭倩、张露译：《性学三论与爱情心理学》，北京：台海出版社，2016，第151页。

弗洛伊德认为在男性中这个问题尤为普遍。这种人的爱情是"一分为二"的：一是圣洁的爱情，一是世俗的爱情。"对于自己所爱的人，不会产生任何的性欲，而对于那些能够激起其性欲的人，他必定无法爱上。他们所寻求的是自己不必去爱上的对象，这样做只是为了将自己的情欲情感不致玷污自己所珍爱的对象。"[1] 这也是为什么会出现精神与肉体的分裂。他们会爱上一个人，但不会与她发生性爱，即使发生也无法尽兴，在性上的渴望得不到满足，自己的性潜能也实现不了。他们在自己真正崇拜的、喜欢的人面前显得软弱、脆弱、羸弱，通常会把自己爱的女人精神化、当"女神"供着而不愿娶之为妻。他们更愿意找一个随便的女人或比自己身份低的女人，这样才能发挥动物性的性能力，满足自己。弗洛伊德把这种现象称为"心理性阳痿"。

当然，爱与性的分裂原因很多，有的不是社会、心理的原因，而仅仅是在同一个人身上无法满足自己对爱与性的需要。所以有人选择爱，而淡化了对性的需求；有人选择性多元，而淡化了对爱的需要。一对一的爱与性，"一生一世一双人"，"执子之手，与子偕老"是人们内心的盼望。但是在现代社会，爱、性与婚姻的合一很难。今天的离婚率很高，其中很大一部分原

---

[1] ［奥］西格蒙德·弗洛伊德著，彭倩、张露译：《性学三论与爱情心理学》，第148页。

因是爱或性出了问题，是情感原因，而非酗酒、贫穷、赌博等传统的原因，如伊娃·易洛思所说，婚姻"越来越多地基于个体的情感表达"[①]。婚姻双方越来越重视爱的能力、情感的能力，不仅在欧美国家，在中国也是如此。爱与性的分裂也是今天心理咨询中常见的一个问题，它会导致分手、婚姻破裂甚至终生难以治愈的创伤。

第三，自恋与自私。

爱情的难题还体现在人性中的自恋与自私，包括自我、自大、嫉妒、控制欲等。过度自恋的人很难去爱他人，因为他们只爱自己，以自我为中心。更严重的阻碍是"自私"，在爱情中并不想真正了解对方的需求，为"他者"让渡自己的一部分自由与利益。此外，人越来越"同质化"，缺乏个性，也没有对"他者"的丰富的想象。媒体与信息时代，这种同质化的"整齐划一"更加明显，因为人们的生活被媒体引导，对世界的认识取决于媒体报道什么、热点是什么，大家接收的信息是千篇一律的，而爱情需要一点幽暗的神秘，需要走向异质的"他者"。

> 今天，我们建造篱笆或墙来设定边界。但这些边界不再能够激发想象，因为它们无法塑造出他者，更多的是制造同质化的深渊，仅靠遵循经济法则来运行。它们只是用

---

① ［法］伊娃·易洛思著，叶晗译：《爱的终结：消极关系的社会学》，长沙：岳麓书社，2023，第321页。

来将富人与穷人分离。资本铸就了这些新的藩篱。钱让一切变得没什么不同。它消除了所有本质上的差别。①

有个性的人越来越少了,钱让一切差别消失,因此对"他者"的想象也变得困难,这也是"自恋"的一个体现,只关注自己,并不真心关注他人。要克服人性中的自恋与自私,走向他人,需要让渡自己的一部分自我与自由,互相成全,爱情才有可能。两个只考虑自己,或只想从对方身上获取点什么的人,是没办法相爱的。人性的自恋与自私是爱情最大的"克星"。

2013年热映的电影《了不起的盖茨比》让人看到爱情最终败给了人性的自私与冷漠。莱昂纳多饰演的盖茨比年轻时爱上了黛西,但是自己出身贫贱,门不当户不对,眼睁睁看着黛西嫁给了别人。他立志、奋斗,终于成了富翁,跻身上流社会,但是黛西的丈夫根本看不起他。他与黛西仍然相爱,以至于向黛西的丈夫宣告了这个事实。在他与黛西驾车离开的慌乱中,黛西撞死了她丈夫的情人,她非常恐慌,盖茨比为她"顶包",于是死者的丈夫枪杀了盖茨比。盖茨比本来留在家里等黛西的电话,没想到却等来了死亡。他死后,黛西连他的葬礼都不愿意参加,与丈夫搬走了,像什么都没有发生过。这部电影让很

---

① [德]韩炳哲著,宋娀译:《爱欲之死》,第65页。

多人看完感叹"不相信爱情了",如果爱情敌不过自私,谁还敢再去爱?谁还能再相信爱情?

人性的这些局限让爱情的发生与守护都变得非常难,所以现实中真正的爱情很少,而且越来越少。它要经历人性的、现实的考验才能存在、存活。爱情是一种持久的行动、坚定的信仰。克里希那穆提说:

> 爱不是心灵的产物。这是因为心灵的产物已经充满我们没有爱的心灵。心灵的产物包括嫉妒、羡慕、野心、成名的欲望和追求成功。这些思想充满你的心,然后你说你爱;但是当你有这些令人困惑的因素时,如何能爱?当有烟雾时,如何能有纯粹的火焰?爱不是心灵的产物,爱是解决我们的问题的唯一方法。[1]

爱情本是人内心深层的需要:对被爱、陪伴、性以及归属感的需要。但今天这些需要似乎都被物质的需要所替代,如同前几年网络上流行的一句话:宁可坐在宝马车里哭,也不愿意坐在自行车上笑。这些都是对人的物欲的赤裸裸的表达,并且这物欲已经替代了爱情。当男女的交往是因为有利可图,人性的自私阻碍了人对感情的付出,爱情如何可能?当爱情不再是

---

[1] [印度]克里希那穆提著,罗若蘋译:《爱与寂寞》,北京:九州出版社,2010,第54页。

自然的萌动,而是变成了车子、房子的现实计算,人也就越来越孤独了。"这种内心深处的孤独是一种智性上的孤独,和人的社会地位、物质条件并无太大关联,更有甚者,孤独及由此引发的焦虑和忧郁也成了困扰现代人的心理疾病。"① 所以无论爱情中有多少难题和困境,我们都需要去克服,而不是逃避。

---

① [法]伊娃·易洛思著,汪丽译:《冷亲密》,长沙:湖南人民出版社,2023,译者序,第7页。

第四讲 西方哲学视野下的"爱"

古希腊哲学家讨论的主要是"爱欲","爱"的核心意思是"爱欲"。在苏格拉底那里,爱情分为"天上之爱"与"地上之爱",他注重的是"天上之爱",即对理念、真理的爱,是精神层面的,而不是世俗中的男欢女爱。这种精神之爱主要是发生在同性恋尤其男同性恋之间,因此与生育无关。"在古希腊的世界中,爱情基本上与婚姻分离,夫妻之间很难用'爱'一词来形容,两性结合的主要的目的是生育合法的男性继承人。"[①] 因此,古希腊讲的"爱"与我们现代说的"爱情"不是一个概念。我们之前讲过柏拉图的"球形人"的故事,人对另一半的寻找

[①] 裔昭印、苏振兴、路光辉著:《古希腊人的爱》,北京:中国青年出版社,2007,第3页。

就是"爱欲"。人靠爱欲的推动来追求爱情,但只有对理念、真理的追求才是"天上之爱"。从古希腊开始,西方谈的爱情多与"爱欲"有关,但"爱欲"有不同的指向,并不都指向"真理",也可以指向人的精神、肉欲、意志、本能、生育等,指向不同,爱情观也不同。

李银河曾谈到尼采的一个观点,即"人们本来没有爱情这个观念,不过是异性之间一种很自然的生理欲望、性欲冲动,男人渴望女人,女人渴望男人。然而这种东西被压抑到可望而不可即的程度之后,就产生了一种叫作爱情的东西,一种浪漫的激情。因此,是基督教的反性禁欲把一个平平常常的,甚至丑陋的妇人,变成了风情万种的美女,把两性之间普普通通的性吸引变成了可歌可泣的爱情。"[1] 从尼采的观点看,爱情本来只是生育的本能,当性欲受到压抑时,人们对"可望而不可即"的东西就产生了很多浪漫的想象、追求的方式,于是产生了"爱情",爱情是非常态的产物。李银河认为,中国古代的爱情也是非常态的,即在一种比较特殊的关系里才会发生,比如牛郎织女、《西厢记》、《梁祝》、卓文君与司马相如等,"传统爱情当中的真爱往往是要打破常规的,在两个人有身份冲突、阶级冲突的时候更容易产生,而爱情的结果不是私订终身,就是私

---

[1] 李银河著:《李银河说爱情》,北京:北京十月文艺出版社,2019,第50－51页。

奔，甚至是殉情。"① 其实古代大多数人没有所谓的"爱情"，只是过日子、传宗接代而已。一些贵族、才子佳人不服从父母的婚姻安排而追求自己爱的人时，感受到了"爱而不得"的痛苦和艰难，这大概就是"爱情"这个概念最初的意思。

"古代的婚姻，是基本上排除了婚姻当事者的意志而由父母尊长及其他人包办的婚姻。在古人看来，婚姻的目的是'合二姓之好，上以事宗庙，下以继后世'。即为了两个家族结交和传宗接代，而非男女当事者的爱情。"② 这在《礼记》中就已明确表达。所以古代流传下来的爱情故事多是"另类"。中国传统的爱情与婚姻、生育是直接联系在一起的，爱情即婚姻，婚姻即爱情，这与古希腊是不同的。到了现代，爱情才获得了独立的意义。现代中国人的爱、性与婚姻中的各种问题与西方也比较相似。大部分人都是要先相爱，才会结婚，至少"有眼缘"才愿意谈下去，而不是被父母强行安排。有的人相爱，但不一定要结婚，比如一些同性恋、精神恋爱者，这些事实都已经证明了现代的爱、性与婚姻不再是同一回事了。

西方哲学家谈论爱情的很多，这里先简要介绍七种有代表性的观点，之后还会具体分析。

---

[1] 李银河著：《李银河说爱情》，第55页。
[2] 常建华著：《中国古代女性婚姻家庭》，北京：中国工人出版社，2020，第3页。

一、柏拉图：追求真理

柏拉图的爱情观主要分布在《会饮篇》《斐德若篇》与《理想国》中，《会饮篇》前文已述。《斐德若篇》则提出了"有爱情的人"与"没有爱情的人"的区别，将世俗中被情欲所主导的爱情与追求理念的爱情区分开来。"理念"是在《理想国》中集中提出来的重要概念，是最高的本体。追求理念、真理的爱情才是智者的爱情，因为灵魂是不朽的，理念是永恒的。被情欲所主导的爱情中的人们"要计算为了爱情在自己事业上所受的损失，要计算对爱人所施与的恩惠……"① 这是苏格拉底所反对的爱情。追求真理的爱情才是真正的爱情。

苏格拉底认为，"人类理智须按照所谓'理式'去运用，从杂多的感觉出发，借思维反省，把它们统摄成为整一的道理。这种反省作用是一种回忆……"② 人通过灵魂的回忆去追求理念，包括"美"的理念。在追求"美"的理念的过程中产生爱情。所以，爱情是对真理的追求。这在古希腊主要指男性同性恋之间的爱情，他们主要谈的是精神恋爱，通过理性让灵魂看到"美"，而肉欲是被排斥的，是干扰灵魂的。爱情是灵魂的

---

① ［古希腊］柏拉图著，朱光潜译：《斐德若篇》，北京：商务印书馆，2018，第9页。

② 同上，第33页。

事,是超越肉体的。这也是我们现实生活中所谓的"精神恋爱"的源头,是二元论思维必然带来的一种爱情观。

二、叔本华:求生意志

叔本华认为爱情是本能的生育意志,人为了繁衍下去,自然而然地会有爱欲、性欲。尽管人生的过程充满烦恼与痛苦,但仍然一代一代在重复。他说:"爱情的主要目的,不是爱的交流,而是相互占有,即肉体的享乐。纯洁的爱若脱离肉体的爱,是无法维持和保存的。"[1] 他认为爱情首先是相互的占有与享乐,这是个人的需求,爱情中一定包含着性吸引,但性吸引更多的是本能,目的是生育,所以男人与女人在爱情上有天然的不同,"男人渴望的是见异思迁。而女人若得爱情满足,则情感日笃,这实质上是自然本身的目的使然。自然的根本原则是维系种族延绵,尽可能地生儿育女"[2]。其实类似的观点很多,比如巴斯的"进化心理学"。生育是人类进化的根本,尽管今天在生育上没有强迫,但生育对很多人来说仍然是婚姻中最重要的事。

叔本华认为爱情开始是个体的,但也是种族的、人类的不断繁衍的需要。"这就是切实渴望生存和永续的求生意志。即使

---

[1] [德]叔本华著,金铃译:《爱与生的苦恼》,北京:金城出版社,2018,第37页。

[2] 同上,第38页。

个体死亡，它仍得以保存。话虽如此，但人类的生活并不比现在为佳，因为生命就是不断的苦恼和死亡。"① 爱情是渴望生的意志，尽管有痛苦，人们仍然趋之若鹜。叔本华说："在这纷乱的人生中，我们仍看见情侣们悄悄交换互相思慕的眼光……他们故意使所有即将结束的痛苦和辛劳继续延续下去。"② 叔本华的爱情观是悲观的，他不认为爱情能减少人的痛苦，他认为生命的不断繁衍就是在延续痛苦。这和他自身的经历有关，他父母不和，自己的恋爱不顺，对女人充满偏见。

三、海德格尔：本真存在

海德格尔没有直接讨论爱情，但是在他的代表作《存在与时间》以及给他的学生汉娜·阿伦特的信中都体现出了他的爱情观。他认为，爱情是"本真"的选择、"自由"的选择，在爱情中彼此绽开自己的存在，"是其所是"。他的《存在与时间》谈到舍勒与奥古斯丁时有一个脚注，是对帕斯卡尔《思想录》的引用：

> 在谈到人类事物的时候，人们说应该在爱它们之前认识它们，这话已成为人所尽知的谚语，圣人们则相反，在谈到神灵之物时，他们说，要认识它们必须先爱它们，人只有凭借善才可获得真理，他们把这作为他们最有用的格

---

① ［德］叔本华著，金铃译：《爱与生的苦恼》，第53页。
② 同上，第54页。

言之一。①

这与通常的认识论思维相反,不是因为认识爱而能去爱,而是因为爱了才会认识爱,这"爱"当然包括"爱情"。爱情是这样一种后知后觉的现象,它发生的时候你无法预料,只是"本真"地做出当下的反应。舍勒说:"在人是思之在者或意愿之在者之前,他就已是爱之在者。人的爱之丰盈、层级、差异和力量限定了他的可能的精神和他与宇宙的可能的交织度的丰盈、作用方式和力量。"②人首先是爱的存在,人的爱的存储程度决定他(她)与这世界的精神交织程度以及在世的方式。爱不是反思式的存在,而是当下构成的存在。阿甘本认为,"海德格尔之所以引用了奥古斯丁和舍勒的观点,是因为对他来说,爱情超越了所有认识,它以一种更具先天性的开放模式存在"③。爱超越了认识论,它本真地发生,当事人本真地感受,做出本真的选择。

1925年5月13日海德格尔在给阿伦特的信中写道:"在这里,一切只是意味着:在爱中存在=被推入最本己的生存之中。

---

① [德]马丁·海德格尔著,陈嘉映、王庆节合译,熊伟校,陈嘉映修订:《存在与时间(修订译本)》,北京:三联书店,2014,第162页。
② [德]马克思·舍勒著,刘小枫主编,孙周兴等译:《爱的秩序》,北京:北京师范大学出版社,2014,第105页。
③ [法]奥德·朗瑟兰、玛丽·勒莫尼耶著,郑万玲、陈雪乔译:《哲学家与爱》,第266页。

爱叫作我愿故你在。奥古斯丁曾经说过：我爱你——我想让你成为你之所是。"① 海德格尔认为，爱情就是让对方"是其所是"，成为其自身。在爱中存在就是去纯粹地体验"属于本己"的存在，与所爱之人一起去明白被"扔在"自己的存在里的全部经验。爱情不是用来改变对方的，而是彼此用自己的本真性情相遇，在本真中获得自身的存在。他的爱情观与《存在与时间》的观点吻合。当然，海德格尔的爱情观没有解决自由与道德的冲突问题。

四、萨特：自由冲突

萨特主张爱情是自由的，相爱双方的自由是冲突的。爱的过程充满冲突。他的自由观主要体现于《存在与虚无》，他继承了海德格尔的存在主义哲学思想，认为"存在先于并支配本质"。在一般情况下，我们通过自由，用动机、动力以及活动所包含的目的组成的活动来取得自由。"但是恰恰因为这种活动有某种本质，它对我们显现为被构成的东西。"② 自由是所有本质的基础，人是在走向他自己固有的可能性时揭示出世界的本质的，不是先有一个现成的所谓"世界的本质"，后有人，而是先有人的"自由"，人开显自己可能性的时候，揭示了世界的本

---

① ［德］马丁·海德格尔、［美］汉娜·阿伦特著，［德］乌尔苏拉·鲁兹编，朱松峰译：《海德格尔与阿伦特通信集》，南京：南京大学出版社，2019，第32页。
② ［法］萨特著，陈宣良等译，杜小真校：《存在与虚无（修订译本）》，北京：三联书店，2014，第533页。

质。人是"被抛"的,"自由"是必然的,自由意味着选择,选择意味着负责,人对整个世界都负有责任。

人会用自己的自由去干涉别人的自由,所谓"他人即地狱",爱情尤其是对"冲突"的显示。"我努力把我从他人的支配中解放出来,反过来力图控制他人,而他人也同时力图控制我。……冲突是为他的存在的原始意义。"① 所以,爱情中的双方也是充满矛盾的,但爱情的本质不是矛盾,而是各自可能性的一种实现。"爱情是一种事业,即向着我的固有可能性而谋划的有机总体。但是,这种理想就是爱情的理想,是爱情的动机和目的,是爱情真正的价值。"② "谋划"即自由地"筹划",做出决断,去实现自己固有的可能性。萨特选择与波伏娃签订"契约式婚姻"正是实现这种可能性的谋划。

五、梅洛-庞蒂:身心体验

梅洛-庞蒂是法国身体现象学的代表,论及爱情的有《知觉现象学》等。他反对笛卡尔的"我思故我在"的思维,认为"我"一定是先有个对象,有个要思的东西,才有"思"的可能。他打破二元论的思维方式,将身体与灵魂看作混同在一起的存在。他认为:"爱就是爱的意识,欲望就是欲望的意识。没

---

① [法]萨特著,陈宣良等译,杜小真校:《存在与虚无(修订译本)》,第446页。
② 同上,第449页。

第四讲　西方哲学视野下的"爱"

有意识到本身的一种爱或一种欲望可能是一种不在爱的爱，或一种没有欲望的欲望，正如一种无意识的思维可能是一种不进行思维的思维……在意识中的一切东西都可能是真实。只有在外部对象中才可能有错觉。就本身而言的一种感情从它被体验到的时候起，就可能始终是真实的。"[1] 爱情是一种身心的体验，而不是纯思想的经验。梅洛-庞蒂认为，身体是一切意义的"纽结"，他突破了西方传统的灵肉二分的思维，让身体的意义凸显出来。

爱情不是一个"对象化"的对象，像一个现成的杯子或一朵花，"而是我得以转向某个人的运动，我的思想和我的行为的转变——我不是不知道爱情，因为是我在体验约会之前的焦虑不安，是我在感受约会来临时的快乐，爱情从头到尾被体验到，却没有被认识到"[2]。这种体验显然不是形而上的思辨，而是身心在场的体验。当我们谈论、思考爱情时，都是爱情发生之后的事了，是反思性的行为，是身体不在场的。我们无法完全复盘这种当下的"体验"，因为我们反思的时候不在"体验"之中。在爱情中体验到的真实是永恒的。"我们体验到的东西现在和永远为我们存在，老人谈论他的童年。发生的每一个现在都

---

[1] ［法］莫里斯·梅洛-庞蒂著，姜志辉译：《知觉现象学》，北京：商务印书馆，2001，第474页。

[2] 同上，第478页。

作为一个部分进入时间和向往永恒。永恒不是时间之外的另一个范畴,而是时间的气氛。"[①] 在爱情中发生的真实的体验会留在我们的记忆中,能被回忆起来,也能被再次遇见。它不仅作为过去是真的,而且作为始终能在后来的时间里再现的永恒现在也是真的。

六、弗洛姆:幸福能力

美国的哲学家弗洛姆探讨爱情的代表作是《爱的艺术》,他将爱分成五种——兄弟的爱、母爱、性爱、自爱和对上帝的爱。他指出,爱是动词,不是名词。爱不是本能,而是一种创造幸福的能力,是人类幸福的最终答案,但这种能力在西方资本主义社会中正在走向消亡,这对人类社会是一个警醒,无论西方还是东方。爱需要极大的意志,要去学习与实践。他善于通过分析一些典型的人格缺陷来说明爱。他认为,爱永远比被爱更重要,而自爱是爱的根基。他指出接受型的人格是爱情中常见的障碍,因为"他们过分需要被任何人所爱"[②],他们只知道索取,而不愿付出。所以,当一个人说"我爱你"时,实际上想表达的是"我喜欢你",而潜台词是"我希望你也爱我,希望你比我爱你更多"。这是一种索求式的爱情。

---

① [法]莫里斯·梅洛-庞蒂著,姜志辉译:《知觉现象学》,第493页。
② [美]艾里希·弗洛姆著,孙石译:《自我的追寻》,上海:上海译文出版社,2013,第52页。

弗洛姆说:"爱本质上应是一种意志行为,是用自己的生命完全承诺另一个生命的决心……爱上某人不只是一种强烈情感,还是一种决定、一种判断、一种承诺。"① 爱情这种行为不是激情,不是心血来潮,不是一见钟情,那些都是短暂的。爱情是带有意志力的决定,是一种承诺,是能解决爱情中遇到的各种问题的能力。弗洛姆说:"真正的爱意味着产生爱的能力,它蕴含着爱护、尊重、责任和了解。它并不是被某人所感动意义上的'情感',而是一种为被爱者的成长和幸福所做的积极奋斗,它来源于爱的能力。"② 爱情也不只是感动,而是能为彼此的共同成长、获得幸福而奋斗的能力。所以,爱情是一门艺术,需要我们去学习。

七、巴迪欧:合二为一

与柏拉图不同,巴迪欧关心的不是形而上的真理或理念,他关心两个独特的人所创造的爱,即因为爱情,一个人的生活变成"两个人"的生活。巴迪欧是一位信奉马克思主义的思想家,他深深地意识到现代爱情面临的各种威胁:"理性的算计"、"玩世不恭、游戏人生"的态度、经不起考验的太过浪漫主义的爱情、怀疑主义爱情观等。他批判西方一些流行的爱情观,实

---

① [美]艾里希·弗洛姆著,刘福堂译:《爱的艺术》,上海:上海译文出版社,2018,第59页。
② 同上,第62页。

际要批判和反对的是"资本主义体制"①。他坚持爱情的理想，相信美好的爱情是美好的社会中重要的一部分。

巴迪欧的代表作是《爱的多重奏》。他说："爱是一种真理的建构……当他从'两'而不是从'一'出发来体验世界时，所体验的世界是怎样的……这个爱的计划，包括了性欲和性体验，也包括了孩子的出生，以及成千上万的其他事情，但无论如何，都意味着从某一时刻开始，从差异的观点来体验生活、体验世界。"② 爱情不是对真理的分享或模仿，爱情是建构两个人的真理。两个本来不相关的人走到一起，究竟能走近到什么程度？两个人相遇、相爱、身体融合、生儿育女，既是爱人又是亲人，这本身就是个奇迹。当两个人靠近的时候又彼此排斥，这个相摩相荡的过程十分特别，它会绽放人性所有的美好。巴迪欧的爱情观洋溢着爱情的理想主义与乐观主义。他认为爱赋予生命以活力，让人跨越孤独，在这个世界中，让我们能够直接感受到，这比我们无法直接感受的"理念"之真理更为真实。他说："幸福的源泉就在于与他人共在。我爱你就意味着在这个世界上，你成为我生命的源泉"③。

以上这些西方哲学家的观点虽然不同，但都注重"爱情"

---

① ［法］阿兰·巴迪欧著，邓刚译：《爱的多重奏》，译序，第29页。
② 同上，第53页。
③ 同上，第133页。

这个现象，并且偏重对"欲"的思考，无论是对真理的欲望，还是对爱的欲望、生育的欲望。西方论及爱情的哲学家还有很多，比如卢克莱修、蒙田、康德、尼采、罗素、汉娜·阿伦特、巴塔耶等，这里不能一一列举。总的来说，西方哲学家基本上是从"欲"出发来讨论爱情，从而产生两种不同的观点，一种是克服欲望，主张爱情是对真理的追求，更注重精神之爱的层面；另一种是肯定欲望，主张爱情是身心合一的体验，它既是生育的本能，也是追求幸福的艺术，它既要保证爱情双方"是其所是"的自由，又需要各自在冲突中让渡自由。

第五讲　中国哲学视野下的"情"

爱情在中国古代不是一个研究的专题。中国古代哲学家至少先秦诸子都没有正面探讨过爱情,但可以从他们的思想中推出他们对爱情的看法。中国古代的"爱"与"情"不同。爱,繁体为"愛",今天发现的最早的谈及"爱"的文献是战国时代的,即1977年河北平山县三汲中山王墓出土的中山王方壶、中山王圆壶的铭文。中山王圆壶中的"爱"字与"慈"相连使用,是"仁爱""慈爱"的意思。《说文解字》曰:"愛,行皃。从夊,悉声。"爱原本是"行走"的意思,大概是指为什么事而奔走,与西方的"爱欲"不同。

《康熙字典》中的《正韵》曰:"仁之发也。从心旡声。又亲也,恩也,惠也,怜也,宠也,好乐也,吝惜也,慕也,隐也。"《孝经·谏诤章》曰:"若夫慈爱、恭敬、安亲、扬名,则闻命矣。"① "爱"也是与"慈"相连。邢昺疏:"爱者,奉上之通称",胡平生注:"慈爱,指爱亲"。可见,"爱"主要是"慈爱"的意思,"通常指上对下"②,比如君王对大臣的爱,父母对子女的爱,当然有时候也指孩子对父母的爱。

"情"早期既有"情实"的意思,如"夫道有情有信"(《庄子·大宗师》);也有"情感""情绪"的意思,如"人故无情乎?"(《庄子·德充符》)作为"情感""情绪"的"情"在先秦已经广泛使用,具体包含"五情"——喜、怒、哀、乐、怨。中国人讲的"七情六欲"中,"七情"一般指"喜、怒、哀、惧、爱、恶、欲",其中的"欲"是"求也",就是有所求,而不是指西方意义上的"爱欲""情欲""性欲"。"六欲"在佛教中指"色欲、形貌欲、威仪姿态欲、言语音声欲、细滑欲、人相欲","欲"有"色欲"的意思。儒释道三家在"欲"上都非常敏感,都主张控制自己的欲望,对多欲、纵欲几乎都是批判的。宋明时期,更是提出了"存天理,灭人欲"的观点。在他们看来,多欲、纵欲不仅伤身,而且是不道德的,但对"情"并不激烈反对,认为"情"不要伤身就好。

中国古代讲的"爱情"更注重于"情","情"是性情的问

---

① 胡平生译注:《孝经译注》,北京:中华书局,1996,第32页。
② 同上,第33页

题,"欲"是色欲的问题。中国古代以儒家为主流,主张的是"发乎情,止乎礼",情感是要符合礼乐精神的,一旦违背了"礼",就容易变成"色欲"。中国儒道对"情"的看法也不完全相同:儒家更注重"情"的合适与否、情礼关系以及由"夫妻之情"带来的"亲子之情"的重要性;道家更注重"情"的自然发生,尽情尽性,并不将其与伦理道德捆绑在一起,也不强调它在传宗接代上的意义。文学中表达的爱情大部分是以道家对抗儒家,比如《西厢记》《牡丹亭》《红楼梦》,都是反抗儒家的"礼教",弘扬自然之情。到现代,经过五四运动,对"礼教"的批判更为激烈,很多小说如鲁迅的《狂人日记》《祝福》,巴金的《家》《春》《秋》,都是批判封建礼教、家长制导致的婚姻不自由的。

西方重"欲",中国重"情";西方重"真理",中国重"真人";西方重"自由",中国重"节制",二者的侧重点有所不同。但是,我们这里讲的"中国"是指古代中国。现代中国受西方思想的影响很大,在一个"全球化"的时代,生活方式都比较相似,所以现代中国的情感问题与西方就对接上了,爱、性与婚姻中的各种问题与西方相似。

我们先简要列举中国哲学思想中六个有代表性的爱情观,之后还会具体分析。

一、老子:阴阳和合

老子讲"道",不讲"情",但可以由"道"观"情"。从

《老子》的角度看，爱情是"阴阳和合"的天道法则在人事中的一种体现。万物都由阴阳构成，阴阳对生才能创造新的事物，男女是一对阴阳，相互需要，相互吸引，这是一种符合"道"的自然而然发生的人类现象，是"道法自然"（《老子》第二十五章）之"自然"法则在人间的体现。讨论两性之"情"是比较晚的事，"阴、阳"在《老子》这里还是抽象的用法，阴阳互转是一种意义结构，这种结构产生的意义是源源不断的，即"虚而不屈，动而愈出"（《老子》第五章），这就是道的表现。这种意义结构充满了"反"的特征，这种反的态势就是"柔、弱、虚、静、如婴儿"，进入这种境地，意义才能源源不断。爱情也是如此，越强硬，越有规则，越现成化、对象化，爱情双方的关系越是死板的，就越生不出意义来。

　　《老子》中也有具体的"阴阳之气"，如第四十二章曰："万物负阴而抱阳，冲气以为和。"此与《易传》的思想相通。《易传·系辞上》曰："一阴一阳之谓道，继之者善也，成之者性也"，这二者是相通的，都代表中国早期的宇宙论。宇宙中的一切事物都是由阴阳构成。后来河上公发展了这一点，将阴阳诠释为阴气、阳气，阴阳合和而生出和气。其注《老子》第四十二章曰："道始所生者（一也）。一生阴与阳也。阴阳生和、清、浊三气，分为天地人也。天地（人）共生万物也。天施地化，人长养之。万物无不负阴而向阳,回心而就日。"① 人本身是阴阳之气氤氲造化而成的。从这个角度看,爱情就是男女"阴阳之气"的融合。阴阳合和乃是天地的秩序,也是人伦的秩序,甚至是政治的秩序。他的观点与《淮南子》中的观点相似,都把"阴、阳"具体化为"阴气、阳气"。"一"乃道,"二"乃"阴、阳二气","三"乃"和、清、浊"三气,万物乃"天地"所生,也就是阴阳之气的不断作用、不断交融所生。人就是这种交融所创生的最重要的存在,但人与动物、植物不同,人有丰富的情感,后来男女阴阳和合、氤氲化成的事被称为"爱情"。

二、孔子:相濡以沫

孔子也没有专门谈爱情,但是谈了"仁爱"。夫妇之爱当然包括在仁爱之中。孔子对亲子之爱的重视甚至胜过夫妇之爱。樊迟问仁时,孔子回答的"爱人"(《论语·颜渊》),后来孟子也说:"仁者,爱人"(《孟子·离娄下》)。这是泛指人与人相处的"仁",是仁爱的原则,具体包括"己所不欲,勿施于人"(《论语·颜渊》)的自由原则,"唯仁者能好人,能恶人"(《论语·里仁》)的是非原则,"刚、毅、木、讷近仁"(《论语·子路》)的谦逊人品等。从这个角度看,爱情是夫妇之间的"仁",

---

① 王卡点校:《老子道德经河上公章句》,北京:中华书局,1993,第168-169页。

也应该包含自由的精神、是非的观念与谦虚的人品。那个时代是先结婚后恋爱，结婚之前大多数双方根本没见过面，靠"父母之命，媒妁之言"，所以只能在婚姻中去实现这些爱情的仁的原则。孟子曰："父子有亲，君臣有义，夫妇有别，长幼有序，朋友有信。"（《孟子·滕文公上》）强调夫妇不同，有分别，互相尊重，这是夫妇之"礼"，比如我们说的"相敬如宾"。礼就是爱的外在表现。内有仁，外有礼，才是好的爱情。

从孔子的角度看，爱情并不都是后世所理解的女性对男性的服从，也包含着美好的男女情感，所以孔子删《诗经》并没有否定《关雎》的本意。爱情的美好在于琴瑟和鸣。这种美好不仅来源于精神与肉体生活符合"礼乐"而带来的生动美感，也体现在互相有距离，有陌生感的一面。孔子删改过《诗经》，认为"《诗》三百"的灵魂是"思无邪"；他评价《关雎》是"乐而不淫，哀而不伤。"（《论语·八佾》）这都充分显示了他对男女之情的看法：快乐但不能过度，哀婉但不能悲伤，男女之情重在节制，理性与感性相融合，情感自我调节，符合中庸的美感。男女的恋爱应该"寤寐求之""琴瑟友之""钟鼓乐之"，循序渐进，有礼有度，在音乐中引发真情与共鸣，经过时间的酝酿而逐渐成熟。《孔子家语》记载孔子的话："昔三代明王之必敬妻子也，盖有道焉。"丈夫对妻、子要以"敬"为本。

对妻子要不远不近，有爱有敬，这不只是摸索到了女性的脾气、气质，其实也可以理解为对爱情双方的提醒。男女之间的距离要刚刚好，这样才有回荡，才有美好，才能相濡以沫，执子之手，与子偕老。孔子不主张爱情或婚姻随便中止，因为夫妇是"五伦"中最重要的一伦，是所有人际关系的根基。婚姻的意义大于爱情，婚姻的意义是建立一个"家"，"齐家"是修身的目的，是"治国"的前提，是"平天下"的基础。

三、庄子：相忘江湖

"忘"是很高的境界，是相爱双方的自由与洒脱境界。《庄子·大宗师》曰："泉涸，鱼相与处于陆，相呴以湿，相濡以沫，不如相忘于江湖。"两条快要死的小鱼儿在一块儿，还不如各自得到江湖，这个江湖就是自由。自然和自由是道家认为的情感中最重要的东西。庄子是爱自由的人，他的"自由"是一种"无己、无功、无名"的自在，是"不系之舟"的无求。后来《红楼梦》中的贾宝玉正是在儿女情长的烦恼中由这"不系之舟"悟出了自由的重要。曹雪芹引用了《庄子·列御寇》篇中的"巧者劳而知者忧，无能者无所求。饱食而遨游，泛若不系之舟，虚而遨游者也"，这为贾宝玉打开了新的爱情局面。

《庄子·大宗师》还记载了庄子"鼓盆而歌"的故事，庄子的妻子死了，他为什么不伤心？他们之间的爱情是什么样的？

庄子说刚开始也不是不伤心，后来发现"察其始而本无生；非徒无生也，而本无形；非徒无形也，而本无气。杂乎芒芴之间，变而有气，气变而有形，形变而有生"。生命有始有终不过是大自然的规律，爱的人又回到了更大的床上，有什么可哭的呢？祝贺她回归自然了就好。所以，从庄子的角度来说，爱情是夫妻之间深刻细腻又具有超越性的感情，它既是遵循"道"的"理性的深情"，也是需要"安命"的豁达之情。这样的爱情才是放松、自由、自在的，是艺术化的。

四、子思：夫妇之愚

古代的爱情关系也就是"夫妇"关系。从子思的《中庸》来看，夫妇的爱情是难以说清楚的情感关系，需要"中庸"的思维、"难得糊涂"的智慧、连圣人都未必理解的"痴愚"。爱情与婚姻是这"痴愚"的产物，太过精明和太过理性的人可能都无法经营好爱情与婚姻。《中庸》第十二章曰："君子之道费而隐。夫妇之愚，可以与知焉，及其至也，虽圣人亦有所不知焉。夫妇之不肖，可以能行焉，及其至也，虽圣人亦有所不能焉。……君子之道，造端乎夫妇，及其至也，察乎天地。"[1] 子思继承了孔子的思想，认为夫妻关系最为重要，君子之道的起源就在这里。夫妻关系处理好了，其中就有君子之道。因为夫

---

[1] 王国轩译注：《大学·中庸》，北京：中华书局，2012，第80页。

妇之间需要"愚"的智慧,这样才能相处得好。夫妻之道也是天地之道。

《中庸》曰:"致中和,天地位焉,万物育焉。"[1] 爱情与婚姻中需要几分"愚",夫妻之间无法绝对地平等,也不能彻底地明察,而是需要相互之间"看破不说破",包容彼此的弱点与缺点,时时反思自己。古人当然也追求幸福美满的婚姻,他们也想经营好夫妻的感情,更好地养育后代,不能只靠女性对男性的绝对服从、男性对女性的压制来过日子。事实上,我们无论从《诗经》中的"窈窕淑女""在水一方"的姑娘,汉乐府中"乃敢与君绝"的妻子,还是卓文君、李清照、王弗、王闰之、王朝云、陈芸等女性身上,都能看出她们的爱与被爱的丰富感受,古代诗人、词人、小说家都有对夫妻生活的美好的描述。这夫妇之"愚"是表面上的顺从,实际上的互相包容,目的是达到夫妻关系的和睦、和谐。天地和才能生养万物,夫妻和才能家庭幸福。

五、禅宗:色即是空

禅宗是印度佛教的中国化、本土化,与道家在思维上有着密切的关联。禅宗重"空",道家重"无",异曲同工。在思维方式上,都是强调"不落二边"。禅宗的经典《金刚经》《坛经》

---

[1] 王国轩译注:《大学·中庸》,第56页。

第五讲 中国哲学视野下的"情"

至今仍影响着现代人。《金刚经》曰："一切有为法，如梦幻泡影，如露亦如电，应作如是观。"① 一切所思所念都是梦幻泡影，转瞬即逝，没有自性。能看到这种无常的，了悟这种空性的就是"觉"。《心经》说："色不异空，空不异色，色即是空，空即是色。"② 一切现象与空不二，空与一切现象不二，现象即空，空即现象，所以现象不是实体，空不是虚无，我们要不执于有，也不执于空，爱情产生时，不意味它是永恒的。爱情消失时，也不意味着它是彻底的灭，灭了还可以再生。

印度中观派已经将"非有非无"的"双遣"思维发挥到了极致，影响了中国哲学。龙树主张"缘起性空"，认为事物本来就是空，空为"自性空""本来空"。他主张从"空中观有"，即不执空以否定有，也不执有以排斥空，提出"空、假、中"三谛的"中道"观。《中论·观四谛品》曰："众因缘生法，我说即是空，亦为是假名，亦是中道义。"③ 万事万物是众缘具足，和合而生。物属众因缘而没有自性，即自性为空。但要向众生传达这空性，只能用名，此名是假名，即假借之名。故不能执着于有，也不能执着于无，需远离一切偏斜之道。一切有为法，都是因缘构成，我们说出的都是"空"。从禅宗与中观派来看，

---

① 陈秋平、尚荣译注：《金刚经·心经·坛经》，北京：中华书局，2007，第74页。
② 同上，第89页。
③ [印]龙树著，韩廷杰释译：《中论》，北京：东方出版社，2019，第477页。

爱情是缘，本性是空，无论是善缘还是孽缘，有生有灭，如梦如幻。看到爱情的空性，就不会攀缘，不会颠倒错乱。

六、张祥龙：痴情之情

张祥龙先生没有直接论述爱情，但他在书中与文章中有一些与爱情相关的论述。他肯定的是《红楼梦》中的爱情——贾宝玉的"痴情"，并且从现象学的角度进行了分析，和很多人的看法不同。"痴情"不只是《红楼梦》中的爱情方式，也与人的亲子之"痴情"有密切的联系。他说：

> 痴者一方面通灵于生存境域，因此"聪明灵秀之气，则在千万人之上"；另一方面，柔情缱绻于此境而又不知如何从容对付境中体制构架的逼迫……"满纸荒唐言，一把辛酸泪！都云作者痴，谁解其中味！"非有此"天分中生成一段痴情"，又如何见得人性根底处的梦境，又如何能尽性尽意地体现出人生虚幻中的真情。①

这"痴情"体现在宝玉的"意淫"。《红楼梦》第五回中警幻仙子说："淫虽一理，意则有别。如世之好淫者，不过悦容貌，喜歌舞，调笑无厌，云雨无时，恨不能尽天下之美女供我片时之趣兴，此皆皮肤滥淫之蠢物耳。如尔则天分中生成一段

---

① 张祥龙著：《海德格尔思想与中国天道：终极视域的开启与交融》，北京：三联书店，1996，第336页。

第五讲　中国哲学视野下的"情"

痴情，吾辈推之为'意淫'。"① 贾宝玉的爱情实际上是对清澈洁净的"女儿性"的爱，而不是肉体。张祥龙先生说，他特别看重的就是《红楼梦》里面表现的痴情。

> 《红楼梦》的关键是，不但色即空，同时还有空即色！这个色你可以解释为色欲，也可以解释为人生现象。这个空本身会带有情，带有色，带有世界。所谓意淫和痴情这个状态，它不是情欲，它恰恰是情在空本身带有的那个色，是发生和运作在空中的那种情。所以这个情是痴情，它完全痴情于情本身。②

这"痴情"是一种赤子之情，因为纯粹，所以清新、美好、出奇。它又实实在在发生在日常生活中，在生活的细节中，吃饭、喝茶、贴对联、过生日、读书、联诗、挨打、拌嘴、温酒、葬花，你一言我一语，吃醋使小性子……宝玉、黛玉的爱情的展开都是具体的，有人情味的，有生活气儿的。这纯真之情与亲子之情在根本上是一致的，因而一样地动人。张祥龙先生说："那些'求爱的情人们'，就像《关雎》所显示的，也是'相当频繁地用儿童语交谈'，情到浓时就爱用牙牙重复化地'低声软

---

① [清]曹雪芹著，脂砚斋评点，王丽文校点：《脂砚斋批评本红楼梦（上）》，长沙：岳麓书社，2022，第57页。
② 窦建英整理：《至情至性：张祥龙先生古典书院座谈记录》，见朱刚编：《缘在之思：张祥龙先生纪念文集》，北京：北京大学出版社，2023，第400页。

语'或'咕咕语',否则会觉得不过瘾。"[1] 幼儿与母亲说话的时候就爱用这牙牙语、重叠语,如"抱抱、亲亲、好好、觉觉"。恋人最美好的情境恰恰就是回到小孩子的状态,互相亲昵,软语温存,不自觉地用起了重叠语。

当然,以上这些都不能代表所有哲学家对爱情的看法。从中西方的社会学家、心理学家、文学家等不同专业、不同视角看来,爱情更像是万花筒,五光十色,丰富多彩,不是几个理论能够穷尽的。所以,本书中篇会结合社会学家、心理学家与文学家的看法,将爱情具体分为九个比较有代表性的类型来探讨:叛逆之爱、依附之爱、分裂之爱、滋养之爱、精神之爱、自由之爱、放手之爱、危难之爱与控制之爱。下面我们就来进入这场奇妙的旅程。

---

[1] 张祥龙著:《孔子的现象学阐释九讲:礼乐人生与哲理》,上海:华东师范大学出版社,2008,第246页。

中编 爱情之探

第一篇　叛逆之爱

第六讲 幼年时期的三个主要特点

我们先讲叛逆之爱。叛逆之爱指出于对原生家庭的反叛而爱上一个人，用爱情来弥补原生家庭中的各种缺口，解决自己的心理问题。这种爱情的双方爱的动力与原因几乎都与原生家庭有关，他们有可能是借此逃避问题，也有可能为了在爱情中得到治愈。这种出于对原生家庭的反叛而选择的爱情或婚姻，可能是有意识的，也可能是无意识的，不是每个人都清楚为什么会爱上这个人，往往当这段爱情或婚姻结束的时候，他们才发现真正要治愈的是自己的原生家庭问题、童年创伤问题，而不是自己爱的人出了问题。所以，讲叛逆之爱首先要讲幼年与原生家庭的问题。

天下没有完美的父母，更没有完美的家庭，我们每个人都受原生家庭的影响。所以，我们在爱情与婚姻的选择上多少都会受原生家庭的影响：恋爱的动机、择偶的眼光、恋爱的方式、双方的性格、相处的模式、恋爱的心理、教育孩子的方式等都有原生家庭的影子。所以叛逆之爱是很有代表性的，你在爱情中的样子一定与原生家庭有关。今天心理学的分析中确实很流行"原生家庭"论，但我们讨论它是为了战胜它，而不是为自己的错误选择或心理问题找理由。父母对我们的影响主要是在幼年时期。瑞士著名的心理学家、临床心理医生爱丽丝·米勒是研究儿童心理学的专家。参考她的研究，结合我个人的观察，这里把幼年期的主要特点归纳为三个。

第一，以为自己是一切的中心。

我们先从婴儿期说起。婴儿期的孩子常常哭闹，有时并不是哪里不舒服或饿了、渴了，而只是为了引起父母的注意，他们的"内心戏"是："快来看看我，陪陪我呀。"婴儿以为自己是一切的中心，会玩自己的手、脚。他们还无法将自己看作主体，不知道动静是如何产生的。在婴儿的感觉里，自己与妈妈、自己与世界都是不分的，所有事物都是一个整体。他动一动，以为世界也在动一动。妈妈动一动，他也不由自主地动一动。他手舞足蹈时，以为世界也在手舞足蹈。一个婴儿哭了，其他的婴儿也容易跟着哭，他们以为大家都是一样的。婴儿对世界的体验是完整、没有隔阂的。

第六讲 幼年时期的三个主要特点

婴儿要很久才能认识第一个对象——妈妈，意识到自己和妈妈是两个人。孩子与生俱来的需求之一是"每一次都被视为他自己、被当成他'个人行为的中心'来看待和尊重。与人的本能欲望不同的是，这种需求虽然同样合理，却是一种自恋型需求，这一需求得到满足，对于养成良好的自我感觉来说不可或缺"[1]。婴幼儿时期的孩子不仅以为自己是世界的中心，而且需要被作为中心来看待才能满足，这是最早的被"尊重"的需要。婴儿需要父母全面地照顾，需要父母能随叫随到。如果婴儿期的需要得不到满足，长大了通常会更加喜欢哭闹，养成任性的习惯。

这种满足可以培养孩子"良好的自我感觉"，让他觉得自己很重要、被尊重，很舒服。此后漫长的人生中，我们都在追求对这种感觉的重温。心理学家刘明说："小孩子的注意力总是指向本身内在的生命活动……孩子的世界是围绕着自我中心展开的。"[2] 这也是《庄子·应帝王》篇最后讲的"混沌"状态，即人的各种感官功能没有分化的状态。我们的自我意识不断独立的过程，也是这种"混沌"状态被"凿开"的过程。我们在婴儿期所具有的都是"混沌意识"，在混沌的世界中经验着自己与

---

[1] ［瑞士］爱丽丝·米勒著，束阳、殷世钞译：《与原生家庭和解》，北京：中国友谊出版社，2018，第9-10页。
[2] 刘明著：《我本浑沌：一位心理学家不同寻常的意识漫画》，北京：九州出版社，2018，第207-208页。

世界的一体，在混沌的世界中迷恋着自己。所以，我们长大后也还有回到"混沌"状态的可能，正常的、健康的爱情是我们回到混沌状态的通道之一。

到了幼儿时期，1岁多，会走路了，能到处跑了，孩子就开始对大地、天空、大自然更感兴趣。我常常观察自己的孩子，他会趴在地上看蚂蚁、虫子，能看好久，与蚂蚁说着大人听不懂的话，他与世界连成一片，感觉自己与蚂蚁、虫子是不分的。他会把东西分给它们吃，以为它们和自己有一样的需要。在他的眼中，一切都是有生命的，板凳倒了，他会说"板凳摔疼了"；上完厕所，他会说"谢谢马桶"；离开公园，会说"大树拜拜"。他活在拟人化的世界而不自知，以为一切都和他一样，这就是把一切都看成自己或自己的一部分。

幼儿2岁多，什么都会说的时候，就会用自己的语言提问和解释这个世界。孩子自己在玩的时候，把玩具的世界和自己看成一体，不断去表述他的世界。我观察自己的孩子，2岁多常常会自言自语："车子坏了，车子要维修了。我要给修车厂的工人打电话，喂喂，是我，你在哪儿？我的车子坏了，来帮帮忙。修好喽，开车了，大卡车、垃圾车、好多东西……"一连串的表达在成人看来是"自言自语"，实际上他是沉浸在自己的世界，这是他的"沉浸式体验"。他不是对自己说话，他只是在说话。这个时候的孩子自我意识还没有完全形成，看起来是很自

第六讲 幼年时期的三个主要特点

恋的。他们有时候还会需要家长参与进去，反反复复重复同一个游戏，百玩不厌，这是因为他们不知道这是"游戏"。

这种以为自己是一切的中心的无意识的自恋需求都需要被父母尊重、满足。没有自恋过，长大了反而容易没有自我或者过于自我。没有自我，则容易养成"讨好型人格"；太过自我，则容易养成"利己主义人格"。如果小时候的自恋没有被尊重过，长大了就会特别渴望被关注，这其实也是自卑的一种体现。

第二，开始形成"自体"的世界。

孩子再大一点，就会围绕自己的感觉、感受形成自己的感觉世界与感情世界，也就是开始形成"自体"的世界了。"自体"就是以自己为主体、本体，从3岁甚至更早一些开始，幼儿就慢慢形成自体世界了，"婴儿和小孩内在的感觉构建了自体的核心。这些感觉是自我感觉的中心和结晶，围绕着它形成了一种自我认同感"[①]。孩子更大一些，就会喜欢被夸赞，被肯定，而不只是引起父母的注意和关注。这就是"自我认同感"的建立。

这个"自体"就是自我的主体、本体，所有的感觉会像一个"结晶"一样，凝聚的是一个自己的世界，有自己感觉和感情的世界。这种感觉首先是对自己的情绪与情感的感觉，而不是对他人与世界的感觉。他要能感觉到自己的兴奋、委屈、伤

---

① ［瑞士］爱丽丝·米勒著，束阳、殷世钞译：《与原生家庭和解》，第10页。

心、生气等。再长大，到6岁上小学以后，则能感受到自己的紧张、压力、气愤、嫉妒等。对自己的内心世界有感觉，进而对这个世界有感觉，对他人有感觉，这在我们童年期非常重要。这部分不能被压抑，不能不被尊重。小的时候没有养成一个这样的自体世界，长大了可能对什么都没什么感觉，就成了"空心人"。

经常有学生问我："老师，你让我们坚持自己热爱的事，可我不知道自己热爱什么。"我听了感到有些悲凉，因为他们的热爱早早地被摧毁了，在他们还不知道的时候。我们的"自体"常常是在小时候就被摧毁了，父母不让你去感受自己，制止你哭泣，制止你表达，认为你的情绪毫无意义并且打扰了他们的生活。父母限制孩子玩自己感兴趣的东西，总是告诉孩子"这个不能玩，那个不能碰……"最后孩子就像盆栽一样，看起来很美，其实缺乏生命力。因为一个人不会感受自己，也就不会感受他人和世界。

我的孩子很小的时候喜欢用手抓饭，我就让他抓，喜欢探索厨房，油盐酱醋茶、锅碗瓢盆罐、米面八宝粥……这些对他来说都无比新鲜。我让他玩，只要不是危险的厨具类，都会让他尽情地探索。孩子在公园里光脚玩泥巴、玩沙子，在小树林里乱跑，秋天里踩树叶，听"吱吱"的声音。冬天零下十几度的大雪天，也会带他出去玩雪，体会踩在雪上的"嘎吱，嘎吱"声。孩子的天性得到释放，会非常开心。

孩子的情绪应该被平静地对待，当孩子生气的时候，你不要忙着去吼他，而是要倾听他。有时候孩子的事情没有你想象得那么大，没什么可紧张的，也不需要去严肃地讲道理，你只需要给他们时间去体会自己的情绪就好。他们有自己的世界和自己处理情绪、处理事情的方法，他们需要的只是被尊重、理解与倾听，让孩子和自己的情绪慢慢相处一会儿。小孩子没有什么伤心欲绝的事，但你要倾听他们，让他们知道什么都不是事儿，人生在世，除了死亡一切都是小事。这样孩子就能慢慢学会放松、松弛。在漫长的学习生涯中，放松与松弛是最重要的事，否则即使考上了名牌大学，也会有后遗症，即庄子说的，即使事情办成了，也必有"阴阳之患"（阴阳之气不协调的祸患）。

第三，在母子分离中形成独立的自我意识。

人的一生都在慢慢完成母子的分离。在儿童期要经历的是最初的分离，如何完成这最初的分离很重要。出生是一次分离，断奶是一次分离，上学是一次分离，这是从与妈妈合二为一的状态走向有独立的"自我意识"的重要阶段。这种"自我意识"是意识到不能完全依靠母亲。米勒说："孩子在一种尊重和容忍孩子情感的氛围中长大，面临分离时，便能够割舍与母亲的'共生关系'，形成自我意识，迈向独立自主。"[1] 这种独立的自

---

[1] ［瑞士］爱丽丝·米勒著，束阳、殷世钞译：《与原生家庭和解》，第10页。

我意识一定要从小开始培养，否则越大越难建立。分离的关键是足够久的亲密陪伴，这种陪伴包括给孩子尊重、无微不至的照顾、随叫随到的安全感、稳定的情绪陪伴、温柔耐心的呵护。越是被尊重、被包容过，孩子越容易实现从共生关系到自我独立的迈步。如果父母对童年期的孩子不尊重、不容忍，孩子就会恐惧，这会加剧他们与父母的"共生关系"，从而难以独立。

与哲学的视角不同，心理学家多认为人在爱情中寻找的是童年的缺失。人在爱情中寻找的是最初与母亲、与世界、与宇宙合一的那种混沌状态，那是完整感、温暖感、安全感都非常充足的状态。现代人越来越孤独，他们对爱情的渴望其实正是对原初那种完整性体验的渴望，如刘明所说："人已经越来越沦为社会分工与价值交易过程中的微小分子，越来越从完整的世界中裂分开来，变得越来越不完整，在体验上就是越来越孤独无助。于是，对于回归完整，至少是增强跟他人或世界的联系，越发充满渴望。我把这种让人可以体验到的跟他人或世界恢复完整的感觉叫做'爱'。"[1] 这可以理解为我们寻找爱情的动机。"爱情中的男女，最深刻的体验，首要的还不是那份被对方时刻放在心中最重要位置的感觉，而是自己时刻惦记着对方的那份甜蜜，因为把对方装入了自己心中而让爱充盈心中。"[2] 这正是母子还没

---

[1] 刘明著：《我本浑沌：一位心理学家不同寻常的意识漫画》，第43页。
[2] 同上，第163页。

第六讲　幼年时期的三个主要特点

有分离时,从母亲无微不至的关怀与呵护中体验到的甜蜜。

所以,孩子婴幼儿时期,父母应该给予足够的照料与陪伴。现代很多孩子有抑郁、自虐、自杀倾向,是因为内心没有得到好好的爱护。父母都不知道自己的孩子为什么自杀,失去孩子后才知道去反思:是不是我忽略了孩子的内心?是不是孩子本来热爱的是别的事,我却只知道让他考出好成绩?这是父母的痛,也是悲剧的原因所在。我们现代父母与传统父母相比,抚育孩子的方式更为糟糕,因为现代父母忙于赚钱、追求自己的成功,加上有了很多技术性的替代品,所以过早地造成了母子分离:保温箱、奶粉、育儿机构……代替了父母最初也最重要的陪伴。

首先,孩子刚出生时一定要和母亲在一起,无论是顺产还是剖宫产,都应该把孩子放在母亲的怀里,让孩子在第一次母子分离——生命离开子宫的这个神圣而残酷的瞬间得到充分的安慰与安全感。心理学家温尼科特说:"治疗年长儿童和成人时,我们发现,有许多我们不得不处理的人格障碍其实本来是可以避免的,而这些障碍常常是医生和护士或者错误的医疗观念等导致的。我们一再地发现,假如医务人员或一些帮助者不曾干涉过这些属于母婴关系的、极其微妙的自然过程,发展的障碍或许就不会发生。"[1]

---

[1] [英]温尼科特著,卢林、张宜宏译:《婴儿与母亲》,北京:北京大学医学出版社,2019,第56页。

其次是避免人为造成母子分离。现在各种奶粉广告常常让人产生错觉，认为奶粉各种营养元素都配足了，比母乳要好，从而让孩子过早、过度地依赖奶粉，早早给孩子断奶，虽然未尝不可，但这对孩子来说是不自然的。温尼科特指出，母乳喂养为孩子的精神健康打下了良好的基础。母乳喂养不只是营养与免疫能力的问题，更重要的是"交流"，给孩子安全感与自信。对母亲的依赖与信任让孩子建立起最早的生命经验与亲密感。母乳喂养时，"母亲和婴儿互相看对方的眼睛……母乳喂养的口感、气味和感觉体验在婴儿用奶嘴的过程中基本上是没有的"[1]。在母乳喂养中，婴儿与母亲的接触更为亲密，拥抱的质量更高，婴儿的小胳膊小腿翘在母亲的身上，蜷在母亲的怀中，婴儿对母亲的需要得到了最大的满足。"作为母亲一部分的乳房的存活所拥有的意义，同玻璃奶瓶的存活所拥有的意义在级别上是完全不同的。"[2] 即使婴儿牙痒痒去咬乳头，也是一种交流，是引起妈妈的注意，这些都是奶瓶替代不了的。

总的来说，幼儿期的孩子要慢慢从母子"共生"关系走向自己的"独立"意识，这个阶段必不可少，太早分离或太晚分离，都会带来心理问题。不能说因为我们幼儿期有问题，长大了就可以不独立。时间的列车呼啸向前，它不会等你慢慢调整

---

[1] ［英］温尼科特著，卢林、张宜宏译：《婴儿与母亲》，第25页。
[2] 同上，第28页。

过来再去恋爱、结婚，所以要防患于未然，幼儿期是不可逆的，它是决定一个人未来是否自信、是否有安全感的重要因素。温尼科特说："当一对母子有一个好的运作秩序时，婴儿的自我确实非常强，因为婴儿的自我在所有方面都得到了支持。婴儿被增强，因此强大的自我能够非常早地组织防御，并且发展出个性化的模式，并由遗传倾向而变得极其丰富多彩。"[①] 这是我们为什么先从幼儿期谈起的原因。

---

① ［英］温尼科特著，卢林、邹晓燕、吴江译：《家庭与个体发展》，北京：北京大学医学出版社，2019，第23页。

第七讲　原生家庭的问题及其影响

原生家庭对一个人的爱情、婚姻选择有重要影响。父母如何育儿，是一个孩子如何成长、形成什么样的性格、人格与价值观的关键。根据米勒、温尼科特等心理学家的理论，本讲把现代的原生家庭常见的问题概括为四个方面，结合具体的案例阐述它，并说明它对爱情、婚姻可能造成的影响。

第一，父母对孩子的控制。

父母对孩子控制太多，不让孩子说出他内心想说的话，表达他们的真实情绪，把孩子塑造成自己想要的那种样子，这是普遍存在的一个教育问题。从给孩子多吃、多穿，不让孩子干这干那，到干涉孩子的专业选择、学校选择、单位选择、配偶选择乃至生活的城市选择，可以说，一些父母几乎代替孩子做

第七讲 原生家庭的问题及其影响

了人生的所有决定。他们包办了孩子的一切，剥夺了孩子真正的爱好与自由，自主成长、自己选择与决断的能力，导致孩子无法建立起自己真实的感觉世界、感情世界与独立的价值观，损害了孩子承担责任的能力、独立生活的能力、战胜困难的能力，甚至剥夺了孩子对生活的热爱。

"一个孩子如果满足了父母有意或无意的要求，他就是一个'好孩子'；但如果他拒绝满足要求，或者自己的想法与父母的背道而驰，那他就会被说成是自私者。父母通常并不会意识到，他们所谓的为了让孩子更好地融入社会而教育孩子，事实上是为了满足自己自私的需求。"[1] 当你的父母用他们自己的方式爱你的时候，为什么你很难拒绝？因为如果你拒绝，就会受到惩罚。我们在潜意识里都想做个好孩子，希望听到父母说："你真乖，你真棒。"然后，在服从与赞美之间就建立起了牢固的因果关系。当我们拒绝父母的要求的时候，即自己的想法与父母背道而驰的时候，就会被说成是自私者，这个叫"情绪勒索"。这其实也是"PUA"（精神控制）的一种，很容易发生在亲人之间。这个过程极其隐蔽，对孩子的人格伤害极大，孩子会因此而扭曲、自卑。台湾地区的心理师周慕姿说：

当情绪勒索者发现你不愿意满足他的需求时，他会使

---

[1] ［瑞士］爱丽丝·米勒著，束阳、殷世钞译：《与原生家庭和解》，前言，第3页。

用一些方法，让你感觉自己的判断力有问题。甚至，他们会让你感觉，如果你不按照他的方式做，是你的错，是因为你的个性有缺陷、判断能力不够、太过懒惰、能力不足……他们会使用各种方法，让你怀疑自己的"感受"是错的、是自己不对，还会用各种理由美化自己的需求，以展现"他们是对的"①。

这是把错误尽可能归到对方的身上，以"惩罚"对方对自己意愿的不服从。用自己的意志干涉别人，让别人"听话"，这是人性中的自私。孔子认为"己所不欲，勿施于人"（《论语·卫灵公》），指出不要用自己的意愿去干涉别人，而要秉持"忠恕之道"，理解、尊重、共情别人。当孩子不听父母的话时，以自我为中心的父母就会感到自己的尊严被侵犯了，从而选择无视他们的对象是个年幼的孩子这一客观事实，恼羞成怒或自以为是，否定与责怪孩子，打击对方的自尊心，以便达到让孩子乖乖听话的目的。这样的孩子在恋爱与婚姻方面很容易产生"恋爱依赖症"，依赖对方的肯定、赞美，不停地恋爱以寻找自信。一旦失去了对方的肯定、赞美与爱，就会觉得生活一片灰暗、提不起兴趣、抑郁、没有存在感与价值感。

第二，父母对孩子的贬低。

---

① 周慕姿著：《情绪勒索：那些在伴侣、亲子、职场间，最让人窒息的相处》，台北：宝瓶文化事业股份有限公司，2017，第57页。

第七讲 原生家庭的问题及其影响

有的父母因为想要孩子服从自己的意愿而"贬低"孩子,有的则因为自己不顺心而迁怒孩子,有的是多子女家庭父母"偏心",喜欢最大的或喜欢最小的,居于"老二"位置的一般容易被忽略。也有的父母是自己自卑,通过贬低孩子来转嫁对自身的不满。总之,父母贬低孩子的原因很多。孩子反驳父母却通常很难。

很多时候,他们可能会据理力争,极力想说服你"相信他们是对的,而你是错的",而且有的时候,他们可能是个权威,因此当他们"非常肯定地"否认你的感受,甚至贬低你的性格、能力或判断力时,你可能也会开始怀疑自己的感受"是否正确",而觉得他们说的"有可能是真的"[1]。

这其实是更深层的 PUA,即通过贬低你,让你失去判断力,让你心悦诚服地觉得对方是对的、自己是错的,是自己不够好、没用。所以那种常常把"你真没用"挂在嘴边的父母,对孩子的贬低会直接摧毁一个孩子的自信。尽管这个孩子长大后可能会很成功,但还是只有得到了父母的肯定才觉得自己成功。他们无法从自己的成功中获得自信、自我满足感和价值

---

[1] 周慕姿:《情绪勒索:那些在伴侣、亲子、职场间,最让人窒息的相处》,第 57 页。

感，建立自信的过程非常辛苦。这种被父母贬低的孩子，长大后在恋爱与婚姻关系中也会出问题，比如当受到伴侣的打压时，他们很难坚持自己的观点，他们的自信在小时候就被摧毁了。当我们慢慢长大后，我们的能力、判断力更强了，一定要小心父母或上级对我们的PUA。等我们成年了，一定要小心伴侣对我们的PUA；当我们从事社会工作时，要小心任何一个"甲方"对我们的PUA，要尊重自己的内心感受，及时说"不"，永远敢说"不"。当你说"不"了，结果往往没有你想象得那么差，你会得到更多的权益与更大的成长。这是一种"自爱"的人格；相反，如果自己真实的内心一直被控制，就会形成"自爱障碍"。

无法爱好自己，如何能爱他人？"自爱障碍"是很多有心理疾病的人的共同特点，即失去了自己真实的情感感受能力，无法建立起自己真实的情感世界。"有些人在小时候以及成年后都无法有意识地体会自己的某些情感，例如嫉妒、羡慕、愤怒、孤独、无助和恐惧。"[1] 他们也体会不到委屈、匮乏、骄傲、难过、悲伤等情感，慢慢对一切无动于衷，小小年纪变得冷漠，"练就了不必体会情感的本事"[2]。让孩子学会体会自己真实的情感，慢慢去理解它、消化它，是父母对孩子的教育任务之一。

---

[1] ［瑞士］爱丽丝·米勒著，束阳、殷世钞译：《与原生家庭和解》，第15页。
[2] 同上，第16页。

第七讲 原生家庭的问题及其影响

"自爱"源于我们敢说"不"。否则,不敢说"不"的次数累积多了,就再也说不出来了。

原生家庭中父母对孩子的贬低不仅会影响孩子自信心的建立,还会让孩子形成"讨好型人格",即"虚假人格"。出于生存的本能,很多孩子会选择屈从,为了获得父母的肯定、赞美,会迎合、讨好父母。这是更严重的影响。想让这种"虚假自我"变回真实就很难了,他们"展示出人们希望看到的一面,还与之融为一体,使得别人预料不到他的面具背后还有多少是不为人所知的。相反,真实自体则得不到发展,也无法被区分,因为真我从未被体验过……当他们身上的活力和自发的情感被封锁住,他们的内心就会感到空洞,精神开始贫瘠,潜力被抹杀。"[1] 这是很多孩子的"求生欲"太强所付出的代价,为了被父母待见,形成了一个虚假的自我。

将来这样的孩子还会去迎合老师、领导、社会,迎合未来的伴侣、岳父岳母或公公婆婆。这种讨好型的人格可能会让人感觉到很压抑。这种"虚假人格"与弗洛伊德讲的"超我"有相通之处。心理结构中的这三个"我"是这样的关系:"本我"是无意识与主要本能的领域,不受任何构成有意识的社会个体的形式和原则的束缚;"自我"是"本我"与外部世界的中间

---

[1] [瑞士]爱丽丝·米勒著,束阳、殷世钞译:《与原生家庭和解》,第19—20页。

人,负责协调、改变、组织和控制本我的本能冲动;"超我"是"由父母、接着由其他社会机构强加于个体的'外在约束'被心力内投于自我,从而变成了它的'良心'"[①]。违背这些约束会产生负罪感。人的"本我"被"自我"调节,但会被"超我"压抑,从而形成了"虚假人格"。

"虚假人格"缘于"超我"过于强大,它有正面的意义,那就是营造良好的社会关系,被更多的人接受与喜爱。但是它忽略了真实的自己。所以,如何对待真实的自己,如何消化自己真实的情绪、解决自己真实的问题,是一门重要的功课。否则,在爱情与婚姻关系中,双方也很难沟通。

第三,父母的暴力或缺席。

父母的暴力包括父母之间的殴打、辱骂等暴力行为,也包括对孩子施暴的行为。父母的暴力行为有些是看得见的伤害,有些是看不见的,比如父母在抚养孩子上的"缺席"。这些都会严重影响孩子将来的恋爱、婚姻以及对其他人际关系的处理。父母之间的暴力或对孩子暴力,会给孩子带来不安全感和对爱情的不信任感。孩子会形成内心的恐惧、敏感、神经质,成年后害怕恋爱、害怕结婚。即使结婚了,也会在两性关系中忍气吞声或脾气暴躁。所以,父母有矛盾,一定不要当着孩子的面

---

① [美]赫伯特·马尔库塞著,黄勇、薛民译:《爱欲与文明:对弗洛伊德的哲学探讨》,上海:上海译文出版社,2008,第15-17页。

第七讲　原生家庭的问题及其影响

吵架，更不能当着孩子的面打架，这会让孩子长大后与他人难以相处，说话、做事容易极端，小心翼翼。他们会对很多事情或别人的话语产生过度的反应。这样的人会情绪化、极端化，比如会认为别人的话是针对他（她）的，认为别人在故意伤害自己，严重的会有"被迫害妄想症"，觉得身边所有的人都对自己不友好，都想要迫害自己。他们在面对伴侣之间的矛盾时，也不知道如何正确地处理。

　　父母的缺席是一种"软暴力"，对孩子的伤害是隐形的。现在有很多人进城打工，导致孩子缺乏父爱、母爱，导致"留守儿童"的心理健康出问题。即便在城里，父亲往往非常忙碌，忙着赚钱，会出现父亲缺席的情况。尽管母亲缺席的情况也有，但"缺父式育儿"是今天更为普遍的问题。在"带娃"的群体里，女性远远多于男性，父亲的陪伴时间少于母亲的居多。这样的孩子同样没有安全感，在追求爱情与婚姻的过程中，会容易对对方产生依赖。

　　第四，父母对孩子的溺爱。

　　溺爱又叫"爱暴力"，与上一种相反，这一种是爱得太多了，尤其是独生子女家庭，全家四个老人、父母，六个亲人的爱都放到了一个孩子的身上。这种"爱暴力"塞给孩子的爱太多了，一方面让孩子难以独立，在生活上低能，另一方面会给孩子带来负疚感，感觉做什么都要顺从父母，否则就觉得对不起他们。"爱暴力"会导致"公主病""妈宝男"与"巨婴"等，他们做任何事情都要请示父母，让父母拿主意，包括自己的恋爱、结婚、工作等重大决定，导致"保姆式婚姻、守寡式婚姻"产生，在婚姻中缺乏承担责任的能力。

在爱情、婚姻以及普通的人际关系中，自我、自私、缺乏同情心与共情能力、不懂得关心对方、不懂得感恩等，多是因为被爱惯了、宠坏了，得到爱太容易，从而觉得得到什么都是应该的，他们没法共情别人。父母给了他们充足的爱，他们长大后以父母为原型去寻找伴侣，结果对伴侣总是不满意。没有哪个伴侣能像父母一样爱你、宠你。如果母亲同样过度依恋孩子、包庇孩子，长大后，婆媳关系也容易恶化。所以，在充满问题的原生家庭中成长起来的人，他们的爱与婚姻中也掺杂了对原生家庭的反叛。当然，这种反叛有它积极的意义，但不是自然的爱情。

第八讲　反叛男权：《红楼梦》中的贾宝玉之爱

叛逆之爱，我们选的第一个案例是《红楼梦》中贾宝玉这个人物形象。贾宝玉不反叛家庭，不反叛亲情，他反叛的是男权。书中对宝玉与贾母、王夫人，以及迎春、探春、湘云这些姐妹们之间的情感描述非常动人，比如探春远嫁，真是写得荡气回肠，甚至包括宝玉对丫鬟袭人、晴雯的情感都主要是亲情。脂砚斋每每批到宝玉"不听话"处，也是非常动情。宝玉是喜欢家庭、喜欢亲人、珍惜亲情的，宝玉的"痴情"不只是爱情，也包括亲情。亲情与爱情一样，也是超越功利的，亲情与爱情的最动人之处都有这发乎自然、毫无理由的"痴"劲儿。宝玉反叛的是男权，包括父权与皇权。具体来说，他反对的是以贾赦、贾政、贾琏、薛蟠等人为代表的污浊的"男性世界"的权力及其对女性的伤害。他喜欢蒋玉菡、柳湘莲这样的干净男人,因为他们不同于其他"须眉浊物",保留着人性至真至纯的一面。

贾宝玉的原生家庭很特别——极度的溺爱与极度的严厉并存。在这种撕裂的父母之爱中,贾宝玉的性格也是独特的。贾母和王夫人很溺爱他,小姐、丫鬟、小厮们也都很溺爱他,但是他的父亲贾政又极其严厉,说打就打。所以贾宝玉有两个极端的特点:一是在"女儿国"纯净的女儿性中创造美好的爱情;二是在污浊的男权世界中竭尽全力去反抗。他是极其温柔细腻的,也是极其犀利反叛的。他至真至纯,爱得真实,也恨得激烈。

贾宝玉是贾政与王夫人唯一的儿子、贾母最爱的孙子,但他站到了男人的对立面,这与他看到的男性的虚伪有很大关系。他的相貌清纯而多情,干净而灵动,宝玉"面若中秋之月,色如春晓之花,鬓若刀裁,眉如墨画,眼似桃瓣,睛若秋波。虽怒时而若笑,即瞋视而有情……转盼多情,语言常笑。天然一段风骚,全在眉梢;平生万种情思,悉堆眼角。"[1](第三回)贾宝玉的相貌透露出生动多情、真实可感的独特性,时时流露真情,没有任何伪饰。他的脸上有表情,有感情,有变化,他尽管有公子哥儿的脾气,但人格没有被异化,没有被"男权化"。

---

[1] [清]曹雪芹著,脂砚斋评点,王丽文校点:《脂砚斋批评本红楼梦(上)》,第32-33页。

连身为女性的贾母、王熙凤都"男权化"了,但贾宝玉一直保持着内心的温柔、善良、同情与平等的精神。

对贾宝玉的叛逆,曹雪芹不惜笔墨,在第三回中用这首《西江月》做了最好的概括:

> 无故寻愁觅恨,有时似傻如狂。
> 纵然生得好皮囊,腹内原来草莽。
> 潦倒不通世务,愚顽怕读文章。
> 行为偏僻性乖张,那管世人诽谤!
>
> 富贵不知乐业,贫穷难耐凄凉。
> 可怜辜负好韶光,于国于家无望。
> 天下无能第一,古今不肖无双。
> 寄言纨袴与膏粱:莫效此儿形状!

这看似在批评贾宝玉乃纨绔子弟、不学无术,其实是在赞扬他不同流合污,不世故钻营。贾宝玉"寻愁觅恨""似傻如狂"是因为不被人理解,不与当权者合作,而且也没有离开贾府的自由,这"恨"是对男权下的等级制度的恨,对女孩子们被伤害的恨,对自己无能为力的恨;这"傻"是不服从、不改变、不妥协的"傻"。薛宝钗称他为"富贵闲人",有"闲"的条件,才有这样"闲"的情思。他不过是把别人用在八股文上的劲儿用在了恋爱上。

"女儿是水作的骨肉,男人是泥作的骨肉。我见个女儿,我便清爽;见了男人,便觉浊臭逼人。"①(第二回)没有比这一句更叛逆、更有力量的话了。"浊臭逼人"的是男权社会,让人"清爽"的是女儿真情。所以当宝玉在"太虚幻境"中跟着秦可卿进入了一个朱栏白石、绿树清溪、人迹罕至的地方时,宝玉感慨:"我就在这里过一生,纵然失了家也愿意。强如天天被父母、师傅打去。"②(第五回)这其实就是人间的"大观园",是纯净的"女儿国"。他不只爱与他一样干净的林黛玉,还爱纯净的"女儿性"。

> 女儿性最重要的一个特点,就是净,那么干净……佛教也是讲净的,它没有天国,只有此刻单纯的微笑,它唯一的神就是心和身体的和谐,所谓天人合一,人和外界处在一个和谐的状态,清净无别。……在《红楼梦》里……恰恰体现了中国人对于人性和佛性这种和谐的最高梦想。③

女儿的性情像是从天上来的,是干净的、身心合一的,这是与男性世界的不同。女性身上更多的是和谐:情和志的和谐,灵和肉的和谐。贾宝玉非常爱这样的女儿性,爱这种美好,他

---

① [清]曹雪芹著,脂砚斋评点,王丽文校点:《脂砚斋批评本红楼梦(上)》,第19页。
② 同上,第49页。
③ 顾城、高利克:《"浮士德"·"红楼梦"·女儿性》,《上海文学》,1993年第1期。

能从这里获得深深的幸福感。《红楼梦》第二十三回说:"宝玉自进花园以来,心满意足,再无别项可生贪求之心,每日只和姊妹、丫头们一处,或读书,或写字,或弹琴、下棋、作画、吟诗,以至描鸾刺凤,斗草簪花,低吟悄唱,拆字猜枚,无所不至,到也十分快乐。"① 但要保护这种女儿性、自然性是非常难的。《红楼梦》第十七回写他与贾政一起游大观园,其反叛的特点表现得淋漓尽致:

> 宝玉忙答道:"老爷教训的固是,但古人常云'天然'二字,不知何意?"……众人忙道:"别的都明白,为何连'天然'不知?'天然'者,天之自然而有,非人力之所成也。"宝玉道:"却又来!此处置一田庄,分明见得人力穿凿、扭捏而成:远无邻村,近不负郭;背山山无脉,临水水无源;高无隐寺之塔,下无通市之桥,峭然孤出,似非大观……"②

贾宝玉在面对代表正统与权威的父亲时,并不都是胆小如鼠。小小年纪说出这番反驳他们的话,真是痛快。贾政既欣赏他的才华,又严厉训斥他,是怕他驳了自己同僚们的面子。但宝玉就是这么"傻",非要说真话,毫不客气。"自然、天然"

---

① [清]曹雪芹著,脂砚斋评点,王丽文校点:《脂砚斋批评本红楼梦(上)》,第230-231页。
② 同上,第161页。

的道家思想是宝玉用来对抗正统儒家与男权的"武器",道家精神在他身上是自然地迸发出来的。宝玉为什么没有落入那个污浊的男性世界中去?大概因为他隐隐约约知道自己是青埂峰下的一块石头,是"贾"宝玉,不是"真"宝玉。所以,他常常能"悟"到真相。黛玉是他前世结缘的"绛珠仙草",他们是知音,是"木石前盟"。他们的爱情也是叛逆性的。即使宝玉挨贾政毒打,黛玉劝他"你从此可都改了罢"(第三十四回)[1],他也没有改,反而觉得值了。爱他的人为他流下了眼泪,还有什么比这更值的呢?所以宝玉长叹一声道:"你放心!别说这样话,就便为这些人死了,也是情愿的!"[2] 何等坚决,这就是爱的力量。

所以"黛玉葬花"是个非常悲壮的行为艺术。两个人在读懂了对方的那一刻内心是震撼的:他(她)竟然懂我,可是我们能做什么呢?宝玉与黛玉从懂的那一刻起默默相爱,知道从爱的那一刻起就注定是个悲剧。他们深知他们的力量对抗不了什么,但爱就是爱了。宝玉最钟情的是黛玉,但他欣赏与爱护所有纯净的女孩,比如妙玉、香菱、晴雯、龄官……这是中国古典小说中"叛逆之爱"的代表,这种"叛逆"是有力量的。

---

[1] [清]曹雪芹著,脂砚斋评点,王丽文校点:《脂砚斋批评本红楼梦(上)》,第332页。

[2] 同上,第332页。

第八讲 反叛男权:《红楼梦》中的贾宝玉之爱

《红楼梦》绝对不是只写儿女情长,不是写贾宝玉爱了很多女子,不是简单地批判"封建制度"。它的灵魂性人物是贾宝玉,由贾宝玉牵出了各种女子的命运。贾宝玉坚决地站在大观园里这些美好的女孩子的一边,给她们力所能及的爱与保护,对她们的命运是同情、愧疚与无奈的。他的态度非常特别,在中国其他古典小说里很难找到一个男主角身上有这么坚定的女性立场与叛逆人格。他为这些女孩子操碎了心,甘愿为她们出家,为她们而死,希望用女孩子们的泪水来葬自己。

贾宝玉可以说是中国古典小说中叛逆人物的最好代表,他的言谈举止与贾府里的男性都不一样。贾宝玉的特别之处不是他衔玉而生,长得干净灵秀,不是他爱的女孩子多,而是他不按常理出牌,他的叛逆是因为一直保持了性情的真实,他是一个活灵活现的真实的人。林黛玉是宝玉的知音,这一点是薛宝钗替代不了的。她和宝玉一样叛逆,只是她的身份、地位不允许她将这叛逆的心彻底表现出来,她说的最叛逆的话就是"什么臭男人拿过的!我不要他!"[①](第十六回)。那可是皇上赏赐给北静王水溶的"鹡鸰香串珍",北静王因为欣赏宝玉而将其转赠宝玉。黛玉护送他父亲的灵柩下葬后从苏州回来,贾宝玉为了让她开心而转赠给她,她听说是个当官的男人送给宝玉的,二话不说

---

① [清] 曹雪芹著,脂砚斋评点,王丽文校点:《脂砚斋批评本红楼梦(上)》,第147页。

就扔了。林黛玉与宝玉是一样纯净的。薛宝钗也很了解他的性情,但不会站在他的角度想问题。《红楼梦》第三十二回记载:

> 湘云笑道:"还是这个情性不改。如今大了,你就不愿读书去考举人进士,也该常常的会会这些为官做宰的人们,谈谈讲讲些仕途经济的学问也好,将来应酬世务,日后也有个朋友。没见你成年家只在我们队里搅些什么!"宝玉听了道:"姑娘请别的姊妹屋里坐坐。我这里仔细污了你知经济学问的。"袭人道:"云姑娘,快别说这话。上回也是宝姑娘也说过一回……"宝玉道:"林姑娘从来说过这些混账话不曾?……"①

在这个问题上,湘云、袭人、宝钗是站一队的,宝玉平时对姐姐们的敬重、礼貌瞬间全无,直接怼回去,为林妹妹辩护,这种爱让黛玉特别感动,五脏六腑都震荡了一遍。宝玉不要做"禄蠹",不要做那些一入了经济仕途就滥用权力的人,不愿意加入迫害弱者的权力阶层,不愿卷入他不认同的权力机制中,更不愿意丧失自己的真性情。黛玉对他这一点有心疼、有担心,但更多的是赞赏与默默的支持。他们之间没有热烈的表达,却这样战战兢兢地爱到了对方的心里。

---

① [清]曹雪芹著,脂砚斋评点,王丽文校点:《脂砚斋批评本红楼梦(上)》,第319页。

第九讲 反叛家庭：《情人》背后的杜拉斯

"叛逆之爱"中我们选的第二个案例是杜拉斯，这是个现代西方案例。一来她的原生家庭问题与婚恋方式的选择都很典型；二来她是女性，女性的叛逆更加不易，付出的代价更大。我们无法根据仅有的资料完全了解现实中的杜拉斯，而只能结合小说与作者的经历，去对她的代表作《情人》以及作品背后的她进行分析，来看看原生家庭对她的爱情的影响。

杜拉斯的《情人》是一部自传体小说，讲的是她 15 岁在法属殖民地越南的湄公河上与一位华侨富商子弟相恋，最后迫于各种压力分开的故事。该书于 1984 年出版，杜拉斯因此而获得了龚古尔奖。这本小说很特别，它不是一个酝酿很久、处心积虑奔着得奖去的大部头小说，相反，它是一本由札记拼凑出来的 6 万多字小书。它的缘起是杜拉斯要出版一本有文字说明的相片集,在整理的时候发现少了在湄公河的这一张,于是帮她整理照片的扬·安德烈亚建议她把关于这张照片的故事写出来。这部小说诞生于偶然,出版后就成了经典。一个法国白人少女,在越南遇到一个有钱而深情的中国男人,这本身就充满了故事性。《情人》有个最经典的开头:

> 我已经老了,有一天,在一处公共场所的大厅里,有一个男人向我走来。他主动介绍自己,他对我说:"我认识你,永远记得你。那时候,你还很年轻,人人都说你美,现在,我是特为来告诉你,对我来说,我觉得现在你比年轻的时候更美,那时你是年轻女人,与你那时的面貌相比,我更爱你现在备受摧残的面容。"[①]

这段话很美,也很感人,因为爱情这种东西很难超越"颜值",但是在这段话里它超越了,在人生的长河里最后波澜不惊的阶段,时间酝酿出了超越形骸的爱情,这才是很多人真正想要的爱情。过滤掉了年轻时的情欲冲动,没有任何功利的目的,沉淀下这样深沉的情感。尤其当一个快 70 岁的老人写下这段话时,她一定感动了自己。这不是她的第一个情人对她说的话,而是现实

---

① [法]玛格丽特·杜拉斯著,王道乾译:《情人》,上海:上海译文出版社,2014,第 3 页。

第九讲　反叛家庭:《情人》背后的杜拉斯

生活中她的最后一个情人扬·安德烈亚写给她的情书中的内容。

将这段话与《情人》的结尾一起读,更能捕捉到杜拉斯的用意。结尾写道,她在离开情人后的一次航行中目睹了一个年轻人的死亡,他也是 17 岁,突然跳河了。杜拉斯说:"这年轻人打牌打到一定的时间,一言不发,把牌放下,走出酒吧间,穿过甲板,匆匆跑去,纵身一跃跳下海去。船正在快速航行,待船停下来,尸体已不知去向。"① 这个男孩的死没有人在意,他的尸体无人打捞,悄无声息,就像从来没有在人世间存在过。"船在第二天黎明又启航了。最可怕的就是这一点,船竟自远去。太阳升起,大海茫茫,决定放弃搜寻。永远的离弃,分离。"② 人的消失如此容易,生命如此虚无,死亡如此平常,那么,到底什么能让我们感到我们存在过? 这本书看似是在写爱情,其实是在写存在。"她哭了,因为她想到堤岸的那个男人,因为她一时之间无法断定她是不是曾经爱过他,是不是用她所未曾见过的爱情去爱他,因为,他已经消失于历史,就像水消失在沙中一样,因为,只是在现在,此时此刻,从投向大海的乐声中,她才发现他,找到他。"③ 爱情消失的时候,同样有死亡一般的虚无感,每个炽热地爱过的人可能都会在爱情消失的

---

① 〔法〕玛格丽特·杜拉斯著,王道乾译:《情人》,第 134 页。
② 同上,第 135 页。
③ 同上,第 136 页。

时候产生过这种撕心裂肺的感受。

由于种族歧视与财富悬殊的存在,她与中国情人的恋情被迫中止。现实中的这个情人叫李云泰,娶了一位门当户对的富商小姐,杜拉斯强忍伤心,乘船返回了法国。无论是年龄、种族,这都是一场叛逆之爱,是对她自身家庭的逃离。杜拉斯的原生家庭是什么样的呢?

> 从来不讲什么你好,晚安,拜年。从来不说一声谢谢。从来不感到需要说话。就那么待在那里,离人远远的,一句话不说。这个家庭就是一块顽石,凝结得又厚又硬,不可接近。我们没有一天不你杀我杀的,天天都在杀人。我们不仅互不通话,而且彼此谁也不看谁。你被看,就不能回看。看,就是一种好奇的行动,表示对什么感兴趣,在注意什么,只要一看,那就表明你低了头了。①

她的母亲冷漠、苛刻、偏心、歇斯底里,只喜欢她的大哥,不喜欢她的小哥哥和她。她的大哥暴力、赌博、偷窃,喜欢打人,这让她恐惧、厌恶,又无力反抗。她喜欢柔弱的小哥哥,与小哥哥有一段不伦之爱。她爸爸很早就去世了,她妈妈很辛苦,生意赔本,被人骗财,后来创办了一所学校养活他们。所以,杜拉斯对她母亲的情感是爱恨交加的,她很小就想要逃离

---

① [法]玛格丽特·杜拉斯著,王道乾译:《情人》,第66页。

第九讲 反叛家庭:《情人》背后的杜拉斯

这个病态的家庭。她的爱情从常人的视角看是扭曲的。现实生活中的杜拉斯至少经历了七段爱情,每一段爱情都在治愈自己童年遭受家庭的暴力、冷漠、亵渎。

小说非常细腻,对"她"的帽子、裙子、鞋子、辫子都写得非常详细,透露出了她原生家庭的贫穷和对她的不重视,她也养成了看起来什么都无所谓的样子。她说不清楚自己是不是爱这个中国男人,至少能肯定的是这个男人是爱她的,给她温暖,给她一个可以暂时逃离原生家庭的情感上的家。她母亲与哥哥不只是反对,而且是极尽侮辱、殴打,从中我们也可以看到这是一个多么冷酷的家庭,她母亲并非真的发病,只是想通过打她来发泄自己对生活的不满与内心的痛苦。

> 我母亲几次发病,病一发作,就一头扑到我身上,把我死死抓住,关到房里,拳打,耳光,把我的衣服剥光,俯在我身上又是闻又是嗅,嗅我的内衣,说闻到中国男人的香水气味,进一步还查看内衣上有没有可疑的污迹,她尖声号叫,叫得全城都可以听到,说她的女儿是一个婊子,她要把她赶出去,要看着她死,没有人肯娶她,丧尽廉耻,比一条母狗还不如。①

这样的家庭氛围是冷漠、恐怖的,互相视对方为不存在,

---

① [法]玛格丽特·杜拉斯著,王道乾译:《情人》,第70页。

你看对方一眼就输了。她与已经订婚的中国男人发生了性关系,她母亲与哥哥知道后对她毒打、辱骂,要毁掉她的名誉,这是她叛逆的代价。她的情人拥有的一切财富都是他父亲的,因此无法决定自己的婚姻选择。两人都渴望自由,渴望强大的人相拥取暖,他们知道没有结果,但依然爱着。这爱虽然更多是肉体意义上的爱,但也足以温暖她的记忆。在他们的性中,虽然也有快乐,但并没有实现真正的"融合"。她记得他,是因为他是她生命中的第一个男人。她在爱情中感受到孱弱与无力、无奈与分离,但至少比起她的原生家庭,她在"情人"这里是温暖的、自由的。

"她"在这段初恋中没有找到两个人的"合一"感,在性中其实是"陌生人"。只因为他是她生命中的第一个男人,才记忆如此深刻。这种分离、分裂、破碎、痛苦、虚无感是她的原生家庭给她的。她与他的第一次的性爱中,当他说爱她时,"她没有回答他。她本来可以回答说她不爱他。她什么也没有说。突然之间,她明白了,就在一刹那之间,她知道他并不认识她,永远不会认识她"[①]。这是一场扭曲之爱,他们展示给对方现实中的伤口、失落、空虚与无奈。

熊哲宏曾对比《情人》与劳伦斯的《查泰莱夫人的情人》

---

① [法]玛格丽特·杜拉斯著,王道乾译:《情人》,第45页。

第九讲　反叛家庭：《情人》背后的杜拉斯

中不同的性心理描写。《情人》说："我注意看他把我怎样，他以我为用，我从来没有想到竟可以这样做，他的所为已经超出我的希求，却又与我的身体固有的使命相吻合。这样，我就变成了他的孩子。对于我，他也变成了另一种物。"这里透露了她的性爱感受是陌生的、疏离的，不是亲密恋人之间对等的性，她更像个孩子，对方更像个"物"，"在性行为过程中，性的主体与客体之间本质上是分离的：彼此之间不认识，不沟通，不理解，彼此成为对方的一个异己的东西——无论是'孩子'还是'物'"①。《查泰莱夫人的情人》中的性则是彼此交融的："他的醒来使她睡意全消。他坐在床上，低头看着她。她从他的眼睛里，看出了自己的赤裸，看出了他对她的直接认识。男性对她的认识像是一种流体，从他眼睛里流到她身上，舒适地把她包了起来……"② 主人公康妮有一个非常健康的原生家庭和成长过程，所以二者的性心理与性体验也不同。

《情人》中的"她"在叛逆的爱与性中逃避原生家庭、报复原生家庭，不是发乎自然的爱，只是短暂的温暖，并不能治愈原生家庭的问题。现实中的杜拉斯则不停地通过爱情去寻找和另外一个人"合一的"那种温暖，对于她是否找到了那种能治

---

① 熊哲宏著：《围城内外：西方经典爱情小说的进化心理学透视》，北京：北京大学出版社，2011，第104页。
② 同上，第105页。

愈原生家庭缺陷的温暖的爱,我们只能先打一个问号。当她眼睁睁看着他娶了别人,看到他的车在她离开的船只不远处的角落里静静停靠着,她的心情应该是非常复杂的,难忘、不舍、无奈、感激……乃至当她老了,她依然对西贡的地点、气味、声音、氛围、人群记得那么清晰。

在这种"叛逆之爱"中,她谈不上有多爱他,只是满足彼此孤独的需要,但这种满足已经弥足珍贵。杜拉斯一生都在寻求她需要的各种爱,她一直以来的寻找,很大程度上可以看作在自我治愈,其中不乏惊世骇俗的情欲之爱,比如爱上了丈夫的朋友,三个人同居;爱上了比自己小39岁的男孩……她的一个孩子夭折了,另一个孩子是私生子,在常人看来她的情感生活尽是"颠倒错乱",坎坷破碎。直到66岁时,还与27岁的安德烈在恋爱,她在嫉妒与不安全感中折磨对方,也自我折磨,但安德烈一直陪伴她到她去世。她的经历符合"恋爱依赖症"的特点,所幸她是个作家,很多情绪都能在写作中得到宣泄,也得到满足。

杜拉斯是畸形的原生家庭中顽强地活下来的女人,她自由地发泄自己的情欲,背后却是对爱的强烈渴望。她与母亲关系不好,就像是在变相地"报复"母亲并弥补自己爱的缺失。这个心理上的黑洞可能是用爱情填不满的,更何况这爱情的内核主要是情欲。她用爱与性来认识世界,也来寻找安慰。她追求

第九讲　反叛家庭：《情人》背后的杜拉斯

真实的情欲的满足，最大限度彰显了女性的真实处境。她的经历与她的小说都惊世骇俗，能真实面对自己的情欲与内心的人非常不易，当然有着价值与意义。

"叛逆之爱"让我们看到了原生家庭对一个人恋爱、婚姻选择的影响。我们只有处理好了与原生家庭的关系，恋爱与婚姻才能在健康的轨道上行进。我们无权去评判杜拉斯的私人生活与道德问题，她对自己的行为结果负责就好。从女性的视角来看，她的非常态的爱情让我们看到了女性身上本来具有的生命力，比起今天爱的疲软与干瘪，勇敢真实地去爱，也是一种让人惊艳的力量，对杜拉斯来说是艰难的自我救赎。但是"情欲"是孤独的，情欲的满足如饮鸩止渴，永不满足，这条自我救赎的道路没有尽头。

第十讲 亲子关系的维护：儒道两种方式

原生家庭非常重要，那么，如何维护好的亲子关系？首先，父母不能成为杜拉斯笔下的母亲，也即苏珊·福沃德说的"毒父母"——喜欢贬损、打压、否定孩子，不反思、不改变的父母。有"毒父母"的家庭自然就是"毒家庭"。"这些父母加之于孩子的情感伤害，就像化学毒素一样蔓延至孩子的整个身心，而孩子遭受的痛苦也会随着成长不断加深。还有什么字眼比'有毒'更适合描绘这些不断贬损、伤害甚至虐待孩子，即使在他们成年后也大多并未收敛的父母呢？"[1] 但是，人又无法决定自己出生在什么样的家庭，无法选择父母，所以遇到不好的家

---

[1] ［美］苏珊·福沃德、克雷格·巴克著，黄姝、王婷译：《原生家庭：如何修补自己的性格缺陷》，北京：北京时代华文书局，2017，前言，第6页。

第十讲　亲子关系的维护：儒道两种方式

庭，整个人生都需要不断地"排毒"，直到彻底健康。意识到原生家庭带来的负面影响，努力去治愈它，将其转化为正能量，不断完善，勇敢前行。

苏珊认为："如果你已成年，那么你有很多方法可以将自己从有毒父母留给你的扭曲的负罪感和自我怀疑中解救出来。"[①]我觉得这是乐观的想法，其实大多数人可能都没有办法解决，除非你认真思考自己的问题、反思自己、主动求助。我认为对待孩子的基本态度是：第一，父母要意识到孩子的叛逆很正常，不要用打压的方式去处理；第二，避免对孩子造成任何心理的与身体的伤害；第三，允许孩子犯错误，教给孩子如何承担责任。中国传统文化中的原生家庭是如何了解与维护亲子关系的？我们从先秦的儒道思想资源中会获得一些启发。

一、儒家：以仁爱为根基的亲子关系

在儒家看来，人与人之间最重要的是"仁爱"，亲子之"仁"是儒家仁学中最重要的一部分。亲子关系建构好，整个社会的"礼"才能建立。父慈子孝，这是良好的亲子关系。父母爱孩子多是天生的，孩子在小的时候爱父母也是天性，因为一出生就在父母的哺育、照顾之中，这种爱也是出于对父母的依恋。但孩子长大之后，就要靠父慈子孝来维护良好的亲子关系

[①]　[美]苏珊·福沃德、克雷格·巴克著，黄姝、王婷译：《原生家庭：如何修补自己的性格缺陷》，前言，第10页。

了。一般来说,父母爱孩子容易,恨不得倾其所有让孩子过得更好,但孩子孝顺父母就需要不断地学习与提高道德修养了。孔子尤其重视"孝",《论语·里仁》曰:"父母之年,不可不知也。一则以喜,一则以惧。"我们必须知道父母多大年龄了,一方面为他们感到高兴,一方面感到内心恐惧,因为父母年龄渐增,也是在向死亡不断靠近。孔子提出"守孝"三年,在父母去世之后,孩子要继承父母的志向,实现父母的遗愿。并不是只有端茶倒水才叫孝敬,重要的是内心对父母的关心与在意,对父母理想的继承,自己要建功立业,报答父母的恩情。

孟子进一步发扬了"孝"的观念,推崇"舜"的"大孝"精神。"舜"在《孟子》中出现97次,可见孟子对"孝"的重视。《孟子·万章上》记载:

> 万章问曰:"舜往于田,号泣于旻天,何为其号泣也?"孟子曰:"怨慕也。"万章曰:"'父母爱之,喜而不忘;父母恶之,劳而不怨。'然则,舜怨乎?"[1]

孟子认为舜对父母最大的孝顺体现在"劳而不怨"上,"父母恶之,劳而不怨",父母厌恶他,他依然没有抱怨,这超出了一般人的情感。对于遗弃并加害于自己的父母仍能尽孝,

---

[1] 杨伯峻译注:《孟子译注》,北京:中华书局,2018,第190页。以下孟子引文皆出自此书,只注篇名,不另出注。

第十讲 亲子关系的维护：儒道两种方式

舜的动力来自何处？这是我们现代人会问的问题。舜虽然得到了尧的女儿，得到了人心，得到了天下，然而还像个穷途末路、漂泊不定之人，因为得不到父母的爱，他是不快乐的人，如赵歧注所说："为不爱于父母，其为忧愁。"（《孟子注疏》）可见，一个人与父母的关系如何，决定了这个人是否真的快乐。在现代也一样，如果一个人的亲子关系处理不好，你的喜悦无亲人分享，你的痛苦无亲人分担，就总像缺少点什么，心不会安。

所以，舜最用心的地方是建构与父母的关系。对于舜而言，爱、孝是人生中最直接的经验，而"王天下"是外在的，因为天下本非我之所有。《孟子·万章上》曰：

> 天下之士悦之，人之所欲也，而不足以解忧；好色，人之所欲，妻帝之二女，而不足以解忧；富，人之所欲，富有天下，而不足以解忧；贵，人之所欲，贵为天子，而不足以解忧。人悦之、好色、富贵，无足以解忧者，惟顺于父母可以解忧。人少，则慕父母；知好色，则慕少艾；有妻子，则慕妻子；仕则慕君，不得于君则热中。大孝终身慕父母。

富贵、美色都不足以让人解忧。只有孝顺父母，有良好的亲子关系才能解除心中的忧愁和忧虑，这里的"劳"不是"劳累"，而是"忧伤"的意思。"劳而不怨"是说"忧伤但不怨恨"。舜之所以能做到不怨恨，就是为了能通过自己的包容、努力，坚持得到父母的爱，有一个好的亲子关系。"不得乎亲，不可以为人；不顺乎亲，不可以为子。舜尽事亲之道而瞽瞍厎豫，瞽瞍厎豫而天下化，瞽瞍厎豫而天下之为父子者定，此之谓大孝。"（《孟子·离娄上》）如果与亲人相处不好，便很难成为"人"。不能孝顺父母，不配叫作孩子。舜做到了孝顺，所以他的父亲非常高兴，这件事感化了天下之人，是"大孝"。

杨伯峻将"顺"解释为"顺从"，"顺从"是爱父母的一种方式，从"顺从"中又发展出"孝顺"这个概念。"爱"是双方的，渴望得到爱，也就需要自己不断付出爱。赵歧认为，对于"父母之不我爱"，不是自己的罪过，但舜仍能"自求责于已"，想想自己还有哪些地方做得不够，努力争取父母的爱。他总觉得他还没有尽到全力，总还有完善的余地。所以，父母每有需求，他就立刻来到跟前伺候，父母终于被感动了，从而恢复了和谐的"亲子关系"。这是舜"反身而诚"的结果。其"顺从"父母不是懦弱，而是为了调节亲子关系，获得父母的爱。在舜看来，好的亲子关系比拥有天下还重要。《孟子·尽心上》曰：

桃应问曰："舜为天子，皋陶为士，瞽瞍杀人，则如之何？"孟子曰："执之而已矣。""然则舜不禁与？"曰："夫舜恶得而禁之？夫有所受之也。""然则舜如之何？"曰："舜视弃天下犹弃敝蹝也。窃负而逃，遵海滨而处，终身欣然，乐而忘天下。"

当侍奉父母与侍奉天下相矛盾时，孟子认为舜会毫不犹豫地选择侍奉父母。"得天下"是一般人之大欲，富贵、美色亦然，但舜终身爱慕父母。"五十而慕父母"，只要父母还在，就要孝敬父母。父母去世了，要举行葬礼追念父母，"'生，事之以礼；死，葬之以礼，祭之以礼，可谓孝矣'"（《孟子·滕文公上》）。亲子之情会一直延续到父母死后，是伴随一生的最深刻的情感。所以，儒家亲子关系注重的是亲子之间的和睦，即使父母有一些过错，作为子女也要尽量不伤和气。当然舜是个圣人，一般人不能见爱于父母，心中可能会有怨气，不想再孝敬父母的也是有的。从现代的角度来看，父慈子孝，平等相爱，一个家庭才能和谐。孟子举"舜"的例子的重点在于，舜的孝顺是发乎天然的，不是被逼的，他拥有天下，娶了尧的女儿，拥有权力与妻妾，但没有父母之爱，他的人生就是不完整的。作为圣王，更应该经营好亲子关系，做出表率。这也是当初尧看好他的地方，他的德行出自"自律"，而非"他律"。

张祥龙先生从现象学的角度说："只有亲子之爱是从头开始的，是从生命的绝对被动处、在时间晕圈中生发出来的，而其他的爱都以它为前提。只有这时间晕圈中的亲代和子代关系才最少有各自的独立性，他们要通过成就对方来实现自己的生存意义，他们在参与这意义的构成中不得不去爱对方……他们相互之间没有'关系',没有'影响',没有'理解',也没有意向性,只有相互为根,相互做成,一起快乐,一起遭罪。"① 这种快乐渗透在亲子互动的细节之中,构成孩子的"自体"情感世界,也构成父母爱的源头与动力。

亲子第一次相互对视,那时他们不知如何说明对方,只会一下子进入对方而获得谜一样的意义,此后便不断地说着这谜、解着这谜,而又始终保持着这谜的魅力……当我们离那原本的"家"越来越远的时候,我们不再无缘无故地笑了,而总要为个什么事情才笑,或者是很少笑甚至不会笑了。②

这种爱衍生到爱情中,即被父母很好地爱过,才知道如何去爱恋人。仁爱是能化掉一切的慈柔之爱,父母要从孩子牙牙学语的天籁般的语言中感觉这种互动的爱与温暖,亲子关系就这样慢慢培养起来,在这种柔性中怎么会有父母对孩子的伤害呢?孩子得到温柔的对待、理性的理解、长久的陪伴,也会自然记得这份爱,回馈爱。孔子主张父母去世的"三年之丧"不能偏废,就是这个用意,通过回顾父母的爱,生发出对孩子的爱,一代一代传递下去。

---

① 张祥龙著:《孔子的现象学阐释九讲:礼乐人生与哲理》,第243-244页。
② 同上,第244页。

二、道家：以自然为根基的亲子关系

道家与儒家不同，道家很少强调"孝"，当然也不反对孝。道家主张的是让人自由生长，原生家庭里是不应该有干涉、占有和伤害的。顺其自然地相亲相爱才是好的亲子关系。《老子》第十章说："生而不有，为而不恃，长而不宰"，生了也不能占有，有所作为也不能自恃有功，让万物生长但不能宰制，圣人治理国家的方式也是父母养育孩子时应该借鉴的原则。

这个"道"就是家庭的基本原则、基本规矩，全家都要遵守，类似古代的家规、家训，互相监督，慢慢就成为习惯了。比如我们家的家规是"健康第一，快乐第二，成绩第三"，身心的健康永远是第一位的，健康先从早睡早起做起，孩子们晚上9点前睡觉，早上7点前起床，身心健康，就会浑身洋溢着快乐。在健康的前提下，才能快乐地学习。孩子快乐，亲子关系才能好。我们家的家训是"想到就去做，说到要做到"。我们主张"知行合一"，注重"行动力"，有想法就去做，大胆去尝试，说的一定要尽力做到，这样孩子才会信任你。上行下效，家长靠以身作则来培养孩子好的品质，而不是把孩子当作自己的私人财产，把自己都做不到的事情强加给孩子。

道家最重要的思想是"道法自然""无为而治"。顺其自然，不要强行干涉孩子，尽可能少为、为得恰到好处，孩子才能健康成长。父母生了孩子，但是不能占有孩子。父母为孩子做了很多，让孩子长大成人，有所成就，但不能自恃有功劳，仿佛孩子完全是他们的作品。父母与孩子是平等的，所以不能宰制、控制孩子。

当然老子主要关注的是圣人、侯王如何治理国家的问题，在今天完全可以用在父母如何对待孩子上。现代的原生家庭已经不是家长制了，父母没有"父权""母权"，只是孩子的监护人。父母不应该逼迫孩子去学他们不想学的东西，上他们不想上的课外班，选择他们不想选的专业。经常有高中同学的家长问我，孩子应该学文科还是理科，选择什么专业好，如何选择985、211的学校等，这些其实应该由孩子自己去了解，去根据自己的爱好、特长做出选择。

今天父母对孩子的"控制"与"情绪勒索"仍然很多，表面上是爱孩子，但实际上是爱自己。看似为孩子付出了很多，其实是在为自己的内心寻找寄托，为自己的理想寻找希望，为自己的虚荣寻找满足，为自己的未来寻找保障。父母往往意识不到自己这种心理，让孩子活成了父母想要的样子。"毒父母"们则是因为自己工作不顺心，回到家里迁怒到孩子身上，自己发脾气，孩子忍气吞声。这些对孩子粗暴的教育，将来都会让孩子在爱情与婚姻上遇到困难，他们选择"独身、丁克"，有时候是在变相地"报复"父母带来的压制与压抑，他们的内心想法是"我都没有得到父母的善待，我怎么可能善待我的孩子？"

比如波伏娃、张爱玲，这些才女们都没能完全超越原生家庭对自己的负面影响。为人父母的机会只有一次，良好的亲子关系是处理自己与他人关系的基础，所以亲子关系一定要经营好，这是儒家、道家重视亲子关系的原因之一。

第二篇 依附之爱

第十一讲　依附型人格与"恋爱依赖症"

依附之爱是指在爱情关系中失去自我，依赖对方的爱活着的一种爱情。这一类的恋爱者非常依赖爱情，没有爱情就感觉内心空虚、生活没有意义。这类人在爱情中迷失自我，恋爱成瘾，无视恋人的缺点，放大恋人的光芒，建筑自己的围墙，抵触别人的劝说，总是掉到同一个"坑"里，屡屡被同样的人伤害，不断地更换爱的对象，不能有"空窗期"，一天没有爱情都不能活，对恋人无尽地索求，求不到就会悲伤、痛苦甚至对恋人提出威胁……这种爱情不是健康的爱情，这种心理在心理学上叫"恋爱依赖症"，是"强迫症"的一种。日本学者伊东明专门研究这个课题。他说：

　　恋爱依赖症者不是在现实中处对象，而是在幻象抑或妄想中处对象，现实中相处的对象只是理想对象的替代品而已……痴迷于一种无原则且变异的爱，甚至被这种爱夺去了理智，不仅无法管控好自己，连正常该做好的事也无心打理，几乎处于失控的状态，在心理学上这种状态就叫做"强迫症"。①

"恋爱依赖症"是一种常见的心理病状，这类人的爱情是"依附型爱情"或"依赖型爱情"，这种爱情越是不被周围人承认，越是不被看好，他们就越觉得自己的爱独特、耀眼、伟大，沉浸在自我感动中难以自拔。他们的世界是封闭的，不容他人评说，他们时刻处于准备与外界"战斗"的状态，对所有表示不理解或反对他们的人持有"敌意"。他们时刻处在被需要、被肯定、被爱的感觉中，一旦感觉自己不被对方需要，不被对方肯定，不被对方爱，就会愤怒、恐惧、自卑，比如等不到对方的电话、短信就会烦躁、无助、恼怒、恐惧，情绪一落千丈；担心对方会抛弃自己，要反反复复确认对方是爱自己的；要查看对方的手机，时刻担心对方移情别恋等。简单来说，"恋爱依赖症"者只要不被爱，就没有存在感与价值感。这样的恋爱不仅非常痛苦，而且容易被人利用，被人骗钱骗色，最后被人抛弃，人财两空。但他们仍然会带着极大的痛

---

① ［日］伊东明著，宋家玉译：《恋爱依赖症：为何爱情如此伤人》，北京：北京大学出版社，2018，第18-19页。

苦去寻找"下一个"可以依赖的人，哪怕只是暂时的依赖，也好过没有人可以依赖。恋爱依赖症者所表现出的人格就是"依附型人格"。他们的人格不独立，但未必能意识到这个问题。

这样的恋爱类型的人格特点与原生家庭有很大关系。他们年幼的时候往往是别人眼中那个"早熟儿童"，即早早就承担了原生家庭的各种不和、不幸，早早懂得坚强、忍耐、迁就与承受。"这些孩子长期生活在这种家庭氛围中，目睹了太多不和谐不健康的事情，内心积压了太多的苦痛和愤懑，长大后会慢慢形成自我否定感和对他人过度迁就、过度适应的特征。"[1] 他们要生存下去，就必须以这样的角色生活，长大后就把恋爱对象当作自己的父母一样依赖，来弥补他们小时候的爱、肯定与安全感的不足。这样的恋爱类型有时是单方面的依赖，有时是"相互依赖"，后者又叫"相互恋爱依赖症"。

这类人在成长的过程中心理没有得到完全的发展，可能缺少的是父性特质，也可能是母性特质，也可能都缺。一个健康的人格一定自己是自己的父亲，也是自己的母亲，而不是在爱情关系中去"找妈"或者"找爸"。父亲和母亲要共同对孩子的人格产生影响，而不能是单方面的教育。父性和母性如果有

---

[1] [日]伊东明著，宋家玉译：《恋爱依赖症：为何爱情如此伤人》，第77页。

一方缺失的话,孩子的心理健康就难以保证。武志红认为很多人的情感模式是在"找妈",男人找的是"新娘",即"新的娘";女人找的是"爸爸",是"大叔"。"萝莉找大叔"成为越来越多的现象,这些都是依赖型人格的体现。因为在婴儿期,我们得到的母爱质量普遍不怎么样,这导致我们内心里都有一个匮乏的婴儿,而渴望再有一次机会,找到好的母爱,以治疗生命最早期的伤痛。我虽然不赞成将这种"巨婴"人格看作普遍情况,但这一观点确实揭示了依赖心理的存在,有重要的意义。

每一个"恋爱依赖症"者的背后自然会有一个同样不独立的"压榨者","对'压榨者'来说,无论对方多么努力,都挡不住他无休止的纠缠和要求,即便一次次地满足了他,也休想真正得到他的理解、尊重和认可,回报就更谈不上了"①。这样的人一旦有一天发现对方满足不了他们,就可能施暴。这也是我们平时所感叹的:为什么有的人总一次次地被骗、被伤害?为什么有的人总是爱上同一类型的人?掉到同一个坑里,成为"渣男(女)收割机"?因为他们自己的心理问题没有解决,他们无论在事业上多么成功都无法不依赖别人的爱。甚至,他们努力工作、追求成功就是为了得到对方的肯定、关注与赞美,

---

① [日]伊东明著,宋家玉译:《恋爱依赖症:为何爱情如此伤人》,第107页。

第十一讲 依附型人格与"恋爱依赖症"

来弥补他们小时候应该得到却没有从父母那得到的爱，而不是为了实现自己的自我价值。

母亲与孩子如果过分地相互依赖，母亲长时间地不能放手，习惯于"同生""连体""抱团取暖"的生存方式，也会阻碍孩子独立，成为孩子成长过程中的障碍。有这样母亲的孩子长大后恋爱与结婚都很困难，即使建立了自己的小家，在心理上也还是个孩子，无法背负起家庭的责任。"接受型人格"的表现是：你给我爱吧，无论多少，我都不拒绝，这是你自愿的，你只要给我，我就接受。你要不给我，我就难受。所以，"接受型人格"与"依赖型人格"有相似之处，前者无止境地接受爱，后者无止境地索求爱，后者更严重一些。他们缺乏的是"父式"的品质，比如说自制、独立、坚强、理性。

这就是我们今天"缺父式教育"带来的问题。父亲在外面忙着赚钱、升职等，缺席孩子的成长过程，没有在孩子最小的时候给他们充足的陪伴。"子不教，父之过"，父亲在教育孩子上责任重大。"缺父式教育"会导致男孩子的男性气概、阳刚之气的缺乏。父亲一定要参与孩子的养育过程，给孩子有效的陪伴，我认为父母带孩子的时间最好能各占一半。父亲能影响孩子的是理性、原则、阳刚、现实、胆量、意志等方面，这些是妈妈很难传递给孩子的。妈妈常常事无巨细，心细如发，培养孩子的更多是温柔、细腻、情商的方面。父亲和母亲都要给孩子有效的陪伴，让孩子健康成长。

依附型人格对于男性而言会制造出"妈宝男"。"妈宝男"会导致婆媳关系差，尤其在有了孩子之后。武志红说，婆媳大战，多数就是围绕着新生儿开始的，而这时新妈妈是最无助最需要支持的，冲突的加剧简直就是在要新妈妈的命。既然丈夫靠不住，婆家也无爱，当有了孩子后，妈妈们便将注意力转移到孩子身上，并且会把对丈夫的一些情感和期待放到孩子身上，这种情感与孩子应该得到的爱是不同的，会导致孩子从小体验到被吞没感。当一个新的生命来到，"新妈妈"没有时间去亲身学习就已经有了"妈妈"这个身份，被认为天生就会照顾孩子，没有任何学习和适应的过程，瞬间就接过了做"妈妈"的重任，这种压力是男性无法感同身受的，他们连做到理解都很难。这时候新手妈妈们不得不将全部的注意力都放在新生儿上，并且把她们全部的爱与依赖也随之放上。当婆婆与媳妇发生矛盾而"妈宝男丈夫"不知如何处理时，新手妈妈就会更加无助，婆婆也会感到儿子的爱被另一个年轻女人夺走的威胁，婆媳矛盾就会升级。这又加剧了新手妈妈对孩子的依赖，对孩子造成压力，让孩子从小就有"被吞没感"。所以，"依附型人格"带来的影响是一种连锁反应。

女性不独立，就容易成为依附之爱中的"萝莉"们，但是女性太独立又会被男性"厌恶"，如何做女人，对于当代女性是件非常难的事。这几年流行"厌女症"一词,"厌女症"有一个深层的原因就是女性违背了男权社会的"规训",让男性感到厌恶或者威胁。这种"规训"包括女性要温柔、善良、照顾他人等。凯特·曼恩说:

> 和男性一起被放置于不对称道德支持关系内的女性,一直以来都被要求得对男性展示道德尊重、认同、赞赏、服从和感激,以及道德注意力、同理与关怀。当她打破这个角色,试图对他提出道德批评或指控时,她就扣押了他习惯从她身上获得的善意。某方面来说,他甚至可能仰赖她的善意来维持稀薄的自我认知或自我价值。①

"厌女"背后是对女性失去传统塑造的"服从"特性的厌恶与憎恨。女性被塑造为必须慈爱、关心、服从、善良、温柔贤惠、善解人意,甚至要围着锅台转,承担繁重的家务与带孩子,还要"出得厅堂,入得厨房"等,这些都让女性背负了沉重的、不公平的道德压迫。在传统价值体系下,女性只有维护这样完美的形象,她的自我价值才能被男性世界认可。如果女性泼辣一些,就会被认为是对男性所认为的女性品质的"背叛"。今天这种塑造并没有结束,也并没有被完全打破,女性的独立过

---

① [美]凯特·曼恩著,巫静文译:《不只是厌女:为什么越"文明"的世界,厌女的力量越强大?拆解当今最精密的父权叙事》,台北:麦田出版社,2019,序,第16页。

程充满了打压与误解,这条路还很漫长。在爱情中互相独立,又不失男性、女性本身天然的气质,平等相爱,相互滋养,才能有好的爱情,所以无论男女都要防止"依附型人格"的产生。

第十二讲　茨威格的《一个陌生女人的来信》

依附型的爱情有很多情况，我把它分为三种：第一种是"无我型"，即完全依赖对对方的爱而活着，付出了自己的全部情感，为对方生，为对方死，比如斯蒂芬·茨威格的《一个陌生女人的来信》中的"陌生女人"；第二种类型是"补缺型"，即用对方的照顾来补充自己原生家庭的爱的缺失。小时候缺的爱像一个漏洞，需要一个完全懂自己的人来寄托自己的爱，比如胡兰成《今生今世》中的张爱玲；第三种是"接受型"，就是接受对方全部的爱，依赖对方的照顾来生活，比如《英儿》背后的顾城。

我们先讲《一个陌生女人的来信》，这本小说讲的是一个女人把全部的爱给了一个叫R先生的男人，但这个男人自始至终都没有认出她的悲惨故事。她甚至生了一个他们的孩子，她的儿子流感去世，她也在重病的情况下写了这封给 R 先生的信，讲述了她的爱情。她的付出是全身心的，她依赖对对方的爱而活，哪怕对方没有给予任何回报。这本书戳中了无数"付出型"女性的内心，作者的笔触像是站在女性的心理去挖掘这种"牺牲型"的爱情，体贴女性的情感，给予巨大的同情，和他的小说《一个女人一生中的二十四小时》一样，都是伟大的作品。茨威格本人遇到过一个巴黎的女人玛塞尔，这个女人就是完全奉献自己，不图回报。茨威格对这种完全奉献的女性的爱是非常熟悉的，他有感动，有震撼。

徐静蕾 2005 年把它拍成了电影，放在中国的历史背景中讲述出来。这个故事中的小女孩父亲早逝，跟着妈妈长大，12 岁爱上了温文尔雅的邻居——成熟的男人 R 先生。但是刚爱上 R 先生不久，女孩的母亲改嫁，举家搬走，这让她非常痛苦，从此进入单恋。女孩长大后两人再次偶遇，R 先生完全不记得她了，她也没有告知自己是谁，二人行鱼水之欢，R 先生只把她当作自己众多女人中的一个。她在 R 先生每年生日那天都送上一朵白玫瑰，R 先生只是习惯性地接受，因为爱慕者太多。

她的信这样开头："在这个世界上，我只有你了。可你对我一无所知"[1]，她爱了他整整一生，他却浑然不知。在她的内心，

---

[1] ［奥］斯蒂芬·茨威格著，高云译：《一个陌生女人的来信》，长沙：湖南文艺出版社，2014，第 16 页。

第十二讲 茨威格的《一个陌生女人的来信》

或许爱情应该是主动的、自然的，不需要对方提醒的，这样的爱才是真爱。她不想因为自己的爱或两个人发生了性关系就绑架对方，她想等到他认出她，打心底爱她的那一天，但是没有等到。她说："我对你的心从未变过，过去如此，一直也如此，因为在这个世界上，没有什么东西能够比得上一个单纯的孩子所怀有的不为人知的爱情。这种爱情只有给予，它不抱任何希望，它低声下气，曲意逢迎，热情奔放，它同成年女性的那种充满欲望、索求无度的爱情全然不同。"[1] 这种爱纯粹、一心一意、死心塌地，与现代人在过度社交中被磨得干瘪、肤浅、虚假、功利的情感相比，它是稀缺的、珍贵的，让人动容。确实可能只有一个十几岁的孩子才能迸发出这种让人心疼的纯粹之爱。

我想跪倒在你的脚下，请求你收留我，让我做你的丫头或者奴隶。我怕你会取笑一个十五岁女孩子的这种天真单纯的狂热之情，可是亲爱的，如果你知道我当时是如何鼓起莫大的勇气，站在冰冷彻骨的走廊里瑟瑟发抖；又是如何被一股莫名的力量所驱使，一步一步来到你的门前……[2]

这时她15岁了，爱得非常卑微，像一朵墙角的小花，努力让路过她的人看到。她在大概20多岁的时候再次见到R先生，

---

[1] [奥]斯蒂芬·茨威格著，高云译：《一个陌生女人的来信》，第25页。
[2] 同上，第29页。

他逢场作戏，性只是性，丝毫不掺杂任何爱与牵绊，完事就走人，女人像走马灯似的，他怎么会记得她？她怀了他的孩子，依然没有告诉他。她不想用爱、性、孩子绑架他，让他感到不自由，让他有哪怕一丝的勉强。她体贴对方，珍视对方的自由，唯独不珍视自己的身体。她的全部情感都系于R先生，即"我爱你，与你无关"，这是典型的"迷恋之爱"。这种"迷恋"其实只是爱着自己内心的残缺、空洞。

苏珊·福沃德说："迷恋之爱其实与爱毫无关系，而只与渴望有关。渴望是希望得到自己没有拥有的东西。即便迷恋的恋人正处在一段感情之中，他们也没有完全得到他们想要的东西。"① 这种爱看似不求回报的，其实一直期待回报。这种爱其实是一种暴力的、不容分说的爱，她爱的其实是自己，因为自己的内心有个黑洞，怎么也填不满，于是只有将自己完全投注在一个人身上，才有所寄托，活着才有希望。这种爱只是借助爱的对象来支撑自己，而不是真正的爱，更不是对等的爱。这个故事中，R先生看似风流轻薄，辜负了她，其实R先生在这个小说中的存在感很弱，我们看到的是一个陌生女人故意对自己的"陌生化"，内心强烈地渴望唤醒R先生对自己的发现与爱。

---

① ［美］苏珊·福沃德、克雷格·巴克著，程风译：《有一种病叫爱情》，沈阳：辽宁教育出版社，2003，导言，第9页。

第十二讲 茨威格的《一个陌生女人的来信》

她迷失在自我构筑的爱的圣洁光芒中,尽管她与R先生有肌肤之亲,有儿子,她依然不会有满足感,也不会讲出实情,因为她不是把爱直接给对方,而是苦苦等待对方来注意她、发现她、爱她。这种"等待"带有一种偏执的、悲剧的美学特征。我觉得即使有一天R先生认出了她,也托不住她如此厚重、隐忍的爱。也或许R先生隐隐约约认出她了,但不敢贸然挑明或做出承诺。她把对对方的爱完全放在自己的心中,这是"暗恋"的极端形式。从某种意义上说也是自我中心的爱,它是辛苦的、痛苦的,也是纯粹的、热烈的。它是"独裁式"的爱,以自己的隐忍与保密打断了互动的可能,最后只能把这份爱完整地带进坟墓,让R先生在迷茫与愧疚中爱她。

她对他们的性写道:"我从来没有看过一个男人在温存抚爱之际这样贪图享受片刻的欢娱,这样放纵自己的感情,把内心深处展露无遗——而事后竟然顷刻间烟消云散,全部遗忘,而且遗忘得太过彻底,简直不近人情。"[1] 这个男人之所以在性中能把真实的情欲展现无遗,恰恰是因为他不认识这个女人,不用有任何负担,也不用负任何责任。这种"遗忘"也就顺理成章,不需要负责的事当然遗忘得也快,但是他真的遗忘了吗?在看到陌生女人重病即将去世前的这封信时,他应该能回忆起

---

[1] [奥]斯蒂芬·茨威格著,高云译:《一个陌生女人的来信》,第52页。

一些零碎的片段,并把它们串起来。小说的结尾是真正的高潮:

> 就在我噙着眼泪直面这个苍老的老人的一刹那,他的眼睛突然亮了起来。就在这一秒钟,你知道吗?这位老人认出我来了,他可是自我童年时代起就再也没有见过我呢!因为他认出了我,我恨不得感激地跪倒在他面前,亲吻他的双手……他哆嗦着,惊慌失措地看我——你知道吗?这一秒钟里,他对我的了解比你一辈子对我的所有了解还要多。①

管家认出了她,就在他们对视的瞬间,他明白了这两个人之间所有的事。管家的内心也是触动的,能理解她的悲哀与无助。管家见惯了R先生的风花雪月,被这个小姑娘长久的、执着的、单纯的爱打动了。这个时候,她却被R先生当成毫不相识的风尘女子,在和她温存之后给她一些小费作为报酬,这是对她极大的侮辱。当她把钱塞给管家时,又是何等的尴尬与绝望。

我们如何理解这种"遗忘"?在爱情中,常常会遇到这样的情形:你深爱的人很容易就把你忘了,哪怕曾经海誓山盟,哪怕曾经鱼水之欢。这是存在主义式的遗忘,充满了"荒谬"感。我们又该怎样理解这种存在主义式的"遗忘/忘记"?他真的遗

---

① [奥]斯蒂芬·茨威格著,高云译:《一个陌生女人的来信》,第54页。

第十二讲 茨威格的《一个陌生女人的来信》

忘了吗？还是选择故意遗忘？如何面对"遗忘"与"被遗忘"的荒诞与突兀？怎么会忘的？又如何能记起来？真的有"记忆的盲点"吗，像太阳黑子一样，因光亮太强而变成黑暗？

这也是法国作家布朗肖意义上的"遗忘"，他说："遗忘：非在场，非缺席。"① 遗忘就是不在场，不在场不意味着缺席，其实记忆一直在，只是没有被唤醒。中国的汉语更能表达这种悖论，"遗忘"即"忘记"，"忘记"是"忘"与"记"的矛盾合一，既没有忘透，也没有想起。没有记得，就没有遗忘。没有遗忘，就没有重新记起的可能。所以，记忆是这样一个充满阴阳交织感的特殊存在，比如我们突然看到一张自己的老照片时，所有当时的回忆瞬间涌上脑海，仿佛有一种神力，可以通过记忆的瞬间唤醒穿越着浩渺的时间。

布朗肖说："遗忘是一种能力：我们能够遗忘，并且，得益于此，我们能够生存、行动、劳作、记忆——在场：我们因此能够功利地言说。"② 是遗忘成就了记忆，R 先生的遗忘恰恰让陌生女人的记忆刻骨铭心。R 先生越是想不起她，她越是增强了自己爱的渴望；R 先生越是辜负了她，她就越能感受到自己爱的伟大，这是典型的"依附之爱"，是刀尖舔蜜的自恋，也是

---

① [法] 莫里斯·布朗肖著，尉光吉译：《无尽的谈话》，南京：南京大学出版社，2016，第 379 页。
② 同上，第 380 页。

上瘾的自虐。"每当我遗忘的时候,我不过是忘了我在遗忘。"①她无法忘记 R 先生,生前、死后。R 先生也不会忘记她,因为这样纯粹的爱世间稀有。他们将在生死两界以不能遗忘的方式纠缠在一起,永不分离。

① [法]莫里斯·布朗肖著,尉光吉译:《无尽的谈话》,第 381 页。

第十三讲 《今生今世》背后的张爱玲

"依附之爱"的第二种是"补缺型"的爱，对应的是补缺心理。在这种爱情中，一方或双方依赖对方的爱来补缺自己原生家庭的爱的缺乏。原生家庭中所缺的爱就像一个黑洞，无论怎么补都难以补上，所以，在这种爱情中，有人不断寻找，有人补不了就枯萎了或走向了极端。张爱玲作为作家大家都很熟悉，但是她的感情历程是怎样的，原因是什么，背后有什么值得我们思考的普遍问题，是本讲要进一步探讨的。

张爱玲是民国时期的才女，她的原生家庭也是"非常态的"。最初家境殷实，住洋楼，有司机、保姆，过着贵族的生活，3岁以后就开始四处飘零。父母离异后，她的不幸就开始了，父亲与继母都对她家暴，她妈妈也越来越冷漠，所以她这个亲情上的缺口很早就形成了。张爱玲23岁时发表了《沉香屑·第一炉香》《沉香屑·第二炉香》，在文坛崭露头角，这时她就说要"找一个比自己大15岁的人嫁了"，然后遇到胡兰成，胡兰成正好比她大15岁。为什么一定要找个比自己大很多的人？这背后显然是有心理原因的。

张爱玲3岁时，她父亲去天津谋职，她随同母亲举家迁居天津，不久母亲去欧洲游学，把张家玲托付给姨奶看管。8岁时她随父母回到上海。他的弟弟张子静回忆说：

> 那一年，我父母二十六岁。男才女貌，风华正盛。有钱有闲，有儿有女。有汽车，有司机；有好几个烧饭打杂的佣人，姐姐和我还都有专属的保姆。那时的日子，真是何等风光啊！但不久我父亲结识了一班酒肉朋友，开始花天酒地，嫖妓，养姨太太，赌钱，吸大烟，一步步堕落下去。[1]

可以说，是张爱玲父亲的人品问题造成了这个家庭的灾难。一个有道德与性格问题的父亲给女儿带来的影响不仅是缺少父爱，对男人容易产生依赖心理，而且在判断男人上也缺乏标准，因为孩子对父亲的情感其实是爱恨交加的。在最初几年的生活

---

[1] 张子静、季季著：《我的姐姐张爱玲》，长春：吉林出版集团有限责任公司，2009，第44页。

第十三讲 《今生今世》背后的张爱玲

中,她得到过父爱,在父亲堕落之后,她又怀恨在心,这种矛盾的情感在她长大后的择偶上会造成很大的困惑:什么样的男人是好男人?什么样的男人是自己需要的?什么样的男人靠得住?张爱玲这样对人性有深刻洞察力的人,当然不至于陷入困惑,她只是走得更远,更为叛逆,压根没有"困惑"的过程,更像一个饥渴的人遇到了毒药,只能饮鸩止渴。

张爱玲10岁时,父亲吸鸦片、逛青楼,母亲离家出走,父母离婚后她跟着父亲生活。父亲对她殴打、监禁,甚至说要用手枪打死她。张爱玲对父母暴力的书写像是揭开青春时的一个伤疤,历历在目。她回忆有一次从妈妈那里回来的事:

> 回来那天,我后母问我:"怎样你走了也不在我跟前说一声?"我说我向父亲说过了。她说:"噢,对父亲说了!你眼睛里哪儿还有我呢?"她刷地打了我一个嘴巴……我父亲趿着拖鞋,啪达啪达冲下楼来,揪住我,拳足交加,吼道:"你还打人!你打人我就打你!今天非打死你不可!"我觉得我的头偏到这一边,又偏到那一边,无数次,耳朵也震聋了。[①]

张爱玲成长于一个暴力家庭,这是她的泣血的自诉,读来如在眼前。她还叙述了自己逃走的过程,趁家中警卫休息的时

---

① 张爱玲、胡兰成著:《张爱胡说》,上海:文汇出版社,2003,第169页。

候翻墙出去，当她获得自由的那一刻，她觉得走在路上的每一个脚印都在与大地亲吻，甚至不忘与黄包车师傅砍了一下价。她逃到母亲那儿，母亲已经没有以前那么有钱了，养活不了姐弟俩，只好把她弟弟赶走，收留她一个人。后来她母亲对她也冷漠了，家境贫穷，她只能到姑姑家住。19岁，她去香港大学读书，后因战乱停学。

张爱玲23岁时认识了38岁的胡兰成，不久两人就立下婚约。胡兰成确实是懂张爱玲的，能欣赏她的才华。对她的一言一行，每一个细节都很留意；对她的每一篇小说都认真地阅读、细腻地观察、深深地共情、精准地评论，并给予最高的赞美。

> 张爱玲先生由于青春的力的奔放，往往不能抑止自己去尊重外界的事物，甚至于还加以蹂躏。她知道的不多，然而并不因此而贫乏，正因为她自身就是生命的泉源。倒是外界的事物在她看来成为贫乏的，不够用来说明她所要说明的东西，她并且烦恼于一切语言文字的贫乏。这使她宁愿择取古典的东西做材料，而以图案画的手法来表现。①

用今天的话说，胡兰成的"共情"能力与"情绪陪伴"的质量是极高的，正合张爱玲的需要。这篇是勾画得最为细致的

---

① 张爱玲：《私语》，见《张爱胡说》，第181页。

第十三讲 《今生今世》背后的张爱玲

张爱玲小传,也是两情相悦的爱情札记。他说"张爱玲是民国世界的临水照花人"①,这应该是最准确的对张爱玲的形容,欣赏与爱慕尽在其中,说二人是知音也不为过。胡兰成在张爱玲面前也是谦卑的,他说:"回家我写了第一封信给张爱玲,竟写成了像五四时代的新诗一般幼稚可笑,张爱玲也诧异,我还自己以为好。都是张爱玲之故,使我后来想起就要觉得难为情。但我信里说她谦逊,却道着了她,她回信说我'因为懂得,所以慈悲'。"② 张爱玲对人向来冷傲,不轻易见人,胡兰成也说她房里"有兵气"③,敬畏之心可见。但她独对胡兰成如此亲近,喜欢胡兰成每日去看她。"因我说起登在《天地》上的那张相片,翌日她便取出给我,背后还写有字:'见了他,她变得很低很低,低到尘埃里,但她心里是欢喜的,从尘埃里开出花来。'"④ 胡兰成提到的照片她立马赠送,对胡兰成的喜欢也是"低到尘埃"了。

胡兰成对她也是万分留意,对她日常生活的描写十分细微、动人,说"她但凡做什么,都好像在承当一件大事,看她走路时的神情就非同小可,她是连拈一枚针,或开一个罐头,也一脸理直气壮的正经。众人惯做的事,虽心不在焉亦可以做得妥

---

① 胡兰成:《民国女子》,见《张爱胡说》,第 136 页。
② 同上,第 123 页。
③ 同上,第 122 页。
④ 同上,第 123 页。

当的，在她都十分吃力，且又不肯有一点迁就。"① 寥寥数笔就勾勒出了张爱玲的气质、性格与阅历，从生活细节中最能看出一个人经历过什么，重视什么，平时会想些什么。一举一动都是三观。她的认真、"理直气壮"、不肯迁就与她小时候的经历都有关系。小时候她想要理直气壮地表达自己的时候遭到的却是毒打，心有不平气，所以长大了总是"理直气壮"，不肯迁就，冷冷的。再加上才气与傲气，最后成了"兵气"。张爱玲爱上他是一点也不奇怪的。

在爱情中人会一下子变得谦卑甚至卑微，这种卑微就是怕对方不爱自己，怕对方爱上别人，也意味着自己爱的缺乏、匮乏，对爱有着急迫的、深深的渴望。张爱玲如此高傲、才华横溢，但在爱情中也是卑微的。所以一个人在爱情中的心情与其身份、地位、成就没有必然的关系，只与爱或不爱有关，与在乎还是不在乎有关，因为你爱一个人，在乎一个人，才会变得谦卑，这就是我们通俗意义上所讲的"犯贱"。张爱玲离开胡兰成不是不能活，也不是无人爱，但是没办法，爱情有时候就是一种命运，恰巧她爱上的就是这一个。胡兰成记录他们的闺房生活皆真真切切、生动有趣、如在眼前：

我与爱玲亦只是男女相悦，《子夜歌》里称"欢"，实

---

① 胡兰成：《民国女子》，见《张爱胡说》，第129页。

第十三讲 《今生今世》背后的张爱玲

在比称爱人好。两人坐在房里说话,她会只顾孜孜地看我,不胜之喜,说道:"你怎这样聪明,上海话是敲敲头顶,脚底板亦会响。"后来我亡命雁荡山时读到古人有一句话:"君子如响",不觉的笑了。她如此兀自欢喜得诧异起来,会只管问:"你的人是真的么?你和我这样在一起是真的么?"①

"你的人是真的么?"真真假假,张爱玲自是明白人,但就是要逼迫对方才有意思,这简直就是小情侣打情骂俏的感觉。张爱玲没少夸他,动不动就说胡兰成聪明、真、好,甚至他们结婚了很久,都还像没有结婚一样。胡兰成说:"我不肯使她的生活有一点因我之故而改变。两人怎样亦做不像夫妻的样子,却依然一个是金童,一个是玉女。"② 对张爱玲与胡兰成的爱情,我们不能简单地用"才女爱上汉奸,缺爱的女人遇上渣男"加以概括。爱情是很复杂的现象,丝丝入扣,背后都有深层的原因。如果把我们放在他们的时代,他们的处境,未必能处理得更好。他们没有正式登记结婚,只签下了"岁月静好,现世安稳"的誓词。这八个字也是后来很多人的理想。张爱玲对爱情的要求一点也不高,但在世积乱离的时代也很难实现。后来胡兰成在逃亡的途中,与范秀美好了,在温州同居。张爱玲找到

---

① 胡兰成:《民国女子》,见《张爱胡说》,第131页。
② 同上,第132页。

温州，胡兰成回忆当时的情景：

> 惟一日清晨在旅馆里，我倚在床上与爱玲说话很久，隐隐腹痛，却自忍着，及后秀美也来了，我一见就同她诉说身上不舒服。秀美坐在房门边一把椅子上，单问我痛得如何，说等一回泡杯午时茶就会好的。爱玲当下很惆怅，分明秀美是我的亲人。①

那时候交通不方便，张爱玲放下了自己的身段，从上海跑到温州，却发现他跟范秀美在一块儿。胡兰成怕邻居看到他有妻子却又和范秀美同居，就对找来的张爱玲以"妹妹"相称。以张爱玲的冰雪聪明，她一眼就能看出胡兰成与范秀美的关系，张爱玲的隐忍与克制，真的是低到了尘埃里。胡兰成甚至让她给范秀美画像，张爱玲真的画了，刚画了一个轮廓就停下来了，说画不下去了，胡兰成问为什么，她说她发现范秀美和胡兰成很像。我想这不仅是说有"夫妻相"，而是说她发觉他们俩已经在一起了，并且很有烟火气，有一种自怜，也有嫉妒。但她似乎也能理解在逃亡的过程中，互相搭个伴的生死交情。总之，她对胡兰成用尽了悲悯，竟然生不起气来。

她最在乎的是胡兰成与小周的关系。她让胡兰成在她与小周之间做选择，才女竟然把自己放在了被选择的位置上，这是

---

① 胡兰成：《天涯道路》，见《张爱胡说》，第150-151页。

何等的卑微与屈辱。但在爱情面前,在需要补缺父爱的黑洞面前,哪里还顾得上尊严,她低到了尘埃里,结果不是开出花来,而是被踩死了。胡兰成说:

> 小周的事,前在上海时我向她两次说起过,她听了愁怨之容动人,当下却不说什么。而我见她这样,亦竟不同情,单是微觉诧异,因为我不能想象她是可被委屈的……爱玲说出小周与她,要我选择,我不肯。我这样呆,小周又不在,将来的事更难料,眼前只有爱玲,我随口答应一声,岂不也罢了?但君子之交,死生不贰,我焉可如此轻薄。①

胡兰成不肯选择,他觉得将来世事难料,选择谁都显得自己很不负责任。选择是会伤人,但不选择就是人品有问题了。他找各种理由,但张爱玲步步相逼:"她而且第一次做了这样的责问:'你与我结婚时,婚帖上写现世安稳,你不给我安稳?'"②这无疑是灵魂之问。胡兰成说:"我因说世景荒荒,其实我与小周有没有再见之日都不可知,你不问也罢了。"张爱玲道:"不,我相信你有这样的本领……你是到底不肯。我想过,我倘使不得不离开你,亦不致寻短见,亦不能再爱别人,我将只是萎谢

---

① 胡兰成:《天涯道路》,见《张爱胡说》,第 151-152 页。
② 同上,第 152 页。

了。"① 胡兰成说他和小周没什么机会再见面了，所以不用选择，其实是想搪塞过去。胡兰成觉得，你知道我爱你就好，我爱别人你就不要过问了，这是自寻烦恼。张爱玲觉得，爱情只能是一对一的，在我与别的女人之间必须选一个，清清楚楚。

这是常见的爱情悲剧，其实两个人的内心需求与爱情观本就不同。张爱玲能忍到这一步，走到这一步，爱到这一步，是为了补缺原生家庭所缺的爱。自己缺爱，难得遇到了一个懂自己的人，就飞蛾扑火了，至于他的人品、自己的未来，统统顾不上，也决定不了。张爱玲如此高傲，为什么非要跟小周计较？因为她动真情了，动真格了，而胡兰成不是。张爱玲知道胡兰成没有把她和其他女人比较，也知道胡兰成的随性，他不会因为爱一个女人就对她忠诚。离开温州回到上海，她给胡兰成寄信与钱，让他不要"忧念"，张爱玲信中说："那天船将开时，你回岸上去了，我一人雨中撑伞在船舷边，对着滔滔黄浪，伫立涕泣久之。"② 这个孤独幽怨的背影非常凄凉，如今读到，令人唏嘘。胡兰成是懂张爱玲的，但无法给她忠诚与安稳。这个原生家庭给张爱玲带来的爱的"缺口"没有被补上，而是被撕得更大。从这个补缺型的案例，我们看到了很多值得思考的问题：

---

① 胡兰成：《天涯道路》，见《张爱胡说》，第152页。
② 同上，第154页。

第一，胡兰成不认为与张爱玲相爱就要拒绝其他女人，或与其他女人断绝联系，不认为女人之间可以比较，不认为所爱的女人之间会有冲突，对这样的爱情观我们如何评价？面对如此糟糕的爱情观，张爱玲不是他的对手。遇到这样的人，要么接受自由开放式的爱情，要么就断然放手，才能减少伤害。

第二，胡兰成对这个问题的逃避并不可怕，可怕的是他这样做的心理模式——越是爱我的人，我越可以毫无顾忌地伤害。他明明看出张爱玲的"愁怨"，却不觉得心疼，他的内心戏似乎是：张爱玲这样厉害的人怎么能吃醋呢？这显然是装糊涂，也可能是自己自卑。

我们无法选择爱情，但我们可以选择对待爱情的态度。面对一个自己爱的人同时爱着别人，自己应该做出什么选择？张爱玲的选择是一个值得反思的案例。张爱玲不是不知道，她知道"人生是一袭华美的袍子，上面爬满了虱子"，爱情也不例外。她与胡兰成的爱情最终成了她华美人生中的一只"虱子"。今天遇到相似的情况，女性或许会做出与张爱玲不同的选择，但也未必，像张爱玲这样心性的女子仍然很多。只能说爱情中有运气的方面，不是所有痴情的女子都会爱上值得爱的人，如果爱上了胡兰成这样的，需要知道如何全身而退，如何及时放手。

第十四讲 《英儿》背后的顾城

第三种依附之爱是"接受型"的爱情,本讲以顾城、谢烨的爱情为案例。1993年10月8日,顾城杀妻后自缢,震惊文坛。30多年过去了,他们留下的问题依然在,当年见证他们爱情以及二人的死亡现场的人只有顾城的姐姐顾乡,顾城、谢烨、李英以及他们的好友文昕都已去世。他们都留下了宝贵的文字。顾乡不仅留下了对顾城、谢烨的生命最后十四天的回忆性文字,而且整理、校对了顾城的绝世之书——《英儿》。这不是一场简单的三角恋故事,而是那个时代诗人的理性、诗人的性格、爱情的迷雾、偶然的命运……很多复杂的原因导致的爱情悲剧。

《英儿》写了顾城、谢烨(雷)、李英(英儿)的爱情,顾城口述，谢烨打字。三个人的复杂的爱情故事还要参考顾乡的《我面对的顾城最后十四天》和文昕的《最后的顾城》。谢烨1983年与顾城结婚，李英是当时北京大学分校中文系刚毕业的学生。1986年的一次新诗潮诗会，顾城、谢烨、文昕、李英都参加了，四人一见如故，莫逆之交，十分美好。但是李英爱上了顾城，在顾城、谢烨临走前急匆匆地当着谢烨的面表白了顾城，顾城也觉得他们俩很像，像是一个人。他们的相爱注定是个死结，当时他们似乎都意识到了，谢烨以她的善良、大度包容了这一切，默默地看着这一幕，她未曾想最后她与顾城这对"神仙眷侣"能死于李英的介入。

顾城夫妇离开后，李英不断写信给他们，表达自己的崇拜与想去新西兰激流岛的渴望，也表达了一个初入文坛的青年的苦闷、理想和追求，让顾城夫妇感到她一天不去就活不下去了。于是谢烨做出了一个致命的决定：邀请李英来岛，并且把家中省下的鸡蛋都卖钱了，为了给李英凑来岛的费用。

李英到了激流岛之后，三个人的命运正式交织在了一起。顾城与谢烨浪漫的相识、恋爱、结婚、生子的神仙眷侣的神话很快被李英打破，顾城与李英相爱，在谢烨的默许下，三个人共同居住于激流岛。他们过上了顾城所希望的"女儿国"一般的生活，一起养鸡、卖春卷，但李英最终不满于三个人的生活，谢烨也觉得这样下去不是个事，所以在谢烨的建议下，趁顾城夫妇去德国访学之际，李英跟岛上的"老头儿"约翰一起离开了激流岛，自此音讯全无。顾城很痛苦，想自杀，但在谢烨的鼓励下将他们的故事写了下来，即《英儿》。写完之后，顾城还是无法走出对"英儿"的思念。谢烨很失望，提出离婚，并让德国的华人陈大鱼登岛，准备嫁给大鱼。顾城失去了英儿，又即将失去谢烨、儿子小木耳和他亲手盖的梦幻般的白房子，他本希望与两个心爱的女人都住在里面。就在二人即将离婚、大鱼即将登岛、顾城即将把东西搬出白房子之际，顾城与谢烨发生了口角，顾城打伤了谢烨后自缢身亡，谢烨也不治而亡。

谢烨当年明明知道李英爱上了顾城，为什么还要接纳她来到岛上？这是悲剧开始的原因。1993年9月，也就是顾城、谢烨去世前的一个月，谢烨自己回答这个问题时说："顾城为英儿那么伤心，英儿对他又那么好，我很同情他们之间的感情，成全他们未尝不可。"[1] 爱情是自私的，"成全"别人的结果是害了所有人。谢烨可能从一开始就用错了她的善良，之后的事情就越发不可控制了，而她还要一直维持她的善良、大度的形象。

顾城其实爱的是他幻想中的英儿，"我认识她的时候，她穿海蓝的裙子，像小女孩似的在风中飞跑。也许我从来没有见过她跑步的样子，上学的样子，但她蓝色的裙子确实像海水一样，

---

[1] 《最后的采访录》，原载《九十年代》1993年第11期，见顾乡著：《我面对的顾城最后十四天》，北京：国际文化出版公司，1994，第134页。

在风中飘动。"① 他一直幻想着《红楼梦》中的"女儿性"的纯洁世界，对李英的感情有自己的精神化的倾向。事实上，在他们离开北京回新西兰的时候，李英就和当时在《诗刊》工作的刘湛秋恋爱了并进了《诗刊》杂志社。顾城不是李英的初恋，他被李英写的信迷惑住了，李英说的都是他想听的话。在现实中，李英是多变的，顾城始终没有防备。李英爱他的诗歌是真的，但他根本满足不了李英的全部需要，尤其是过好的现实生活。

顾城天真地以为谢烨和李英可以像姐妹一样美好地相处下去，他喜欢她们在一起的样子甚至胜过喜欢自己。我不知道他是不是把这两位女子看成了娥皇、女英。在情欲上他痴迷英儿，在生活上他依赖谢烨。他对谢烨的依赖已经变成了独占，谢烨在生活中像母亲一样呵护他，甚至在生孩子难产大出血的时候想到的都是安慰顾城，告诉他"别怕"；顾城会吃掉谢烨交代他喂小木耳的饼干；顾城会因为谢烨给小木耳买了一件比较贵的玩具而生气到坐地不起……顾城排斥自己的儿子小木耳，害怕儿子夺走谢烨对他的爱。在顾城的坚持下，小木耳被送给了邻居玻格家抚养，顾城接受并占有了谢烨全部的爱。顾城认为谢烨是他"造就"的，谢烨从他这里也得到了爱与满足，分享了他的诗歌的光芒。

---

① 顾城著，荣挺进辑录，顾乡校注：《〈英儿〉及其他：小说卷》，北京：金城出版社，2015，第146页。

爱的能量

　　李英的到来最初对谢烨是有帮助的，她分担了一些顾城对谢烨的依赖。后来，顾城与李英住在山顶上的一个小房子里，谢烨单独住，这样她可以腾出一些精力去看望和照顾小木耳。李英有时也会帮她照顾小木耳，帮她做春卷、卖春卷，他们三个人确实度过了一年多愉快的时光。谢烨能包容这样的顾城，别人也就无法评价什么。顾城爱英儿说话有趣、机灵，也爱她的身体，爱她的轻盈与俏皮。在圣母般的谢烨面前，他放不开自己作为男人的欲望，但英儿的身体更加柔软，也更加柔弱，让他可以肆无忌惮享受男人野性的情欲。他说："我真像拜神一样的爱她，在夜晚，在柔和的灯光下，看她睡去的样子，看她的眉。你轻轻地忆起了最早最早的情欲和幻想。"[1]

　　顾城对谢烨说："这其实是个意外的事，我们之间本来有一个梦想，一些模糊的渴望。但是从来没有想到我们的身体和欲望是如此的吻合。她的轻巧给了我一种放肆的可能，一种对男性力量炫耀的激励，这是在你面前所无法的，你无言的轻视使我被羞愧和尊敬所节制。"[2] 谢烨在道德上是完美的，顾城当然放不开。他享受了两个女人的爱与崇拜，只是没有想到李英是个不安分的人，不会死心塌地爱他一个人，不会甘于寂寞与清贫，更不会接受在岛上与他无名无分地过一生。三个人的生活

---

[1] 顾城著，荣挺进辑录，顾乡校注：《〈英儿〉及其他：小说卷》，第142页。
[2] 同上，第145页。

第十四讲 《英儿》背后的顾城

慢慢地对李英、谢烨都变成一种暗流涌动的煎熬,她们的内心都那么骄傲,怎么能忍受与对方分享同一个男人?顾城是了解人性的,但是他低估了这两个女人之间的嫉妒,也低估了自己对她们的伤害。

英儿既崇拜、羡慕他们的精神之爱,又是个很实际的人。她在岛上不仅生活拮据,而且慢慢觉得乏味,顾城与她脑海中想象的浪漫诗人完全不同,更像一个种地的农民或盖房子的工匠。谢烨能在这小岛上生火做饭、接露水、尝野菜,中毒也愿意,她做不到。她想离开,去更大的国家、更远的地方,过更好的生活。她与约翰悄然离开,断绝了顾城所有的念想。顾城的心被掏空,整日失魂落魄。谢烨累了,不仅源于顾城同时爱着两个女人以及她对英儿的嫉妒,更源于顾城在英儿走后精神上的一蹶不振。她决定选择陈大鱼,即便如此,她也并没有完全抛弃顾城。她依旧善良,对顾乡说,她和大鱼在一起是为了更好地帮助顾城,继续把顾城"支起来"。她即便决定离婚,也还是爱着顾城,深深地欣赏顾城。尽管顾城表示忏悔,想努力挽回婚姻,但谢烨还是执意要和大鱼在一起。谢烨最后也是乱了,弄不清楚自己到底应该选择谁。如顾乡所说,她是有些分裂的。

烨说顾城的精神真是"辉煌灿烂""绝无仅有","和他一起工作的时候,真是好,什么都忘了,亮的"。烨说,

"真要是给毁了,我这也……"烨摊开双手抖了抖。我想真是难得有人像她这样器重、爱惜和欣赏顾城的了。①

谢烨从来没有抛弃过顾城,只是爱的动力被摧毁了,她的爱情传奇书写不下去了,她的爱情理想幻灭了。她与顾城的爱情曾经那么让人羡慕,她每次讲起他们的各种细节时都倍感骄傲,整个人热烈而有光芒。1993年9月30日,他们的生命倒计时的最后几天,谢烨的语言中充满了疲惫与抱怨,她并不想顾城死,她无法想象顾城会真的死。她说:"真是和他过到头儿了""我干嘛希望你死呀?""我希望大家都快快乐乐,人人都快乐了,我也就好了"。② 她还称赞顾城是个天才,但她要做顾城的情人、妻子、妈妈、保姆、司机、秘书、助理、经纪人……这太累了。如今又看到自己付出了十年全心全意去爱的顾城为了另一个女人要死要活,她的骄傲被彻底碾碎了。她只想离婚之后与大鱼结婚。当然,大鱼对她的感情是真是假,我们无从知道。

顾城决定自己生活起来,开始学打字,学英语,学开车。悲剧发生的那天,顾城在停车场学车,说好了等谢烨一起开车去 Rocky Bay 搬东西、看小木耳的,没想到后来的发展竟如此出人意料。

---

① 顾乡著:《我面对的顾城最后十四天》,第64页。
② 同上,第58页。

第十四讲 《英儿》背后的顾城

谢烨在独自开车走之前,一定说了些让顾城受伤的话,至少他知道了大鱼的确就要来了,甚至知道了确切的时间。这对他是致命的,他一直想抵抗的就是这件事情,他答应谢烨所有的要求,只要求谢烨让大鱼晚一些来,来在谢烨与他结束婚姻关系之后,可以说来就来了。①

我们永远无法知道他们当时究竟说了什么才起的冲突,导致顾城打了谢烨。然后顾城来找顾乡,告诉她"我把谢烨给打啦"②,他说的是"打",不是"杀",他根本没想到谢烨死了。他对顾乡说:"我现在去死,你别拦我。""别跟着我。"③ 顾城曾告诉顾乡就在10月7日他们还特意在白房子"相好"了一次,还开玩笑说以后没人和他这样了,究竟什么是压死骆驼的最后一根稻草,究竟哪一句话刺激到了顾城,已经成了永远的谜。

我们只能猜测,可能是谢烨马上要接大鱼住进顾城亲手为两个心爱的女人盖的"白房子",而他的东西还没有搬出来,他觉得最后的自尊没了,无路可走。他曾说:"那个房子,真是每一寸都能杀我,摸一摸就疼。"④ 他所爱的一切都没了,

---

① 顾乡著:《我面对的顾城最后十四天》,第113页。按:原文用的是"大X",即大鱼。
② 同上,第107页。
③ 同上,第108页。
④ 同上,第99页。

连同记忆。顾城死于精神与现实的断裂，死于理想世界的失落，失去一切爱的绝望，死于命运。最后他手里那本夹有四封遗书的《交通规则》像是一个隐喻：顾城刚刚准备自己步入现实世界，他买的车很快就要到了，生命却停在了这个十字路口，因为他违反了爱情的交通规则。英儿也好，谢烨也好，大鱼也好，都只是推动他一步步走向这个悲剧结局的"因"。

顾城对谢烨的爱的全然接受与依赖也是导致悲剧的原因之一。谢烨把所有的爱都给了他，所以他不会提出与谢烨离婚，因此也无法娶李英，给李英一个名分。谢烨给他的十年的爱太重，他死都报答不了，正是这种"接受型"的人格慢慢推动他走向了进退两难的局面，进一步，对方死，退一步，自己死，最后彻底失控，两个善良美好的人都从这个世界上消失了。顾城是个天才诗人，《顾城哲思录》中有很多他对人情人性深刻的洞察，他不是不能站立起来完成他自身在现实中的成长，只是没有人愿意再给他更多的时间。

顾城说："雷（谢烨）其实只有你要过我，但这不是因为爱情要的，而是因为光芒。这不是感情，也不是骄傲，在别人看来是骄傲，你就是用这个东西爱护了我。"[1] 谢烨依靠顾城的精

---

[1] 顾城著，荣挺进辑录，顾乡校注：《〈英儿〉及其他：小说卷》，第127页。

神的"光芒"活着,顾城曾当着谢烨的面对李英说:"你和我天生就是一模一样的,我们太像了。雷不一样,雷是我造就的。"①后半句是对的,前半句他太天真了,李英与他不是一类人,他爱的只是他从书信与感觉中想象出的"英儿",而不是现实中的"李英"。

顾城对爱的"接受"与"依赖"不是源于原生家庭的缺爱或溺爱,他的父母与姐姐都对他很好。顾城的索爱更多是源于"任性",他依赖谢烨对自己的"任性"的保护,以便让自己的精神王国稳固而安全。顾城喜欢干活,但不喜欢"谋生"。谢烨来帮他谋生。"接受型"的爱情有"接受"的一方,必有"付出"的一方。"接受型人格"必然对应着"付出型人格",从心理学的角度说,在爱情关系中这两者都是病态的。顾城是"接受型",谢烨是"付出型",这个美好但非常危险的爱情关系因此而成立。谢烨没有想到,没有不要求忠诚与回报的爱,自己不是圣母,只是个普通女人。人性包含嫉妒,一旦一对一的爱被打破,没有人会真的包容,除非像萨特与波伏娃,他们本就不想选择一对一的爱情与婚姻。苏珊·福沃德认为,付出的一方属于"救世主"心理:

"救世主"非常希望付出,他们想成为对方需要的,富

---

① 文昕著,荣挺进增订:《最后的顾城》,北京:金城出版社,2017,第66页。

有同情心的好人。这对先天和后天都愿意照顾别人的女性来说尤为如此，虽然任何人都会因为帮助身处困境的人解决问题而得到满足，但对于"救世主"来说，拯救一个身处困境的爱人是他们自我价值和自我认同的基石，是他们存在的原因。"救世主"的生活被"被需要的需要"所占据。[1]

谢烨是典型的"付出型"人格，她的骄傲就在于顾城离不开她，顾城是当时各大国际国内会议唯一一位需要与妻子一起被邀请的人，因为离开谢烨他什么也不会，不会英语，不会开车，不会交际。所以，当顾城爱上李英时，谢烨有一种被忽视的委屈与耻辱，但还要尽可能做出包容与大度的样子。"付出型人格"必然导致"救世主之爱"的模式。这些"救世主"型的人，"如果他们的做法变成习惯或对方依赖自己，他们就会觉得自己是不可或缺的。而且一旦他们觉得对方离不开自己，他们就会同时产生最大的恐惧——每个迷恋者的恐惧：害怕被对方抛弃"[2]。谢烨在精神上是依赖顾城的，顾城认为谢烨是他"造就"的，所以，当谢烨决定离开顾城时，顾城的骄傲也同样被打碎了，连同他的梦。

爱情即命运，两个性格与人格如此"同一"的人在爱情观

---

[1] ［美］苏珊·福沃德、克雷格·巴克著，程风译：《有一种病叫爱情》，第72页。
[2] 同上，第73页。

上其实有巨大的"差异",谢烨终究还是高估了他们的"同一",而忽略了他们的"差异"。在电光石火的那一瞬间,我们只惊叹它们划过星空的绚烂,而想不到命运的悲剧结尾,它属于信仰诗歌、信仰爱情的80、90年代,他们都如此地坦诚,文字至今读来依旧动人。相爱的人无法站出来分析自己的问题,也很难把爱情这么美妙的东西放在心理学的维度来看,就这样自以为是、死心塌地爱着,直到遍体鳞伤,甚至走向毁灭。我怀念顾城和谢烨这样的人,他们的文字非常美,感情也很真。他们的爱情又是脆弱的,只因为一个精神不够纯粹、情感不够稳定的人闯了进来,冰清玉洁的爱情与田园牧歌的生活就此被打碎。他们活过、爱过、写过,这是唯一留给爱他们的人的安慰。对顾城与谢烨,如果我们没有足够丰厚的精神与对情感深刻的领悟,是无法理解他们的爱情的,更无法轻易"评判"他们的死亡。

第十五讲 爱己才能爱他：
弗洛姆的人格理论

前面我们分析了依附型人格带来的"无我之爱""补缺之爱"与"接受之爱"。我们再回到弗洛姆，来看看如何避免依附型人格在爱情中带来的缺陷。他在《爱的艺术》一书中也谈到了"接受型的人格"，与武志红一样，也认为很多人找爱人其实是在"找妈"。他说："一个男孩子有一位慈祥但又过分纵容或专横的母亲，和一位无能而又兴趣索然的父亲。在这种情况下，孩子可能仍停留在对母亲的早期依恋上，而变成一个依赖母亲的人，具有善于接受型人格……有时在女人身上，有时在处于权威及有权势的男人身上——寻找'妈妈'。"[①] 这种接受型的人

---

① ［美］艾里希·弗洛姆著，刘福堂译：《爱的艺术》，第49页。

格与原生家庭有关，母亲太过专横，或父亲太过无能。他们也缺乏爱人的能力，经常会寻找这种能帮助他的人，对这样人又很感激，因为这样他感到安全，像孩子依赖母亲。弗洛姆说：

> 接受指向的人会感到"一切好的来源"都在外面，同时他相信得到他所需要的——无论是物质上的或是爱情、爱、知识、快乐——唯一的方法是从外面获得。在这种指向中，爱的问题几乎完全是"被爱"而不是去爱人。这种指向的人对爱的对象选择常常分不清，因为他们过分需要被任何人所爱。①

"接受型"人格慢慢会形成一种思维：一切都可以从外在获得。这样内心会越来越羸弱，一旦他依赖的人、力量撤去了，他就无法生存下去。向内求的前提是建立自己强大的内心，先学会爱自己，才能爱好他人，这也是弗洛姆非常重要的理论。

爱别人，需要先把自己作为爱的目标，要有爱的能力。弗洛姆说："在原则上，我把别人作为爱的目标时，我自己也该同样作为爱的目标。个人对自己生命、幸福、成长和自由的肯定，根源于他爱的能力，这就是关怀、尊重、责任感及智慧。如果一个人具有创造性的爱的能力，他也会爱他自己。"② 我们继续

---

① ［美］艾·弗洛姆著，孙石译：《自我的追寻》，第 51-52 页。
② 同上，第 112 页。

以顾城为例的话，会看得非常清楚。顾城想安全地活在他那个"女儿性"的纯真世界中，这就是他要的安全感，但他忘了这"女儿性"的纯净是一种理想，是有条件的。文昕说他们都忘了其实谢烨不是理想中的圣母，她也是一个血肉之躯。当他们因为看到谢烨的美好而认为她无所不能的时候，就已经把她"圣化"与"神化"了，这是对她无形的绑架，强化了她对自身的错误认知，让她以为自己什么都可以包容。

  顾城和雷在一起，如同生活在母亲般的安全中一样，他将永远地万无一失！从某种意义上说，顾城与他博大精深的灵魂世界相背离，生活中的他是一个长不大的孩子。他厌恶成年，厌恶污秽的成熟，厌恶人在成熟之后所拥有的一切罪恶。他害怕长大，他想躲在孩子的纯真里，躲在远离人类罪恶的尘世之外，甚至是躲在他心目中的好女孩儿的善良里，一生一世。[1]

这种依附是对现实的逃避，对"梦想"的守护，但人无法与现实绝缘，人都要长大，生活中有光也有尘，"和光同尘"才能让梦想真正地存活。谢烨何尝不想与这位天才的诗人继续过下去，但是如她所说，顾城适合爱，不适合一起生活。现实世界充满肮脏，需要勇气，更需要妥协，顾城确实是惧怕的。他

---

[1]　文昕著，荣挺进增订：《最后的顾城》，自序，第6页。

第十五讲 爱己才能爱他:弗洛姆的人格理论

崇尚自然,所以逃避越来越不自然的现实世界。1986年他们四个人相识的那场诗会上,顾城的报告已经表达了这一看法。

> 从山上向下看,觉得城市非常远,这些车辆,这些小房子也非常远,甚至觉得文化、文化史也非常远,只是自然的某一部分,是长出的和落下的叶子。后来我想,当人类在洞壁上划下第一个线条的时候,那时还没有文字,人们想获得内心的情感,获得一个自由,想画下在天上飞的感觉,鸟的感觉,树叶摇动的感觉,他们就画了,不是为了展览。可是后来,人们画了第二个、第三个了,就想画得比第一个更好……他远离了自然那种最芬芳的气息。①

顾城是彻头彻尾的"自然主义者",他早就看透了现代文明的问题:活在城市难有理想可言;离开大自然,人就像鱼儿离开了水,如何能爱?顾城用短短一生的时间,努力给自己建造了一座纯净的"城",希望两个他爱的女子都能安心地生活在这座城里,但是这座城最后只剩下了他一个人。顾城的精神太纯粹,超出了现实,超出了文明。现实与理想的矛盾会在爱情到来时加剧,如何将理想世界的爱情安放在现实世界中?这是个问题。顾城是个勇敢的实验者,他把这个实验放在了人生地不

---

① 顾城:《1986年新诗潮诗会上的发言》,见顾乡著:《我面对的顾城最后十四天》,第224页。

熟的新西兰激流岛,一个自然淳朴的世外桃源,可惜他的实验还是失败了。

"黑夜给了我黑色的眼睛,我却用它来寻找光明"(《一代人》)①,顾城的这首诗写于 1979 年。这"光明"究竟是什么?应该不只是指"文革"后的光明。顾城在 1986 年的那场报告中也有所思考:

> 到了近代,进化论的产生,生物分类的产生,人成了灵长目的一个科,成了蛋白质的一种存在形式。一套神经系统,大脑神经原可以用电子计算机复制下来。那么,人究竟为什么还要存在下去呢?机器可以比人更有力量,单从生产的意义上说,人类应该被淘汰了。这道算术非常简单,简单得使人目瞪口呆,几乎忘记了他们自身,忘记了他们自身不灭的东西,那超乎一切欲念和死亡的光明。②

这个"光明"就是自然,是艺术,是与宇宙一体的完整感,是幸福感。"它是从一个核心,一个宇宙大爆炸之初产生的能,产生的万象行星。一朵荷花漂在整个池塘里的种子,一滴水银摔在地上产生的每一个圆圆的珠子。就是这样,你和宇宙本是

---

① 顾城著:《顾城作品精选》,武汉:长江文艺出版社,2019,第 17 页。
② 顾城:《1986 年新诗潮诗会上的发言》,见顾乡著:《我面对的顾城最后十四天》,第 226 页。

第十五讲　爱己才能爱他：弗洛姆的人格理论

一体，假装和她不是一体，以便在她的怀抱中嬉戏。"① 这个自然的、艺术的、完整的存在就是道，居于这样"光明"中的人是得道之人。这是道家哲学的思想，顾城深受它的影响。从这个意义上说，顾城之死是情殇，是自然之殇，也是文化之殇。遗憾的是谢烨也被裹挟其中，未能幸免。

现代很多人的爱情与婚姻的问题都出在这里，在理想中相互爱着，爱的是那个没有一地鸡毛、没有孩子牵扯、没有人情世故、没有生存困难的二人世界。一旦进入现实，爱的激情、能量就萎谢了，剩下的是无止境的争吵。如何爱？这是现代人特别需要思考的。"不自私"和"爱己"是不矛盾的，爱自己不是一种自私。弗洛姆说："自私的人并不过分爱己，且爱已太微；事实上，他怨恨自己……弗洛伊德认为自私的人也就是自恋，这种人似乎是从爱人转变为爱己。诚然，自私的人没有爱人的能力，而且他们也没有爱己的能力。"② 自私的人其实无法爱自己，也无法爱别人，因为自私的人不但没有爱的能力，不知道何为爱，而且害怕去爱。他们感受不到付出的快乐，也就无法真正感受到得到的快乐。而且，自私的人永不满足，怎么能体会到爱呢？自我、自恋与自私都不是"自爱"，自爱是不以

---

① 顾城：《1986 年新诗潮诗会上的发言》，见顾乡著：《我面对的顾城最后十四天》，第 226 页。
② [美] 艾·弗洛姆著，孙石译：《自我的追寻》，第 112 页。

自我为中心,不过度自恋,不自私,是"处众人之所恶,故几于道"(《老子》第八章)的人,上善若水,甘愿处下,才能盈满,得到更多。

爱己不是守着自己已有的东西不放,而是努力去创造爱,从创造中获得能量。一个爱自己的人是把"创造"看成人生最重要的事情的人,他们身上洋溢着生命的热情与探索的勇气,能调动自己的潜能让自己与身边的人都感到幸福。他们不会沉浸在自己的爱恨情仇中不能自拔。如斯宾诺莎所认为的,自由与福祉在于"人对自己的了解以及他是否想办法实现自己的潜能",歌德笔下的浮士德就是这样永无止境地寻求生命意义的人。"唯一能满足人的追求是创造的能动性,这种能动性相等于善行。"[1] 爱己就是具有这样的美德的人最大的特征。

此外,弗洛姆还指出,"自爱"的人不会"舍己"地爱,哪怕是母亲,"舍己"之爱也不是真的对孩子好。相反,母亲越是牺牲自己,越会让孩子产生依赖。他说:

> 在我们的文化之中最常有的现象,便是"舍己"的母亲对她孩子的影响。她认为藉她的舍己精神,可以使她的孩子体验到被爱的意义,进而学习如何去爱人。然而,她的舍己精神所发生的影响,根本不能达成她的期望。孩子

---

[1] [美]艾·弗洛姆著,孙石译:《自我的追寻》,第77页。

们并没有显示被爱人爱的快乐；他们忧虑、紧张以及担心母亲对他们的不赞许，而急于达到她的期望。①

"舍己"之爱是没有断脐的相互捆绑，是两个"巨婴"之间抱团取暖。母亲的爱会让孩子产生依赖，一个母亲太"舍己"去爱，其实是放弃了自我，是不自爱，她总有一天会把委屈与抱怨加在别人身上，成为"怨妇""怨母"。此外，"舍我"的爱也会带来孩子对母亲的无比依赖，他们长大后很容易变成"依赖型人格"的人。这种太过厚重的爱也会让孩子活得紧张和忧虑，对孩子会产生心理的伤害。"舍己"的母亲因为这种道德上的优越感，使孩子对她不敢批评，不敢做出任何违背她意愿的事。这样的孩子无法放松地生活，甚至会厌学进而厌恶生活。"舍己"之爱是一种"爱暴力"，一种看不见的道德绑架。只有懂得爱自己的母亲，才能给孩子更好的爱。

---

① ［美］艾·弗洛姆著，孙石译：《自我的追寻》，第113-114页。

第三篇 分裂之爱

第十六讲　安全感与冒险感：双重需要理论

不安全感是爱情中的痛苦之一，本篇首先讲伊娃·易洛思的"痛苦"说，然后再讲史蒂芬·米歇尔的"双重需要理论"，即在爱情中对安全感与冒险感的双向需要，从哲学与心理学的角度分析人的不安全感的成因；最后会借三个作品案例来分析这两种需要间的矛盾以及如何对待它们。

爱情中的痛苦几乎是不可避免的，痛苦的原因很多。我们无法想象完全没有痛苦的爱情。如韩炳哲说的，今天是个"怕痛"的时代，因为怕痛而"妥协"。但很多事情不能因噎废食，人生充满痛苦，人总不能不出生。没有痛苦，就没有这种痛苦带来的成长与收获。重要的是认识它，把痛苦转化为积极的能量。法国的社会学家伊娃·易洛思专门讨论了这个问题，指出爱情的痛苦主要来源于不安全感。

诸般爱情迷恋或爱情沉溺都具有一个共同点，那就是缺乏自我价值认识。一旦我们意识到我们会永远"安全"，不管是独处时还是成双成对时，就不存在向他人寻求验证的需求了。我们可以夸奖自己，爱怜自己，珍惜自己，这样在跟那些互动对象和所关爱的人们分享时就是完整的人。[1]

越是情感饥渴的人，越会有不安全感，因为需要别人的"投喂"才能安心，一旦没有"投喂"的人，他们就会极为痛苦，找不到自己的价值。他们通过对爱人的依赖来获得自我安全感，通过对方的肯定来获得价值感。爱情中的安全感来源于对"自我价值"永无休止的确认，不爱、背叛、分手的痛苦正在于对自我价值的否定。因此，人们需要在爱情中不停地去验证它，以此来确立安全感，严重的每天都需要对方说"我爱你"或做出亲密的举动，一旦有所疏远，就有被冷落或被抛弃的感觉，不安全感带来的是恐惧感。很多年轻人跟我谈到"恐婚"的问题，我问为什么，他们有的是怕爱情在婚姻中很快被磨没了；有的是怕对方变心；有的则表示"我们不担心对方变心，因为迟早会发生的"，这种很丧的感觉也让他们无法走进婚姻。

---

[1] ［法］伊娃·易洛思著，叶嵘译：《爱，为什么痛？》，上海：华东师范大学出版社，2015，第284页。

第十六讲　安全感与冒险感：双重需要理论

伊娃·易洛思说："在19世纪，忠诚和承诺被视为爱情的至高证明。但在此处，有人觉得这些还不够，因为爱情必须隐含一种持续进行的、永无休止的'验证'过程。"① 现代人对自己爱的人能否忠诚已经不那么绝对地相信。所以很多情感类的综艺节目都会在最后的终极之问中提出："如果我有一天不爱你了，我要不要告诉你？""如果我有一天提出分手或离婚，你是否会挽留？"在恋爱与结婚之前，人们有太多的担心和忧虑，对未来的不确定感非常强。

> 爱情是一种不间断的信号和符号流，是它支撑着自我价值感。爱情里，人们必须要定期上演认同和重复认同。换言之，不是一次性给予认同就万事大吉了；认同是一项复杂的象征性工作，必须重复通过仪式进行维持；当这种仪式未能得到妥善执行，自我就有可能受到威胁和吞噬。②

这个时代的物质化、多欲化、高离婚率都会给人带来不安全感，所以"仪式感"在今天越来越被重视。仪式感看似是对浪漫的需求，其实背后还是不安全感。爱情是对自我价值的确认，是人渴望爱情的原因之一，"仪式感"是为了满足对这种

---

① ［法］伊娃·易洛思著，叶嵘译：《爱，为什么痛？》，第224页。
② 同上，第234页。

"确认"的需要。现代人非常"慕强",感觉自己越强大越能掌控爱情的局面,越能掌控对方,其实一个人的强弱与爱情关系不大。你再强大,也不能阻止对方可能出现的不忠或不爱。爱情不是做生意,谁的资本多谁的生意更好做。在爱情中,不是因为你优秀就会被爱,而是因为你有爱的能力才会被爱。你的优秀证明你值得被爱,但爱或不爱永远取决于别人。爱的能力包括尊重、关心、肯定、信任、赞美,给对方体贴、温暖、倾听、理解、包容,以及共情能力、幽默的智慧、精神的充实、人品的高尚、性格的豁达、爱好的广泛等,而不只是某一方面优秀就可以的。

如何恋爱无法用条文来规定,因为每个人面对的对象都是独特的。有时候无论你做了什么,都阻挡不了对方的背叛,因为彼此在价值观和需求上不匹配,有人需要精神上的多一些,有人需要情感上的多一些,有人需要身体上的多一些,有人需要物质上的多一些。"性多元"者需要通过"多性"来确认自己的价值和满足自己的欲望,他们的性中并没有爱;一对一的爱与性是人的一种选择,是责任、道德与情操上的事,而不属于人的天然本性。所以,你没有办法绝对地消除"多性"的存在。这也是产生不安全感的一个重要原因。

为什么爱情会成为自我价值的一种体现?伊娃·易洛思指出,"成功的互动仪式渐渐积累,即能创造情感能量;而情感能

第十六讲　安全感与冒险感：双重需要理论

量可变成某种可资我们利用的资源"①。爱情对很多现代人而言都已经成了商品和资本，所谓的"强强联手"，而不是为爱而选择。婚姻变成了资源整合。所以，媒体上经常报道网红嫁入豪门，普通人上位成了亿万富翁等，这会让一些年轻人变得浮躁，把爱情与婚姻当作赢得资本的跳板，最后可能一无所获，浪费了青春。经常有女生和我聊天说："我只想嫁个有钱的，做全职太太也行，有钱就能过上好的生活。"我说："那你想过对方需要什么没有？等你不年轻了，对方不给你钱了，你错过了找工作和择偶的最佳年龄了，怎么办？"她们往往表示没有想那么多，眼下能过有钱的生活就行。

爱情与婚姻中的不安全感，还源于怕被抛弃。"被抛弃感"是每个人都会感到恐惧、厌恶的，有些人因此一蹶不振甚至殉情。"每一次成功的当代爱情体验，每一次短暂的欢乐盛宴，往往伴随着另外十次打击沉重的爱情体验，失恋后'萎靡不振'的持续时间远超过恋爱时间的长度——它常常造成个体毁灭，或至少造成一种情感的玩世不恭。"② 这是爱情的痛苦中最典型的一种。有的人在爱情中被 PUA 也是源于对对方的依赖，自我价值交给对方去评判，在对方不停的否定与指责中慢慢地失去自信，直到彻底被打垮，严重的会自杀。有的人从此变得玩世

---

① ［法］伊娃·易洛思著，叶嵘译：《爱，为什么痛？》，第 228 页。
② 同上，第 2 页。

不恭,把爱情当游戏,把身体当商品,抱着"玩"的态度挥霍自己的人生。

除了不安全感,幻灭感也是爱情中一种典型的痛苦。幻灭感即理想的破灭。"恋爱中的人们不仅虚构他所钟情的对象,还会在自己的想象中虚构他/她本人……佯装带来的诗意能征服自己,至少有一瞬间我们成为我们想象中的自己。"[1] 爱情的美好也在于这诗意的成分,不仅对方变得美好,自己也变得美好,爱情在最本质处是爱上了更美好的自己。当你觉得"那个人变了",其实他没有变,而是你没有完全认识那个客观的对方。幻想让爱人变得完美、独特,带上了光芒,这是爱情中不可缺少的部分,它满足了爱情中人对"冒险感""新鲜感"的需要。但热恋期一过,人就不能再活在幻想中了。彼此会在相处中发现对方的问题、缺点,需要慢慢接纳,客观地认识到你爱的人并不是幻想中的对方,自己也不是被"虚构"或"美化"了的自己。我们不断地通过他人之镜反射出自己,形成一个客观的自我认识。

爱情有幻想的成分,当有一天你发现对方变了,两个人的关系就变了。每个心怀爱情憧憬的人,将来可能都要在爱情与婚姻中经历这个"幻象"的覆灭,被一次又一次的"失望"洗

---

[1] [法]伊娃·易洛思著,叶嵘译:《爱,为什么痛?》,第211-212页。

礼，即便换了一个人，也是一样的。这种痛苦的过程是爱情中的必经，也是对爱情的考验。所以，当这样的"痛苦"产生时，不必归咎于对方，先想自己的问题，这样才能快速地度过痛苦、缓解痛苦，将痛苦转化为对爱人与自己更好的了解。

第十七讲 不安全感的哲学原因

人同时需要安全感与冒险感,而这两者是矛盾的。现代人从爱情、婚姻中不但需要获得自我价值的满足的需要,对爱情与婚姻的期待也远远胜过古代,其中也包括对安全感与冒险感或新鲜感的需要。后者很难从一段固定的爱情或长久的婚姻中获得,因此这两者间就有了张力,钱钟书所谓的"围城"至今仍然是很准确的描述,婚姻既是避风港,也是"围城"。"大多数婚姻遭遇困难是因为他们后来变得激情全无",因为"大多数人都努力要同时获得安全感和冒险感"①。当然伊娃·易洛思认为这并不是绝对的,不是说这两者之间一定冲突,有时候只是

---

① [法]伊娃·易洛思著,叶嵘译:《爱,为什么痛?》,第411页。

第十七讲　不安全感的哲学原因

因为日子平淡如水,都没有创造性的生活,激情就没了。人为什么会有这种根深蒂固的不安全感?为什么爱情生活忧患重重?这里列举几个有代表性的哲学视角:海德格尔的"操心"说、萨特的"被抛"说与韩炳哲的"绩效"论。

海德格尔认为我们真实的在世处境就是"操心",也就是"烦",在"操心"的状态下,人就有不安全感。人在世就是悬挂在世间,没有什么是根本上确定的、现成的,海德格尔把这种存在叫"此在",张祥龙先生将其译为"缘在"。人在世的根本情境不是主体认识客体,而是主客不分,在前拉后扯的时间中绽开自身,这个过程中的一切都不具有确定性,连"主体"都是当下构成出来的。

> 缘在从根本上就"在世界中间",而世界也永远是与缘在相互构成的世间境域。而且这里的"构成"不意味着"创造",也不意味着客体必须迁就主体,或主体必须反映客体,而是全部现象学构成思想所指向的那样一种更本源的存在论域的居间引发和维持。从来就没有一个无世界的缘在,也从来没有一个无缘在的世界。①

爱情也是人当下构成的一种"存在"样态。爱情是境域化的产物,是当下构成出来的,恰巧在这个时间、地点、处境、

---

① 张祥龙著:《海德格尔思想与中国天道:终极视域的开启与交融》,第96页。

身份、心情与氛围中，爱情就产生了。"缘在"显然是个来源于佛教的概念，一切都是机缘巧合，一切都是"缘起性空"，缘变了，关系就变了，爱情也就解体了。所以，爱情没有绝对稳固的，世间没有那个"唯一"，所谓的"Mr. Right"（真命天子），只是在这个特殊的情境中，有限的条件下，你遇到了自以为最合适的人。所以，爱情从根本上就是不安分的，从根本上就无法给人安全感。

从海德格尔的角度来看，人的不安全感从根本上来源于死亡，面对死亡时应该做出怎样的筹划。人活着的每一个瞬间都要面对死亡的问题，人随时会死，这是人活着的最大的事实。所以，我们无论是努力工作、赚钱，还是努力去爱，巩固所有社会关系，根本上都是在面对死亡。在这个随时都有可能死亡的人生中，"不安全感"注定是一种逃不掉的在世情绪。人生应对的最真实的问题就是死亡，而且是"我的死亡"，这是其他任何人都无法替代的。"海德格尔称这种缘在方式为'朝向死亡的存在'。所以，缘在的生存与一颗种子的发展成熟而完成（产生新的种子）不一样，它不用等到发展的尽头才死亡；它从生存于世那一刻起就活在死亡这个最不可避免的可能性或缘分之中。"[①] 爱情可以说是对死亡这种不可避免的"无常"的安慰，

---

① 张祥龙著：《海德格尔思想与中国天道：终极视域的开启与交融》，第122-123页。

汤显祖因此赋予了爱情最高的意义——"生可以死，死可以生"（《牡丹亭》）。爱情可以让生命的价值得以体现，生死都不是最难的问题。很多哲学家与文学家都把爱情与死亡联系起来，生如夏花之绚烂，死如秋叶之静美，生与死之间的高潮便是爱情。

从萨特的角度来说，人的"不安全感"是必然的，也是正常的，因为人都是"被抛"的。我们毫无准备、毫无经验地被抛到这个世界上，不安全感是先天具有的，人始终要面对生命的"虚无"。正因为没有任何规定性，我们才能自由选择，去"存在"，这是面对"虚无"的方式。萨特指出，"存在有着许多暗含了对虚无的'领会'的'人的实在'的态度，如仇恨、辩解、懊悔等等。对'此在'来说，甚至有与虚无'面对面'而存在，并发现虚无是一种现象这样的永恒可能性：这就是焦虑。"① 人的负面情绪实质上是对人被抛在世的回应，仇恨、懊悔、嫉妒、悲伤、厌世，以及荒诞感、绝望感、恶心感等，这些是人的在世经验。人的一生被放置在这种虚无感中，注定是不安的。

> 只有在虚无中，存在才能够被超越。同时，正是根据这种世界的彼岸的观点，存在才组织成世界。这一方面是指"人的实在"是作为存在在非存在中的显露而涌现的，另一方面则是指世界是"悬搁"于虚无中的。焦虑是对这

---

① ［法］萨特著，陈宣良等译，杜小真校：《存在与虚无（修订译本）》，第44页。

双重的和不断的虚无化的发现。①

我们的存在能被超越，我们的生活能被组织起来，全是因为对"虚无"的应对，我们的实在、实存正是在虚无的背景中涌现出来的，类似《老子》第十一章说的"有之以为利，无之以为用"。人被抛在世间，也就是被"悬搁"起来，被抛到虚无之中。人的实际生活就是一边无，一边有；一边虚无，一边存在；一边被抛，一边创造。有不安全感，才有行动的动机。不安全感恰是存在感的反向显现，你不安，说明你在。卡夫卡的小说《变形记》《城堡》中都有这种根深蒂固的不安全感与恐惧感。《变形记》中的格里高利早上起来变成了大甲虫，亲人都不认识他了，这多么荒诞可怕。人的异化就如同变成了大甲虫，只有自己知道自己是谁，甚至连自己都不知道自己是谁。异化带来的不安全感渗透在整个社会的人际关系中，冷漠、封闭、自私、嫉妒、竞争等都会让这种不安全感加强。

不安全感还来自孤独。孤独的根源又是什么？是现代人越来越个体化，个体与他人、与宇宙都难以发生深刻的、亲密的链接。每个人本身就是一个孤独的个体，因为我们本来是一个宇宙的整体，然后这个宇宙整体分裂了，我们每个人都是个小点点，一个小圆珠，借顾城的比喻来说，每个个体就像"一朵

---

① ［法］萨特著，陈宣良等译，杜小真校：《存在与虚无（修订译本）》，第45页。

荷花漂在整个池塘里的种子，一滴水银摔在地上产生的每一个圆圆的珠子。"大家可能都见过体温计掉到地上的样子，水银柱瞬间碎成了一个个小圆珠，尽管它们看起来是圆融的，其实都是破碎的一部分，再也回不到那个整体。一个一个圆圆的球，就是你，就是我。

韩炳哲则用资本至上的"绩效社会"来解释人的不安全感。在每日"朝九晚五"的繁重的工作中，人是没有安全感的，因为绩效考核永远在进行，每个人的业绩永远不封顶，你的奋斗永远没有止境。人因此产生"倦怠"感，陷入"无聊"，注意力涣散，从工作中找不到意义，无法专注地工作，没有"闲暇"，没有热情。一旦你的工作落后了，就面临惩罚，无止境的业绩考核、奖罚、竞争让人的神经无法放松，落后会被解聘，找工作越来越难，经济不断衰退，这些都是现代人的不安全感的来源。韩炳哲说："没有放松与休息，我们便失去了'倾听的能力'，也便不存在'倾听的群体'。他们同我们这个过度积极的社会是直接对立的。'倾听的能力'恰恰以沉思的专注力为基础……"① 在追求绩效的时代，人都匆匆忙忙，是无根的浮萍。没有真正放松与休息，即使不工作的时候也在刷手机的话，内心怎么能安宁？又怎么能倾听、沉思？

---

① ［德］韩炳哲著，王一力译：《倦怠社会》，北京：中信出版社，2019，第23-24页。

从巴斯的"进化心理学"的角度来说,无论男、女,在择偶上都是需要不断变化的,以便找到最好的那一个以保证成功、更多地繁衍后代,因此他们最早的择偶、交配、繁衍就是充满刺激与新鲜感的。"正是由于我们的祖先明智地选择配偶,才获得了这种生存和繁殖上的优势。"[①] 人要想找到那个最优秀、最适合生育后代的人,需要很多的试验,我们的祖先如果没有这种并非一对一相爱的"不忠",可能也不会有我们,人类的繁衍链随时都会因为性的中止而中断。所以,追求冒险感、刺激感与新鲜感并不完全是负面的,他们是人的性欲冲动的结果、追求高质量繁衍的结果,也是人的创造力的体现。重要的是如何平衡好自由与道德的矛盾,如何让爱、性、婚姻与生育都能快乐地进行。

---

① [美]D·M·巴斯著,熊哲宏、张勇、晏倩译:《进化心理学》,上海:华东师范大学出版社,2007,第123页。

第十八讲　弗洛姆的性论与邦尼的宽恕论

爱情中的分裂现象很多，最常见的一种是爱、性的分裂，即爱一个人，但在性上并不忠诚于这个人，即通俗意义上讲的外遇。这是恋爱或婚姻中最痛苦的情况之一，能接受爱、性分裂的人毕竟是少数。一旦情侣或夫妻之间出现了这样的情况，分还是不分，这是个问题。分，又有感情，放不下；不分，又有阴影，裂痕总是在。这样的问题，往往不是单方面导致的，而是双方共同导致的，需要双方共同去面对。

在现实生活中，爱与性的分裂主要是因为一方或双方对"冒险感"与"刺激感"的需求得不到满足。爱情上的冒险感和刺激感的需求往往很难意识到。安全感来自对自己、周边环境的控制感，但冒险感正好相反，它来自不可控制的挑战感或冒犯感。伴侣的关系一定稳定下来，日子渐渐过得平淡如水，按部就班，每天该干什么完全靠日常理性去维持。"这种日常生活理性化常常导致失望，因为它不断地无休止地受到广泛可得的情绪兴奋和情绪表达模式和理念的比较，这会导致人们对他们自身和对他们的生活产生负面评价。"[1] 千篇一律的生活，每天固定的作息时间、上班时间、接送孩子的时间，住在固定的地方，重复同样的工作与家庭事务，一切都因为可控制、可预见而为人们带来安全感，同时也让生活变得枯燥无味，失去了爱情的新鲜感。弗罗姆认为，最能带来冒险感、刺激感的就是"性"，但"性"是最靠不住的，性本身就不是稳定的。

> 性爱是对另一异性的完全融合、结为一体的渴望。从其本性来说，它是排他的，不具有一般特性的爱。它也许是所有形式的爱之中最靠不住的……这种突然的亲密感从其性质上说是短暂的。陌生人变成熟悉的人之后，再没有需要突破的障碍，再没有突然亲近的感受。"被爱的"人已像自己一样熟悉。[2]

性的不稳定在于性的发生常常带有偶然性，是临时"起兴"。性是在氛围、心情与对象都刚刚好的时候自然而然地发

---

[1] [法]伊娃·易洛思著，叶嵘译：《爱，为什么痛？》，第413页。
[2] [美]艾里希·弗洛姆著，刘福堂译：《爱的艺术》，第56页。

第十八讲　弗洛姆的性论与邦尼的宽恕论

生的事。这就要求两个人之间有一定的距离，不完全陌生，也不完全熟悉；比如邂逅、"小别"，这种情景下的"性"更容易保持它的新鲜感，但大多数婚姻中的"性"都变成了"例行公事"。这时候的性就变味了，让人厌倦，甚至让人慢慢变成了性无能。不管是情侣还是夫妻，变得非常熟悉以后，彼此对对方就很难有新鲜感和刺激感了，没有了"突然想亲近"的心跳加速或羞涩的感觉，没有了渴望与激情。性最特别的地方正在于两个没有血缘的人突然拉近了距离，不熟悉，但感觉亲近。性让两个人突然跨越了很多障碍，不需要说什么，这是它的自然性。

　　问题是我们一旦爱上一个人，就想与之确立稳固的恋爱关系，订婚、结婚，生怕一个优质男或优质女被别人抢走似的。一旦占有了，日子又容易过得平淡如水。当代的爱情生态与古代最大的不同在于社交圈子更广，遇到的人更多，不仅是线下的，也包括线上的。并且，媒体会放大浪漫的爱情故事，让吃瓜群众有看不完的偶像剧，听不完的情歌，嗑不完的CP（配对），这都大大刺激了人对日常理性所驱动的平庸生活的厌倦。媒体带来的刺激感与幻想，让每天忙于日常生活的人对自己贫乏的感情生活倍感失望。伊娃·易洛思指出：

　　　　媒体影像成为失望的源泉。铺天盖地的爱情影像可能向人灌输了一个念头：别人得到爱情了而我们没有，而且获得爱情对于标准的成功人生具有很大重要性。由此诱发出来的不满足感可能成长为长期失望。①

在媒体对明星的恋爱及其分分合合的各种报道下,尤其像韩剧这样极尽浪漫的爱情剧,让人感到自己的情感生活十分贫乏,甚至没有爱情可言。人们之所以追星,喜欢当吃瓜群众,享受这一个一个恋爱、结婚、出轨、离婚的"瓜",看相亲、恋爱、离婚、调解这些方面的综艺,就是因为有代入感,可以借其获得不同的情感体验。加上今天的朋友圈里各种秀恩爱,都会刺激人去追求新鲜的爱情。这些复杂的原因会让两个人的亲密关系受到影响。

所有这些类型的亲密都会随着时间的推移而减弱,结果是另寻新欢,觅找新的陌生人的爱。这个陌生人又会变成"亲密的"伴侣,堕入情网的感受又是富有刺激性的、强烈的。但慢慢地,这种感受又变得越来越弱,并以希望再征服一个人、获得新的爱而告终。人们常幻想新的爱情会不同于先前的爱情。②

人们总是幻想会有更好的人,更好的爱情,下一个人会比这一个人好,于是就会出现从安全感的满足到冒险感的满足的

---

① [法]伊娃·易洛思著,叶嵘译:《爱,为什么痛?》,第413页。
② [美]艾里希·弗洛姆著,刘福堂译:《爱的艺术》,第57页。

第十八讲　弗洛姆的性论与邦尼的宽恕论

追求转变。弗洛姆比伊娃·易洛思更多地考虑到了"性欲"本身的冲动。性欲冲动带来了对"性多元"的幻想，但是爱与性又是排他的，爱与性绝对地要求"一对一"。当一个人不能拎清楚爱情关系时，安全感与冒险感都想要，哪个也不想放弃，这种"吃着碗里的，看着锅里的"的贪婪就容易带来爱、性的分裂，即在爱上稳定，在性上多元，爱一个人，但性对象不止一个人。因此，现代人常常是爱情中的流浪者，不停地寻找新的爱情、爱人，每找到一个人都以为是"真命天子"，但很快发现只是在重复，是从新鲜到厌倦的不断重复。

弗洛姆说："爱本质上应是一种意志行为，是用自己的生命完全承诺另一个生命的决心……爱上某人不只是一种强烈感情，还是一种决定、一种判断、一种承诺。"[①] 因为爱情而走到一起之后，时间久了，激情消退了，就需要爱的意志、决心来维系了。婚姻尤其需要意志、决心与忠诚的品质去维持，"克己复礼"，克制贪欲。但婚姻的本体仍然应该是爱情。我不认为在婚姻中爱情转化为亲情了，不认为亲情就是爱情，亲情多是从共同抚养子女来说的，两个人是孩子的父母，一家人是亲人。夫妻之间流动的仍然应该是爱情，只能说爱情之上又增加了亲情的成分。婚姻中一定是需要爱情的，这爱情就是无论你们在一

---

① ［美］艾里希·弗洛姆著，刘福堂译：《爱的艺术》，第59页。

起多少年,依然会经常回忆两个人经历过的美好,想起对方的某个瞬间时仍然会怦然心动,分开一段时间仍然会有性冲动的这些感受,这显然不是亲人关系,而是亲密关系,这与我们对父母以及兄弟姐妹的亲情当然是不同的。

所以,婚姻中的"意志、决心"还要靠彼此持续不断的爱意来维持,彼此有关心,有偶尔的浪漫,有彼此甜蜜的问候,有温柔的相处。弗洛姆说:

> 真正的爱意味着产生爱的能力,它蕴含着爱护、尊重、责任和了解。它并不是被某人所感动意义上的"情感",而是一种为被爱者的成长和幸福所作的积极奋斗,它来源于爱的能力。①

爱上一个人容易,但经营好爱情是一种能力。首先要了解自己的能力,其次要了解对方的能力,在此基础上才会有"爱护、尊重、责任"。爱情是对彼此需要的满足。如果不了解对方,就不会知道对方需要什么,爱不到点子上,无法感受到情绪的陪伴、情感的温存、心灵的亲密。能了解对方内心真正需要什么,才能爱到对方心里去。如果没有能力爱对方,这样的爱情中的两人就得不到彼此的滋养,婚姻如寒冬一样难熬。"爱"永远比"被爱"更重要,更有能量。

---

① [美]艾里希·弗洛姆著,刘福堂译:《爱的艺术》,第62页。

第十八讲　弗洛姆的性论与邦尼的宽恕论

爱的缺乏是滋生"外遇"现象的最重要的原因。"外遇"是指在所爱的人之外爱上了别人，或虽然爱着这个人，在身体上却出轨另一个人：可能对"所爱之人"早就不爱了；也可能虽然还有爱，但缺乏新鲜感与刺激感，不再能满足性的需要；还可能只是放纵一下，疏解压力。总之外遇的原因很多。美国著名的心理学家、心理治疗师邦尼·韦伊专门研究"外遇"现象，将其分成七种——"假亲密型外遇、粉饰太平型外遇、逃避型外遇、寻爱型外遇、强迫型外遇、精神外遇、网络外遇"[1]，通过大量真实的心理咨询案例来分析这一现象。她认为"外遇这种传染病就如乱伦或虐待儿童一样，是个严重危及心理健康的社会问题"[2]。"外遇"有社会大环境的影响，也有家庭的影响，但归根到底是自己的爱的匮乏或错误造成的，是两人的内部原因导致的。

"若不是身处某种痛苦之中，人们不会发生外遇。"[3] 婚姻中的爱变得稀薄，甚至完全无爱，就是外遇发生的危险时刻。婚姻关系的结束都不是突然的，而是会经历一个从爱到不爱的过程，外遇常常是导致一桩婚姻彻底结束的最后一根稻草。当然，我们也不排除有道德败坏的"滥情""滥性"的人，这样的人要

---

[1] ［美］邦妮·韦伊著，孟晓虹译：《外遇：可宽恕的罪》，南京：凤凰出版社，2011，第28-36页。
[2] 同上，第16页。
[3] 同上，引言，第4页。

的本来就不是爱情,而只是快感。邦尼认为外遇常见的原因是情感问题,而非性的问题。性冷淡或无性婚姻是无爱的结果,而不是无爱的原因。邦尼说:"在我对一百个美国人所做的随机调查中发现,只有一个发生外遇的受访者表示,他出现婚外情是由于婚姻中的性生活不美满。由此可见,出现外遇的常见的因素多是出于情感,而非性。"① 没有爱情的婚姻是不道德的,没有爱情的婚姻,情感淡漠的"包办婚姻""社交婚姻""虚假婚姻"很容易成为发生外遇的原因。

邦尼还指出,心灵的外遇比单纯肉体的外遇更具背叛性。这拓宽了"外遇"的内涵。"外遇"并不是狭义的肉体的出轨,也包括精神、情感出轨。爱情最重要的表现就是把对方放在"心上",心里有才是真的有。一个男人或女人如果心不在你身上了,就挽回不了了。身体的快感很短暂,有的人一时控制不住,酒后乱性,但很快就忘了对方,因为对方没有走进心里。所以,我们用"心有所属"表示这个人已经有爱的归宿了,而不是靠一张结婚证来证明彼此相爱。心如果不在对方身上了,却还生活在同一个屋檐下,捆绑在一张结婚证上,这是既尴尬又可怜的事。邦尼说:

"心灵的外遇"比单纯肉体的外遇更具背叛性。特别是

---

① [美]邦妮·韦伊著,孟晓虹译:《外遇:可宽恕的罪》,第11页。

对女人而言，当她们对另一个男人在情感上产生了强烈的欲求时，她们大多会倾向于离开丈夫，尤其当她们的婚姻并非出于情感而结合，或在她们一心想走出婚姻而不知道该怎么做时，更会如此。①

心灵的外遇更具有背叛性，因为心对一个人的认同、接纳、欣赏与共鸣都是发生在精神世界的事，心灵的相通是件非常不容易的事。《红楼梦》中的贾宝玉表面上看是见到一个姐姐就忘了这个妹妹，但事实上真正放在心上的只有林黛玉。"知音"是爱情中最牢固的一层关系。爱情就是在"知音"的基础上多了一层性的吸引。两个相爱的人变得冷淡了、生疏了，往往不是肉体上的，而是心灵越走越远。俗话说：人与人最远的距离是我站在你面前你却看不见我。

邦尼认为外遇不只包括肉体、情感、精神的出轨，它的外延还可扩展到"注意力的出轨"。沉迷于某种东西而忽略了爱人，对爱人造成了伤害，也属于外遇。当一个人沉迷于任何一种东西而超过对爱人的关注，都是"出轨"，这样的人对爱人没有回应、漠不关心。邦尼认为这些大大削减你和伴侣相处时间或精力的活动或关系，都可视为是一种"不忠"的行为，比如工作狂、沉迷网络与赌博等。

---

① ［美］邦妮·韦伊著，孟晓虹译：《外遇：可宽恕的罪》，第11页。

要维护两个人的爱情，保持"知音"的关系，就要花时间、精力去交流、陪伴，两个人在工作之外有很多的高质量的相处，而不只是下班过后各抱各的手机。两人感情出现问题了，不去交流，不去理解对方，也不去反思自己，就是在为"外遇"提供土壤。因为这样的人缺乏亲密感就会空虚，空虚的心就为另一个人的出现提供了条件。

那些无法处理自我空虚感的人或对某一种关系有错误期待的人，是永远都不可能到达"过日子的爱情"的境地。他们只会用婚外情的方式再度点燃内心的激情，然后又用逃离的方式来避免亲密关系中的必然冲突。①

婚姻是两个人在一起过日子，但要过得有滋有味，而不是越平淡越好。否则，"没有矛盾冲突，没有紧张关系，就没有激情——于是，他们去婚姻之外寻找激情"。"你们如果没有争吵，就没有热情；如果你不能和你的另一半保持非常亲密的关系，那么就给第三者的乘虚而入留了空子。"② 相爱的人因为"差异"而吵架是正常的，"吵架"代表还在乎对方，如果两个人对"差异"都不敏感，其实是"心死"的状态，对对方彻底失望才会如此。"吵架"意味着还希望对方能改变，让夫妻关系有所改善。吵

---

① ［美］邦妮·韦伊著，孟晓虹译：《外遇：可宽恕的罪》，第94页。
② 同上，第30页。

第十八讲 弗洛姆的性论与邦尼的宽恕论

架可以让两个人了解彼此的"雷区"在哪里，在意的事情有哪些，不能妥协的地方是什么。当然要控制吵架的次数与程度，以免彻底破坏了两个人的亲密感，在婚姻中吵架也是一门艺术。

那么，"外遇"到底应不应该被原谅或宽恕？邦尼的主张是宽恕。当然宽恕的条件是两个人还有爱，还希望修补创伤，犯错误的一方痛改前非；邦尼认为可以"宽恕"的另一个原因是有些"外遇"是受原生家庭影响而长期迁怒一方。一个人从小对自己父母做的让自己委屈的事不敢正面对抗，长大后对领导、同事、朋友做的事也不敢对抗，就会迁怒于身边最亲近的爱人，导致夫妻关系不和，而不是出于对方的不好而导致感情破裂。人如果不能很好地解决原生家庭或成长中的一些重大事件所带来的心理创伤，就可能会不断地有外遇，或根本不敢恋爱。

如果因为不能宽恕而分手或离婚，这显然不是当事人想要的结果。这个问题如果不能得到解决，再遇到下一个人，仍然会发生类似的事。如果外遇的症结没有找到，同样的问题就会不断出现。"不宽恕"表现为指责、抱怨、痛骂、憎恨、威胁、审判、报复等，"你的怨恨确实能刺痛你的伴侣！可是他只会在短时间里忍受被忽视或冷冰冰的谴责，而后会悄无声息地突然离去。"[①] 如果两个人还有爱，这些"不宽恕"的对待方式只会

---

① [美]邦妮·韦伊著，孟晓虹译：《外遇：可宽恕的罪》，第183页。

将最后一点爱也消耗殆尽,最后分崩离析,从最亲密的人重新变回陌生人,这对两个人来说都是心灵的打击。

邦尼认为,宽恕别人就是放过自己,"宽恕"不是上对下的一种审判与怜悯,而是对自己的善待。"当你心怀怨恨的时候,你就是'受害者',而你的伴侣就是'胜利者'。你在怨恨伴侣的同时,自己也饱受痛苦的煎熬。"[①] 因为对方有外遇而生气、愤怒、抑郁都是不理智的,也是不值得的,只会让自己元气大伤,成为"受害者"。无论原不原谅对方,事情都已经发生了,能原谅就原谅,从此翻篇;不能原谅就体面地放下,转身离开,而不必拿别人的错误来惩罚自己。对于外遇,其实最重要的是"防患于未然"。爱情中一个重要的任务就是了解彼此的动态需要,了解自己的婚姻是不是出于真爱,是做给父母、孩子和别人看的,还是为自己而存在,自己是否真的能在婚姻中获得滋养。提前预防,就不会带来伤害。对于外遇,我们不要低估了人性的弱点,也不要因此就不再相信爱情。

[①] [美]邦妮·韦伊著,孟晓虹译:《外遇:可宽恕的罪》,第183页。

第十九讲　昆德拉的"不能承受之轻"

爱、性分裂的最经典的小说代表是米兰·昆德拉的《不能承受的生命之轻》，这本书1984年首次出版。1988年，美国导演菲利浦·考夫曼将其改编成电影《布拉格之恋》，昆德拉2023年刚刚去世。电影更多表现的是性，对几个主要人物的心理成因、原生家庭都很少表现，电影的结尾是主人公托马斯、特蕾莎和朋友们晚上喝酒回来出车祸去世，萨比娜收到了他们的死讯，非常难过。但小说是开放式的结尾，托马斯、特蕾莎并没有死，问题依然存在，生活还得继续。

这是一场轻和重的较量，爱和性的权衡，也是每个人与自己的心理缺陷的对抗。托马斯要的是"轻"，因为他被前妻禁止看望儿子，母亲与他断绝关系，他要用对谁都不必负责任的

"轻"来抛开对女人的恐惧；特蕾莎要的是"重"，因为她在母亲的厌恶、怨言、迁怒与打击中长大，专一的爱能让她感到安全。她很柔弱，但自尊心很强，所以她无法接受托马斯的性多元，也不能接受自己去找别人。她的婚姻中充满噩梦，总是梦到丈夫和很多女人在一起，自己被遗弃。

托马斯的原生婚姻是破碎的，他和第一个妻子一起生活不到两年就离婚了，有一个儿子。离婚时儿子判给了母亲，托马斯需要付三分之一的薪水给母子俩，他每月可以看儿子两次。但是"每次托马斯该去看儿子时，孩子的母亲总是爽约。要是他给他们送上奢华的礼品，他见儿子肯定要容易一些……父母都谴责他，申明如果托马斯拒绝把自己儿子放在心上，那他们，作为托马斯的父母，也同样不会再关心自己的儿子。"[①] 他给了抚养费，但前妻依旧不让他正常看望孩子，他对孩子的爱也受到了阻拦，只好放弃了对儿子的照顾。更糟糕的是，他的婚姻状况导致父母与他的关系很不好，父母以他没有照顾好儿子为由不再关心他，甚至与他的前妻组成了一个阵营来反对他。

这让他感到"爱"是太难、太重的一件事，是容易带来伤害的事，他宁可选择"爱"与"性"的分离。在他看来，"性"一

---

① ［捷］米兰·昆德拉著，许钧译：《不能承受的生命之轻》，上海：上海译文出版社，2010，第13页。

第十九讲　昆德拉的"不能承受之轻"

旦与"爱"分离开来，就变得轻盈了。他不需要对"性"负责。他选择了"多性"，与众多女子都只有轻松的"性"，连夜都不过。看似自己掌握了女人，其实是对女人恐惧，除了特蕾莎这样柔弱的女子，他在感情上不愿意与其他女人走得近。他觉得特蕾莎像个被遗弃在海上的孤儿，很柔弱，让人怜悯，他娶了她就像是收留了她。矛盾于是就产生了，在结婚之后，他依然保持"性多元"的习惯。特蕾莎的家庭情况又是另外一种，她的父母特别厌恶她，总是打击她，她在暴力的环境中长大。她需要安全感，而托马斯迷恋于冒险感，二人的矛盾在于此。

这俩人不合时宜地结了婚，面对当时布拉格的战争，在大历史中小人物的命运跌宕起伏，他们最后选择在一个乡村过平凡的生活，但特蕾莎的内心仍然是不安稳的。她无法信任托马斯，性多元已经成了托马斯根深蒂固的价值观与生活方式。托马斯认为每个女人的身体都不一样，他对那些微小的差异非常感兴趣，如在性中不同的表现——表情、声音、语言、动作等，为看到女人的不同点而兴奋不已。这在常人看来是变态的。他说：

　　肉体之爱难道不是同一过程的无限重复？绝非如此。总有百分之几是难以想象的。看到一个穿戴整齐的女人，他显然能多多少少想象出她裸体的模样，但是在大致的意念和精确的现实之间，还存在一个无法想象的小小空白，正是这一空白令他不得安宁。①

这种思维是很多性多元者为自己找的理由。他们真正感兴趣的未必真的是女人身体和性爱反应中的这些"小异",而只是一种能轻易获得的快感而已。性多元对他来说是自我放纵、自我放松。特蕾莎爱他,嫁给他,但要忍受他的性多元带来的痛苦,她柔弱、软弱,但她没有纵容他,对他这一点表示完全无法接受,从生理到心理上都觉得恶心。性对托马斯来说是充满刺激的探险,"发现那百万分之一,并征服它,托马斯执迷于这一欲念。在他看来,迷恋女性的意义即在于此。他迷恋的不是女人,而是每个女人身上无法想象的部分"②。他其实更享受的是"征服"感,是每一次"得手"带来的成功感。

与多个女性发生过性关系,被他看作能力的象征。从今天的眼光来看,这是对"情色资本"的占有的象征。伊娃·易洛思说:"情色资本体现在某人所积累的性经验的数量,使他为人瞩目。"③ 这是现代的性爱观之一,把占有情色资本作为"成功"的象征,这就导致了爱、性愈加分裂。这个爱、性分裂的"托马斯难题"需要现代人去面对与解决。书中四位主人公的爱情选择其实是错位的,特蕾莎与弗兰茨都需要专一的爱,他们是

---

① [捷]米兰·昆德拉著,许钧译:《不能承受的生命之轻》,第237页。
② 同上,第238页。
③ [法]伊娃·易洛思著,叶嵘译:《爱,为什么痛?》,第101页。

第十九讲 昆德拉的"不能承受之轻"

一类人;托马斯与萨比娜都需要性多元的爱,他们是一类人。悲哀就在于特蕾莎与托马斯结婚了,而弗兰茨爱上了萨比娜。这两对关系的错位都有背后的心理原因,而不只是表面的人品问题或价值观问题。

萨比娜是托马斯在诸多性对象中最喜爱的一个。萨比娜和托马斯一样,她要的是"轻",她的爱与性都不要对方负任何责任。和谁相爱或发生性关系并不重要,她对男人没有道德与责任上的要求。她的爱、性不依赖于对方,所以是彻底自由的。她不能接受自己任何一点点的被控制,更不能接受比自己软弱的男人。在弗兰茨这个又博学又强壮的男人爱上了她并与妻子离婚后,她却悄然离他而去。她不希望被别人点评她的感情生活,不要婚姻,不要对弗兰茨负责任。她不喜欢被道德绑架,更不要婚姻的绑架、责任的绑架,她要的是双方没有压力,舒服、轻松就好。

萨比娜的童年是压抑的,她父亲是个清教徒,她14岁时初恋,被父亲严厉禁止,父亲把她囚禁起来,她从小就体会到了不自由的滋味,所以她以反叛世俗、背叛家庭为终生的事业,当然这与她是个自由的画家也有关系。弗兰茨则来自另一种压抑的家庭。在弗兰茨12岁左右时,他的父亲突然离开了他与母亲,他母亲独自把他带大,为了不给儿子造成伤害,对丈夫带来的打击一直隐忍与隐瞒,独自承受这一切。母亲的坚韧、忠贞的另一面是感情的压抑。弗兰茨从来没有看过母亲发泄情绪的样子，这种平静是另一种压抑。他从母亲身上看到的是忠诚，所以他希望找到自己真正爱的人，不要像母亲那样一个人孤独地活着。

弗兰茨爱他的母亲，他坚持这样一个信念：忠诚是第一美德，它使人的生命完整统一。只有忠诚能给他带来安全感，所以，他渴望与爱的女人度过一生，他的前妻无法给他这样的爱，萨比娜又无法给他这样的忠诚。不是萨比娜不爱他，而是爱对于萨比娜而言是"轻"，而对弗兰茨而言是"重"。他们就像托马斯与特蕾莎一样，都有各自原生家庭带来的心理缺陷，这影响了他们的择偶，塑造了他们"另类"的爱情观。爱情的痛苦很大程度上是双方的心理缺陷造成的。只有人格健全的人，才可能有不痛苦的爱。

小说中最痛苦的人物是特蕾莎。一次一次地被背叛，特蕾莎却无论如何也无法变成托马斯这样的人。特蕾莎代表了一种典型的爱情心理：需要从对方身上获得安全感。李银河认为"女性比男性更缺乏安全感"[1]，她主要是从女性的年龄在婚姻市场上的弱势来说的。其实从身体的力量来说，女性是弱者，从性的角度来说，女性被暴力的比例也远远多于男性。这些都是

---

[1] 李银河著：《我的爱情观》，北京：国际文化出版公司，2023，第145页。

第十九讲 昆德拉的"不能承受之轻"

产生不安全感的原因。托马斯不停地试图说服特蕾莎,说爱和性完全是两回事。但特蕾莎理解不了,也接受不了。

最后,特蕾莎觉得还是对一只叫"卡列宁"的狗的爱更为伟大,因为它没有经过伊甸园的驱逐,灵与肉没有分离,没有灵魂会出来问:你爱不爱我?你以前更爱谁?你现在还爱我吗?我的爱为什么没有得到对等的回报?人的爱情总是被这些问题困扰。她对一只狗的爱是不求回报的,却从未在对托马斯的爱中感受过这种轻松。小狗卡列宁得癌症了,必须把它处死,特蕾莎非常不舍。她看到狗不仅不求回报,而且对主人忠诚。她意识到:"人类真正的善心,只对那些不具备任何力量的人才能自由而纯粹地体现出来。人类真正的道德测试,是看他与那些受其支配的东西如动物之间的关系如何。"① 小说的结尾在卡列宁这条狗的身上得到了升华。

昆德拉的结尾很有哲学意味:"我的眼前始终浮现着特蕾莎坐在树墩上的情景,她抚摸着卡列宁的头,想着人类的失败。与此同时,另一画面在我脑海里出现:尼采正从都灵的一家旅店出来。他看见门口有一匹马,车夫正用鞭子在抽打。尼采走到马跟前,不顾眼前的车夫,一把抱住马的脖子,大声哭泣起来……尼采是去为笛卡尔向马道歉的。"② 昆德拉对特蕾莎是同

---

① [捷]米兰·昆德拉著,许钧译:《不能承受的生命之轻》,第 347–348 页。
② 同上,第 348 页。

情的,特蕾莎的痛苦也似尼采哲学的痛苦。昆德拉说:"我喜欢的就是这个尼采,我也同样喜欢特蕾莎,那个抚摸着躺在她膝头、得了不治之症的狗的头的姑娘。我看见他俩并肩走着:他们离开了人类的道路,而人类,'大自然的主人和所有者',在这条路上继续向前走。"① 这种痛苦是人类自己制造出的"二元分裂",任何形式的二元分裂都是现代人焦虑的根源,"只要心是分裂的,生活就是不间断的冲突、焦虑、沮丧和幻灭"②。爱、性的分裂是二元分裂里最有代表性的一种,处于其中的人是焦虑、痛苦的,所以如果在爱情观与性观上不一致,选择在一起也是痛苦的。

---

① [捷]米兰·昆德拉著,许钧译:《不能承受的生命之轻》,第348-349页。
② [美]阿伦·瓦兹著,李沁云译:《心之道:致焦虑的年代》,桂林:广西师范大学出版社,2015,第133页。

第二十讲　背叛与救赎：毛姆的《面纱》

男性、女性在爱和性的矛盾上面临的问题是相似的，但是从巴斯的"进化心理学"的角度看，"性多元"更符合男性的进化心理。虽然人类进化到了今天，爱情、婚姻已经可以与生育分开来看了，但是生命的繁衍仍然是人类最重要的事情，生儿育女仍然是大部分家庭最重要的事。这种心理模式以集体无意识的方式保存下来，对男性、女性的性行为仍然有一定的影响。巴斯提出的"男性的短期择偶理论"，可以回答男性为什么更容易"性多元"。

根据预测，男性对随意性关系比女性进化出了更大的欲望。虽然同是性行为，男性实际上没有任何投入，但女性却有可能需要付出九月怀胎的代价。在一年的时间里，一个私生活随意的远古男性可能和上百女性发生关系,这可能导致其中许多女性怀孕……从历史上来看,男性显然主要是通过增加性伴侣数量来增加后代数量……①

其实这就是性生活中精子与卵子的差别。正常的性生活中,男性一次射精大约包含几千万颗精子,而女性可能一颗卵子都不排。女性不仅一个月才排一颗卵子,而且排卵的时候毫无知觉,自身无法准确地知道哪一天排卵。如果男性只与一名女性发生性关系,那么生育的可能性相对比较小,男性为了保证有更多的子嗣,更倾向于与更多的女性发生性关系。女性在性生活中的风险总是比男性要大,即便有了避孕套与各种避孕药的发明,避孕也不是百分之百成功,总可能有偶然的失误,而女性一旦怀孕,就要面对非常大的身心上的压力,开始对爱情、婚姻、经济能力都有更高要求,只有这些方面都能良好运行,孩子的成长才能得到保障。所以,女性对于性的选择更为谨慎。这种无意识的性选择的方式还残留在人的记忆中。

《面纱》讲的是20世纪伦敦的一位一心想进入上流社会的女人凯蒂的背叛与救赎的故事。她嫁给颇有地位的医生沃尔特,但并不爱他,婚后随夫移居上海,爱上了已婚的英国外交官查理。面对妻子的不忠,沃尔特决定带上她前往霍乱肆虐的广西

---

① [美]D·M·巴斯著,熊哲宏、张勇、晏倩译:《进化心理学》,第187页。

第二十讲 背叛与救赎：毛姆的《面纱》

乡下，作为对她的惩罚。最终，却是沃尔特感染霍乱而亡，凯蒂怀了查理的孩子。凯蒂回到英国后，继续面对她心里的问题：如何放下一份没有结果的不道德的爱情。虽然丈夫去世了，但道德与情欲的撕扯远远没有完结，她仍然无法解决自己的问题，内心仍然无法获得彻底的安宁。

凯蒂从选择沃尔特的时候就不爱他，她无法说服自己爱上她的丈夫，她嫁给他是看重他的社会地位，能给自己安稳的生活，这也是很多女性择偶时的一个考虑，只要有安全感，可以接受没有爱情的婚姻。她丈夫却很爱她，不愿意离婚。当她遇上了查理，爱欲被激发出来，但两个人都已婚，他们的行为是不道德的。凯蒂与沃尔特的婚姻并不是她自己的选择，而是她妈妈为了社会地位促成的，从某种意义上说也是不道德的。

恩格斯说："只有能够自由地支配自己的人身、行动和财产并且彼此权利平等的人们才能缔结契约。创造这种'自由'和'平等'的人们，正是资本主义生产的主要工作之一。"[①] 其实出于利益或为了"长期饭票"而缔结的婚姻不是平等、自由的。其实这种为了孩子或利益而相互捆绑，压抑身心的情感也是不道德的，也不会幸福。很多人就在这样的迟疑中度过一年又一

---

① ［德］恩格斯著：《家庭、私有制和国家的起源》，北京：人民出版社，2018，第86页。

年，直到青春耗尽。孩子长大了，有自己的世界，自己的家庭，孩子不是用来寄托成人的爱情的，他们没有这个义务。为了孩子而放弃自己的感情与性生活、对自由的追求与幸福的可能性，这对孩子也是一种压力。

凯蒂没有选择忠诚于丈夫，而是忠实于自己。她是真实的，对婚姻尽了最大的努力，她反思自己，寻找出路。查理想要维护他虚假的"社交婚姻"，他舍不得，负不起，凯蒂的绝望在这个地方。他们有情欲，但不是爱情。他们互相吸引，但对方负不了责任，最后置凯蒂于危险的境地，她的丈夫想让她在霍乱中死去。凯蒂的问题是对丈夫爱不起来，无论对方在别人眼里有多好，认真、踏实、治病救人、职业稳定、有赚钱能力……但她就是爱不起来。凯蒂的丈夫无疑是个好人，但问题也就出现在"好人"上，"好人"的人设背后是呆滞、无趣，让人不快乐，让人压抑，没有个性，没有观点，没有有趣的灵魂，没有生动的生活，没有激情，没有热爱，做人哪儿都对，但做爱人就欠缺很多。

凯蒂虽然认识到了查理如此自私、懦弱，但她依然爱他，迷恋他，至少对他有激情。所以，她虽然在道德上谴责自己，但在情欲上选择忠实于自己。"情欲"是爱情的动力，是婚姻的润滑剂，是生活的乐趣，也是共同创造一个新生命的原因。凯蒂是用身体在思维，身体是她获得生命意义的场，是她迸发热

第二十讲 背叛与救赎：毛姆的《面纱》

烈情感的源泉。如果不能忠实于身体的需要与感受，根本没有幸福可言。但是查理很现实，不愿意为自己爱的人失去名声、地位、财富，不愿意离婚和她在一起。他认为这是"理智"，凯蒂在他的眼中是个"恋爱脑"。凯蒂愿意放弃一切和他在一起，但是他不愿意。爱是感性的范畴，选择是理智的范畴，凯蒂选择背负巨大的压力与指责。

对于查理这样的男性来说，他爱的这个女人只是一个"插曲"，这种爱没有到达灵魂深处，更多的只是身体的爱。所以，爱情光有"情欲"是不够的，更需要灵魂的互相懂得，所谓的"灵魂伴侣"才是最为稳定的。爱上是一件很容易的事，但一旦爱上一个人，或彼此爱了，责任就来了。彼此应该为爱情负责任，否则这爱是经不起考验的。沃尔特感染霍乱去世了，我们来看她的感受：

> 沃尔特的去世让她大为震惊，她不想他死……她承认沃尔特有不少令人钦佩的品质，但偏巧她不喜欢他——他一直以来都让她厌烦。她不会承认他的死让她感到解脱。可以真心实意地说，如果她的一句话能让他起死回生，她会愿意说那句话，同时也无法抗拒那种感觉，就是他的死在某种程度上让她的日子稍稍轻松了些。[1]

---

[1] ［英］毛姆著，于大卫译：《面纱》，南昌：江西人民出版社，2016，第214-215页。

她当然不想他死,但是不爱就是不爱,它无法变成爱。尽管爱情也会消失,但爱与不爱之间的界限还是很清楚的。她之所以感到"稍稍轻松了些",正说明了这场婚姻的压抑。爱情不是相互感恩,她的丈夫死去了,她象征性地哭了一场,结束了一场令人窒息的婚姻。她回到伦敦,见到查理,对他的爱并没有改变,尽管在理智上排斥、痛恨他,但在身体上需要他、屈从他。他只要一抱她,一吻她,她就输了,理智输给了感情,灵魂输给了身体,痛恨输给了依恋,她控制不了自己,"他的胳膊搂得那样坚实,让她觉得自己像一个走失的孩子,现在终于安全回了家"[1]。凯蒂的爱是刀尖上舔蜜的爱,这爱情是危险的、无望的,她一直都很清醒地知道,但这又是她所渴望的满足与回应,她遵循了身体真实的原则,违背了世俗与道德。熊哲宏说:

> 对于男人来说,性即是爱。换言之,男人爱女人的身体,不爱女人的"身外之物"。这也许是男人与女人的最大的心理差异。爱女人的身体,意味着男人聚焦于她的美貌、青春气息、性魅力等,至于女人的"身外之物",如她的金钱、财富、社会地位或"事业心"等,均不是男人寻找爱情过程中所真正在乎的东西。[2]

---

[1] [英]毛姆著,于大卫译:《面纱》,第231页。
[2] 熊哲宏著:《围城内外:西方经典爱情小说的进化心理学透视》,序言,第7页。

第二十讲 背叛与救赎：毛姆的《面纱》

他是从巴斯"进化心理学"的角度来说的，男人在爱情这件事上似乎更直接、简单、现实，首先是身体，然后是灵魂。女性也一样在乎对方的长相，但可能更需要的是对方对自己的爱，给自己踏实感、安全感。女性想要的不是身体的不同体验，而是爱的心理满足。熊哲宏说：

> 尽管"那些在道德上往往无可指责而又厌倦了单调的正经生活的女子，她不仅暗暗为不正当的爱情辩解，甚至还羡慕不止"（《安娜·卡列尼娜》）。但由于女性因婚外恋所付出的代价往往比男性要大……她们在择偶，特别是婚外择偶时，比男性更挑剔、更谨慎，酝酿的时间也更长，也会更多地发生心理上的矛盾和冲突。①

这些确实都反映了女性进化过程中的心理机制所起的作用。但《面纱》是特别的，凯蒂没有酝酿那么久，也没有太过恐惧于她所要付出的代价。进化心理学确实提供了一个解释，但是当代的情况与此前相比又有很大改变，男女平等、女性独立，《面纱》的结尾让丈夫意外死亡，并且这个死亡对凯蒂没有太大的触动。那么，凯蒂该如何救赎自己？她最后的出路是什么？她如何面对无望的爱情和无法自控的情欲？这些问题对她而言

---

① 熊哲宏著：《围城内外：西方经典爱情小说的进化心理学透视》，序言，第7-8页。

是无解的,但她明白了自己的问题出在哪里。所以,凯蒂最后把希望寄托在了孩子和宗教上。

> 我想要个女孩,抚养她长大,不让她犯我犯过的那些错误。回想以前做小姑娘时的我,就会恨自己,又没别的机会。我要培养女儿,给她自由,让她靠自己的力量独立于世。我把她带到这个世界上,爱她,抚养她长大,不只是为了让某个男人因为很想跟她睡觉而供她吃住,养她一辈子。①

她希望孩子能自由地爱与选择,自由的前提是独立。她自己选择了一个给她体面生活的男人,但结局是场悲剧。她从未放弃反思与批判自己,这是她的可爱之处。她说:"我向来愚蠢、无德、令人憎恨。我已受到严酷的惩罚,并决心让我的女儿远远避开这一切。我要让她无所畏惧,真诚率直。我要让她独立于他人,把握自我,像一个自由的人那样接受生活,要比我活得更好。"② 凯蒂与丈夫在广西生活的时候接触了很多天主教的修女,她在精神上也有了依稀的出口。小说的结尾说:"只要现在她能够遵循眼前这条让她依稀可辨的路。那不是亲切古怪的老沃丁顿所说的无所通达的道路,而是修道院那些可爱的

---

① [英]毛姆著,于大卫译:《面纱》,第252页。
② 同上注。

修女谦卑地遵循的路——那是一条通往内心安宁的路。"[1]

《面纱》的书名出自雪莱的诗:"别揭开这华丽的面纱[2],呵,人们就管这叫作生活"(《别揭开这华丽的面纱》)。凯蒂最后揭开了自己的面纱,这是自我救赎的开始。但是最后她是不是去了修道院当修女?基督教能拯救她吗?在修道院中一定能获得内心的安宁吗?再次看到查理时,她能控制内心的爱欲吗?这都是留给我们思考的问题。当代的价值观更加多元,爱情与婚姻的选择也有很多种,安全感与冒险感的双重需要更容易得到满足,至少当这二者产生矛盾时,解决的办法会多一些,婚姻不必然是爱情的坟墓。个人的爱情观需要完善,智慧需要提升,人类的婚姻制度也应根据人在爱情上的不同需要不断改变与完善。

---

[1] [英]毛姆著,于大卫译:《面纱》,第253页。
[2] 也可翻译为"画帷""彩幕"。

第四篇 滋养之爱

第二十一讲　完善的人格：
俗我、真我与觉我

中国古代哲学中虽然没有直接以"爱情"为专题的论述，但关于人的情感的相关思考非常完备，对人格的修养与培养也非常重视。本讲汲取中国哲学的思想资源，把理想的人格构成概括为"俗我、真我、觉我"的融合。儒道释三家对人格的论述重点并不同。所以，我们先分别讲述三家所塑造的人格重点，再谈它们之间的关系。总的来说，儒家重视"俗我"的安顿，这种安顿依然是建立在"天道"的基础上；道家重视"真我"的保护，这种"真我"是"道法自然"的自然精神在人身上的体现；佛家重视"觉我"的开显，这个开显是建立在整个世界人生的觉悟之上。人格的完善是好的爱情的基础。

一、儒家："俗我"的安顿

儒家强调伦理关系、君子之德，对亲子关系、夫妇关系尤为重视。儒家鼓励建功立德，可以用"三不朽"来概括。《左传·襄公二十四年》曰："大上有立德，其次有立功，其次有立言，虽久不废，此之谓不朽。"孔颖达疏："立德，谓创制垂法，博施济众；立功，谓拯厄除难，功济于时；立言，谓言得其要，理足可传。"①"立德"就是创制规则、法令，为历代效法，实现好的治理，让更多人受益。这是要修行到成为王者才能做到的，像尧舜禹那样；"立功"就是建立功勋，为更多人排忧解难，救民众于危难之时，成为那个时代的英雄，像秦皇汉武那样；"立言"就是将思想流传于世，将真理传播给后人。这三者都是人对俗世功德的追求，从中培养出的是在俗世中安顿自我、建立生命意义与价值的人格。当然，在安顿自我的基础上，能安顿邦国是更大的贡献。这样的人格是积极进取式的。

这种人格的代表是"君子"，君子的品格包括仁、义、礼、智、信、忠、孝、敏、谦等。君子可以说是世俗中做人达到最高境界的人，是儒家接近圣人的一个典范。圣人已经超出世俗了，"尧、舜、禹"这样的人物才担得起"圣人"。君子不同于

---

① 郭丹、程小青、李彬源译注：《左传（中）》，北京：中华书局，2012，第1328页。

第二十一讲 完善的人格：俗我、真我与觉我

西方的"哲人王"、牧师、神父，也不同于中国的"三皇五帝"、神仙、巫师，君子就生活在我们身边，生活同于普通人，但人格高于普通人。君子彬彬有礼、真实美好，尊重别人，让人亲近，让人敬畏。孔子心目中的"君子"形象从《论语》中可见：

君子务本，本立而道生。（《论语·学而》）

君子无终食之间违仁，造次必于是，颠沛必于是。（《论语·里仁》）

君子博学于文，约之以礼。（《论语·雍也》）

君子喻于义，小人喻于利。（《论语·里仁》）

君子坦荡荡，小人长戚戚。（《论语·述而》）

君子首先是善于学习、修行、洞察"道"的人，不是夸夸其谈之人，也不是著作等身的专业人士，君子洞察的"道"是"天道"。子贡对孔子的思想感叹说："夫子之言性与天道，不可得而闻也"（《论语·公冶长》），孔子谈论天道确实玄妙而难以把握，但这正说明孔子对天道是有所洞察的，如"天何言哉？四时行焉，百物生焉，天何言哉"（《论语·阳货》），这个"天道"就是宇宙运行的法则，体现为天地的乾坤刚柔之德，生生不息、厚德载物。君子以"德"为贵，能做到至诚、重义、慎言、善事、无怨，有原则但灵活应变，应世俗但至真至诚，不偏不倚，从容中道，充满人格的光芒。这样的人在俗世一定是成功的。《中庸》第二十二章曰：

唯天下之至诚，为能尽其性；能尽其性，则能尽人之性；能尽人之性，则能尽物之性；能尽物之性，则可以赞天地之化育；可以赞天地之化育，则可以与天地参矣。①

只有天下极其真诚的人，才能充分发挥他的本性；能充分发挥他的本性，就能充分发挥众人的本性；能充分发挥众人的本性，就能充分发挥万物的本性；能充分发挥万物的本性，就可以帮助天地化育生命；能帮助天地化育生命，就可以与天地并列为"三"了。这样的人格能贯穿天、地、人，打通物与我，这样的人格需要用至诚之心观照万物，洞察万物之性。具备这样人格的人才能"立德、立功、立言"，与万物浑然一体，与他人圆融无碍。当然，这样汲汲于事功的一生是比较疲惫的，毕竟"从容中道"需要极高的天赋和不断的努力。

二、道家："真我"的保持

道家的旨趣与儒家不同，道家提出的是"无名"。《老子》曰"道可道，非常道。名可名，非常名"（第一章），庄子提出"无己，无功，无名"。庄子对精神的重视主要体现在《庄子·逍遥游》中，无论是不顾小鸟嘲笑的高飞的大鹏，吸风饮露的"藐

---

① 王国轩译注：《大学·中庸》，第116页。

姑射神人",还是不畏人言、超有定力的宋荣子以及"至人、神人、圣人",都毫无疑问注重精神的世界,追求内心的自在。有待逍遥是自由,无待逍遥是自在。庄子能舍世俗的功名,始终有自己独立的思考和独立的选择。庄子说:"人生天地之间,若白驹之过隙,忽然而已。"(《庄子·知北游》)注重精神是因为生命只此一次,要尽可能活得深刻、快乐。

精神的光芒也就是德性的光辉。庄子所说的"德"既不是儒家的"道德"意义上的"德",也不是老子说的"玄德"的圣人境界,而是一种精神的光辉,主要体现在《庄子·德充符》中。王弼注《老子》第三十八章曰:"德者,得也。""德"是"得之于道",是指内在精神的充实。《庄子·德充符》中讲了六个形残神美的畸人——王骀、申徒嘉、叔山无趾、哀骀它、闉跂支离无脤、瓮㼜大瘿。这在其他哲学家的笔下是少有的。庄子这样写是为了用最大的反笔来让人看到内在精神之美。人的外在的美不是德性,反而会让人忘了德性的重要,只关注他们表面的美,以美乱真,盲目崇拜。所以庄子要让人离开外貌协会的思维,看到人的内在精神。

内在精神的重要体现是"真",对真理的追求,对真性的保护,对真情的尊重。《庄子·渔父》曰:"真者,精诚之至也,不精不诚,不能动人,故强哭者,虽悲不哀;强怒者,虽严不威;强亲者,虽笑不和。"真,是发乎自然,没有任何伪饰的。

勉强装出来的情感不会真正地打动人。真在内，会表现于外。一个内在精神充实的人，一定保持着内在的真实、真诚和对真理的追求，不会忘记自己追求的是道。在道家看来，过多的欲望都是被刺激出来的，并不是人本然的状态。所以，即使身在名利场，心也在田园。即使在名利场受挫，也能释怀。这样的人格能带来内心更大的自由。

爱情的本质是精神上的相互吸引，精神最可贵的地方在于"真"。人在爱的人面前可以做到最大限度的真实，这就是爱情与婚姻让人放松的地方，它盛放了我们最大限度的真性情，包容了我们最多的缺点。反过来说，如果没有这样的真实与包容，爱情与婚姻都很难进行下去。只能说不断修行、进步，减少缺点，从而享受在家的轻松、自在。

三、佛家：觉我的自在

佛，拉丁转写为"buddha"，季羡林说："释迦摩尼[①]成了正等觉以后的名号梵文叫做Buddlla。这个字是动词budh（觉）加上语尾ta构成的过去分词。"[②] 这个过去分词有"觉悟的"之意，"佛"也就是指觉悟者，并不单指释迦牟尼佛。民间的一切大彻大悟者都可以叫"佛"，一切慈悲者都可以叫"菩萨"或

[①] 现多称"释迦牟尼"。
[②] 季羡林：《浮屠与佛》，见《季羡林谈佛》，北京：当代中国出版社，2016，第17页。

第二十一讲　完善的人格：俗我、真我与觉我

"活菩萨"。《金刚经》说："一切有为法，如梦幻泡影，如露亦如电，应作如是观。"① 一切所思、所念都是梦幻泡影，转瞬即逝，没有"自性"，不会常驻。能看到这种无常，了悟这种空性，就是"觉"。"觉我"就是总是有所觉悟的那部分智慧人格，是对宇宙人生的真理有所"觉解"的自我。"觉我"使人能从假象、幻象、镜像中时时出来，不至于陷入世俗太深。"觉我"也能生出慈悲心，自觉而觉他，救渡更多人。人格的这个部分能帮助去除世俗的烦恼，带来欢喜、自在。

"觉我"并不难理解，庄子"庄周梦蝶"的故事就表达了"觉我"的状态，与佛家是相通的。《庄子·齐物论》说："昔者庄周梦为胡蝶，栩栩然胡蝶也，自喻适志与！不知周也。俄然觉，则蘧蘧然周也。不知周之梦为胡蝶与，胡蝶之梦为周与？周与胡蝶，则必有分矣。此之谓物化。"庄周曾经梦到自己变成了蝴蝶，飘飘然地飞舞，自己觉得这正是内心舒服的状态，不知道自己是庄周。过了一会儿醒了，惊讶地发现自己原来是庄周。他自问：是我庄周梦到自己变成蝴蝶了，还是蝴蝶梦见自己变成庄周了？庄周与蝴蝶一定是有分别的，这就是物之间的转化。

从庄周的角度看是自己变成蝴蝶了，用"庄周之心"感受

---

①　陈秋平、尚荣译注：《金刚经·心经·坛经》，第 74 页。

"蝴蝶之身",体会做蝴蝶的轻盈。蝴蝶喻"他者",从"他者"的角度看,也可能是蝴蝶变成了庄周,用"蝴蝶之身"感受"庄周之心",体会做人的畅快。视角不同,感受却是相似的,这说明万物之间是可以打通的,这也是庄子"齐物"的含义之一。如果把蝴蝶理解为另一个人——"他者",这个寓言就不难理解了。人可以站在自己的角度去感受他人,也可以站在他者的角度感受自己,就像照镜子一样,"他者"是我们的一面镜子,我们与镜子中的自己是相通的。能站开去,从"他者"的角度看自己,这就是"觉"。你站开去,从自身的感受中抽离出来,快乐也就没那么快乐,悲伤也就没那么悲伤,都只是一种暂时的感受而已。只从自己的感受看自己,沉迷于其中,这就是"迷"。

"俗我""真我""觉我"都是我们人格中重要的部分。但三者并不都是天生的人格构成成分,"俗我"应对现实的能力是后天培养出来的,需要不断培养、努力,适应社会的标准;"真我"是天性中本就具有的,只需要努力保护,不被异化就好;"觉我"既有天生的部分,也有后天的部分。人天生有悟性,即佛教讲的"慧根",但"觉"是不断提升的过程,人不可能一出生就觉悟了。所以"觉我"既有天生的根,也是后天的果。此三者的融合才是完整的人格,在儒释道三家的思想中,三者是不矛盾的,它们的关系可以用下图表示:

第二十一讲　完善的人格：俗我、真我与觉我

```
          至诚            大觉
           ↗ ↘            ↗ ↘
俗我（儒）迹    真我（道）冥    觉我（释）空
           ↖ ↙            ↖ ↙
           入世            在家
```

儒家追求的是"迹"，道家追求的是"冥"，佛家追求的是"空"。这三家并不是我们一般理解的"入世""出世"与"离世"的不同思想，而是互相渗透、互相融合的。儒家到"至诚"处就是道家，即便是追求功名利禄，如果是在认识了真我的基础上追求的，而不是按照别人的标准去追求，不是别人强迫去做的，也是真性情的体现。道家入世也是儒家，道家的人也可以追求功名利禄，但是经过反思的选择，要顺其本心而为，比如陶渊明、李白、苏轼，"行于所当行，止于所不可不止"，知道什么是真心想做的，什么是不得不做的，这样才能笑看荣辱，不计得失。

道家到达"大觉"的境界就是佛家，道家的"觉"是一步步的，不是天生的。如前面我们说的庄子的"觉"，一层一层地梦，一层一层地觉，直到"齐物""齐生死"，才是"大觉"。大觉才会知道之前的都是幻象，是梦幻泡影，这就是佛家的境界了。佛家"大觉"后又能"在家"，而非"出家"，就是道家的生活。觉悟了的人也未必出家，很多会在家过正常的生活或以居士的身份生活，有不平凡的境界，很高的智慧。所以，佛道两家塑造的人格也不是矛盾的。这三者之间紧密相连又相互博弈，因为不同的人生阶段，不同的领悟能力，需要不断地平衡，任何人都不是一下子就能达到最高的境界，即便慧能也有担水砍柴的过程，在特定的机缘中才能开悟。

儒家悟"命"，道家悟"道"，佛家悟"空"。儒家最终领悟的是"命"，"命"指的是"天命"，也就是知道一生中什么能做，什么不能做，什么是顺应历史的作为，什么是没有用的努力，最终"从心所欲而不逾矩"。悟性高的很早就会知"天命"，悟性不高的到临终都在挣命、拼命。爱情当然也是"天命"的一部分，遇到谁不是自己能决定的。智慧的人谈恋爱、经营婚姻懂得安命，道家最终领悟的是"道"，《老子》第四十一章说："上士闻道，勤而行之；中士闻道，若存若亡；下士闻道，大笑之，不笑不足以为道。"上等智慧的人听到"道"就勤奋地践行了，中等智慧的人听到"道"就有点怀疑；下等智慧的人听到"道"就会大笑。"道"是天地自然的法则，两性的相爱、相处当然也有道可循；佛家最终悟的是"空"，看到缘起性空、一切如梦幻泡影，从容面对"无常"，安住当下，自在欢喜。这三家的人格特点融合起来就是最完善的人格，具有这样的人格特质的人在爱情中才能与爱人相互滋养。

第二十二讲 阿德勒的人格论

我们再来看奥地利的精神病学家、个体心理学创始人阿尔弗雷德·阿德勒的人格理论。如果说中国儒释道是从正向建构的角度来讲如何修行出好的人格，那么阿德勒是从人格中的缺陷切入，提醒我们如何避免人格缺陷带来的悲剧。当人格的成长不健全时，就会出现"攻击型性格"，严重的会影响爱情关系，让人沉浸在过度自恋之中，对他人漠视或充满恶意。韩炳哲则认为，走出自恋，走向"他者"，爱情才能得救，爱情是"异质共舞"。

阿德勒在《洞察人性》中详细讲解了"攻击型性格"的一些表现：虚荣心与野心、嫉恨、嫉妒、贪婪、憎恶等。它们有一些细微的表现是我们很难发现的，笔者对他的思想做了一些概括，并分析如下：

一、虚荣心的表现

心灵长期处于紧张的状态；

以追求权力与优越感为目标；

终日思考他人对自己的评价，忧心给他人留下的印象；

反对别人时，态度急切，经常打断别人的话，执拗；

对他人的痛苦与哀伤无动于衷；

只留意外表，只考虑自身，不再留意生活本身；

用努力、精进、斗志、上进等褒义词掩饰自己；

故意打扰别人；

拒绝他人邀约，故意迟到。[1]

这样的人很容易形成"表现型人格""强迫症人格"，在任何场合、任何情况下都努力表现自己。做事情的动力不是事情本身的意义，而只是满足虚荣心的需要。这样的人总是担心给别人留下不好的印象，比如见谁都客客气气，怕别人说自己没礼貌；发朋友圈的照片都过度"美颜"，怕别人说自己不美；照相要站"C位"，怕别人看不到自己。这些情况如果变成像强迫症一样就有问题了。产生虚荣心的原因很多，比如家长对孩子过分纵容，导致孩子长大后以自我为中心甚至刚愎自用；也可

---

[1] ［奥］阿尔弗雷德·阿德勒著，张晓晨译：《洞察人性》，上海：上海三联书店，2016，第179-184页。按：笔者做了概括。

能是小时候被打击，自信心匮乏，并由自卑产生自傲。它带来的危害是人变得苛刻、无情、执拗，总认为自己是对的，难以与他人沟通，结果是自己痛苦，没有能力爱别人。这样的人会让身边的人更痛苦，因为一个以自我为中心的人，只会维护自己的利益，干扰别人做事或伤害别人利益。

二、嫉恨的表现

转移到对其他人的厌恶与憎恨上；

喜欢比较、斗争，或容易受比较、斗争影响；

遭受忽略或歧视，形成对他人的攻击；

语言攻击他人、挑剔，总是忧心自己会被忽略；

有毁灭自己的自残、自毁倾向；

固执，接受不了任何否定；

在爱情中控制另一半，强加给对方规则，要求另一半绝对服从。①

嫉恨是攻击性性格的体现，也是一个普遍存在的心理问题，只是每个人的严重程度不同。阿德勒举例说：有一个8岁女孩，因为嫉恨她的妹妹，又没有办法杀死她，所以杀死了其他3个无辜的女孩。她转移了她的嫉恨。嫉恨如心中的毒瘤，由嫉妒而产生怨恨，这怨恨会被变相地报复到无辜的人身上。嫉恨的

---

① ［奥］阿尔弗雷德·阿德勒著，张晓晨译：《洞察人性》，第209-212页。

人喜欢语言攻击，说话尖刻，喜欢与人为敌，反对、贬低、打压别人，只有让对方难堪、认输才能感到满足。这都是内心极为匮乏与自卑导致的，充满负能量。另一个表现是PUA，因为嫉恨而想要控制对方，感到对方如果与别人走近就会对自己有威胁。嫉恨之人还容易过度敏感，觉得别人说的话是在贬低自己。

比嫉恨弱一点的是嫉妒，这种心理更为普遍，所谓的"羡慕嫉妒恨"，轻微的嫉妒是没有什么危害的，通常可以自我调节或将嫉妒变成奋斗的动力。阿德勒说：

> 目标太远大的人必定会有某种程度的自卑情结，因为其目标与现实之间一定会存在一道界限，完全无法消除。他平时的行为与人生的态度，会深受这种自卑情结的压抑，他将因此丧失信心，自我评价过低，并对生活极度不满。反过来，这些又将拉开他心目中自己跟目标之间的距离。他由此开始为他人取得的成功费尽思量，终日思考他人对自己的评价如何……[1]

越有野心、越有目标，可能越容易嫉妒，因为总处在与人竞争的状态，总是盯着比自己优秀的人看，严重的会变成"攻击型人格"的人。本来已经很优秀了，但与更优秀的人比瞬间

---

[1] ［奥］阿尔弗雷德·阿德勒著，张晓晨译：《洞察人性》，第212页。

就自卑了。他们只能接受别人比自己差，无法接受别人比自己好。有自卑情结的人是可怜的，因为对自己不满意，心量狭小，内心痛苦，见不得别人好。别人的优秀明明与他们无关，他们心里也会如同刀割。不只同学之间，恋人、爱人之间如果有一方自卑，他们的爱情同样是痛苦的。这样的人无法建立起自信，会攻击对方。阿德勒说：

> 从人的表情中，我们也许能直接看出其心中有没有嫉妒。嫉妒的生理学原理在平时的很多用词中得到了生动的展现。例如说人因为嫉妒面色会发黑或发白，这展现了嫉妒会作用于血液循环的原理，即嫉妒会引发生理反应，导致毛细血管收缩。[①]

嫉妒的人面色会发黑或发白，是血液循环有问题造成的，这样的人气血不通，内心郁结，所以面色上也不自然。一个嫉妒的人很少会有灿烂的笑容，而常常是紧张、焦虑的，眉宇间杀气腾腾，五官可能会越长越紧凑。这样的人给人不敢靠近或一触即发的感觉。总之，负能量的人在身体的气场上一定会表现出来，一定能被感觉出来。克服嫉妒，克服自卑，建立自信对每个人都非常重要。人格不健全的人一定不会有好的爱情。

站在教育的立场上，我们不能铲除嫉妒，就应极力指

[①] [奥] 阿尔弗雷德·阿德勒著，张晓晨译：《洞察人性》，第214页。

引其朝能创造价值的方向发展,这是我们对嫉妒唯一的处理方式。为此应为嫉妒找到一种途径,能发挥其积极作用,又不给心灵带来过多刺激。此举能让个人、集体都获益非凡。①

不仅个人之间,家族、公司甚至国家之间都有可能在竞争中产生嫉妒。作为个人,如果被嫉妒心驱使,不能通过自我教育主动去克服,就会一直生活在痛苦中,给自己和别人造成伤害。因为嫉妒而发生的悲剧太多了,古今中外都不例外。

关于人性中的嫉妒,最有代表性的是古希腊悲剧作家欧里庇德斯的《米蒂亚》。主人公米蒂亚因为丈夫的背叛、对丈夫的情人的嫉妒,不仅在丈夫的婚礼上杀死了他的情人,而且杀害了他们共同孕育的两个孩子,让她丈夫亲眼看着自己爱的女人与孩子死亡,以此来惩罚与报复他。这部剧中爱情、亲情与权力之间的复杂矛盾相交织,一方面暴露了古希腊的城邦制度、婚姻制度以及男权制度的缺陷;另一方面也揭示了人性本身的悲剧:当爱欲被推到了极端而瞬间落空时,亲子关系也随之毁灭。这一古希腊的人伦悲剧不仅具有重要的历史意义和中西文化比较的参考价值,而且对今天如何处理爱情中的问题也有诸多启发。

---

① [奥] 阿尔弗雷德·阿德勒著,张晓晨译:《洞察人性》,第214页。

从这个反面的例子可以看到，这样的爱情不仅无法相互滋养，而且会带来巨大的仇恨。放下嫉妒，就是放下极端的自我中心与自恋人格。爱情中不应该有攻击性，爱情的双方应该是相互付出，彼此成就。爱情需要相互让渡，相互牺牲，相互让步，是两个完全"异质"的人之间的共舞，是对有限生命最好的诠释。这也是法国著名小说家布朗肖的很多小说所表达的。他的《死刑判决》的译者汪海说："在'我'与他者的共通之中，爱又一次赶到了死亡的前面，不是因为爱消除了死亡，而是因为爱越过了死亡划出的界限。永远无法终结的除了死亡，还有书写与爱情。"[1] 爱情也是一种"书写"，爱情在"书写"中活着，爱情是一种书写，书写是一种爱情。没有这些情书和爱情故事被书写下来，我们人类也许早已忘了什么是"爱情"。爱情与书写都是通过"他者"达到对自我的实现，两个人的"共舞"从根本上说是面对"死亡"的方式，在精神与情感上可以与爱的人"共在"。

韩炳哲则进一步论述了"异质化"对于爱情的意义，他赞成巴迪欧的"爱是双人舞"的观点。韩炳哲强调纯粹的爱是对"他者"的经验，需要从自恋的状态过渡到对"他者"的理解、容纳，才谈得上爱情。巴迪欧为《爱欲之死》作序说："这本书

---

[1] ［法］莫里斯·布朗肖著，汪海译：《死刑判决》，南京：南京大学出版社，2014，译者序，第25页。

毫无保留地展示了纯粹之爱的最基本条件：它要求一个人有勇气消除自我，以便能够发现他者的存在。"[1] 但现实世界越来越"同质化"，人与人之间没有惊奇，也没有对对方真正的关注，爱情很难在这样的土壤中产生。爱情需要完全不同的"异质"之间的碰撞与相互让渡，但一方面一切变得扁平与"平滑"，世界越来越同质；另一方面，人越来越自恋，走向"他者"很难。巴迪欧认为韩炳哲精确、有力地解读了他的"爱是双人舞"，只有这样的爱情才能给人带来思考力。

---

[1] ［德］韩炳哲著，宋娀译：《爱欲之死》，序，第2页。

第二十三讲　李银河与王小波：爱你就像爱生命

滋养之爱的代表作品与案例很多。这一讲以李银河与王小波的爱情为例，来分享这种人格美好、精神对等、互相滋养的爱情。王小波是著名的作家、"浪漫骑士"；李银河是优秀的学者，在婚恋方面有很多的作品。这里以他们合著的《爱你就像爱生命》为主来分享。这本书是二人书信的合集，我们可以从中看到他们的爱情、爱情观、婚姻理念，非常生动、鲜活。他们的爱情彼此滋养，互相促进。

王小波给李银河的信中说：

我总以为，有过雨果的博爱、萧伯纳的智慧，罗曼·罗兰又把什么是美说得那么清楚，人无论如何也不应该再是愚昧的了。肉麻的东西无论如何也不应该被赞美了。人们没有一点深沉的智慧,无论如何也不成了。你相信吗?什么样的灵魂就要什么样的养料。①

王小波读到美好的东西就会信,会被感动,分享给李银河,内心非常纯净。爱情是建立在对"博爱、智慧、美"的认识与追求上的,什么样的灵魂就要用什么样的养料来供养,他们的爱是建立在灵魂的相通之上的。读伟大的作品并且按照自己所受到的美的熏陶去生活,爱情才可能在他们两个人之间发生。王小波说:"我写一个女孩爱上一个男孩子之后想到:'我要和他一起深入这个天地,一去再也不回来……我觉得爱情里有无限多的喜悦,它使人在生命的道路上步伐坚定。'"② 这就是爱上一个人的感觉,感到爱是无限宽广与博大的,感到自己身上被调动起无限美好的能量,感觉两个人成了一个小世界,彼此感到充足。因为两人的喜悦是充分的,让他们感觉不需要依靠别人获得喜悦与幸福。相爱的感觉是彼此感到"步伐坚定",对当下、未来都是笃定的。这就是彼此的灵魂被看见所带来的力量感、方向感与满足感。

李银河说:"我们不要大人,你的父母和我的父母,不论现在和将来,让我们把他们抛开,我们只是两个人,不是两家人,

---

① 王小波、李银河著:《爱你就像爱生命》,长沙:湖南文艺出版社,2017,第8页。
② 同上,第75页。

我们是两个在宇宙中游荡的灵魂,我们不愿孤独,走到一起来,别人与我们无关,好吗?"① 今天经常看到关于"爱情是两个人的事,还是两家子的事"的讨论,这是个老生常谈的问题。李银河的爱情观非常明确,爱情是两个人的事,不是两个家庭的事。他们的婚姻也首先是两个人的婚姻。我认为如果两个人足够相爱,足够成熟,自然能处理好两个家庭的关系。人首先过的是自己的日子,其次是与爱人过日子,再其次是和孩子过日子,这些是更根本的。两个人的爱情一定不能让"七大姑八大姨"参与进来,父母的意见可以聆听、参考,但如何相爱,如何生活,都是双方的事。爱情是爱情,亲情是亲情。爱情的选择一定要自己做,哪怕未来不一定是好的,爱情不一定是长久的,也没有遗憾。

也有很多人认为,不被父母祝福的爱情或婚姻不会幸福。我认为爱情与婚姻是否幸福,取决于这两个人的感情、素养、成熟度、人品、性格、经济能力、精神纯度等,如果两人是幸福的,父母即使在他们最初选择对方的时候是反对的,但看到他们过得幸福也会祝福。当然,有的父母无论你们过得什么样,他们都看不上,那是他们的"成见""偏见""偏好"造成的,自己的爱情与婚姻自己做主就好。避免正面冲突,过好自己的

---

① 王小波、李银河著:《爱你就像爱生命》,第136页。

小家庭生活。好的爱情，双方也会想办法去协调他们与双方父母的关系。不被父母祝福的爱情与婚姻为什么会出现很多困难？比如一方父母对另一方不满意，导致另一方自卑，也就是"凤凰男"的问题，在女性越来越强大的今天很常见。如果作为强势的一方不能捍卫这段感情，就很容易被父母"摧毁"，得自己爱得坚定才行。作为弱势的一方不能自卑，不能因为被对方父母不待见就迁怒于伴侣。人很容易因被对方父母否定而受到伤害，增加压力，拼命证明自己。这种"不平等"会影响夫妻的关系。

爱情是两个相爱的人之间的情感流动，需要双方共同浇灌。相互滋养的爱情会生出源源不断的能量来应对外界的声音，像李银河这样，她不会在乎外在的声音。李银河认为爱情在人生中占有无比重要的位置，她说："有的人，是无价之宝。我是多么感动呵。对了，我常常这样想，谁把我放在心里的这种位置上，我才能把自己的一切给他。不能给一个不咸不淡的人，不能给一个不冷不热的人，不能给一个不死不活的人，因为他不配，他根本不配。我要爱，就要爱得热烈，爱得甜蜜，爱得永远不够。"[1] 爱情的热烈与纯度都是对等的，对方不能回应自己的热烈，爱就没有意义了。"不咸不淡、不冷不热、不死不活"的何止是爱情中不能被激活的那些人，在日常生活中，很多人

---

[1] 王小波、李银河著：《爱你就像爱生命》，第155页。

第二十三讲 李银河与王小波：爱你就像爱生命

也渐渐活成了这样，按部就班、被制度与体制驯化、别人怎么活自己就怎么活，随大流、不用思考、生活没有风险、价值观不被质疑，这样的人生平稳而安全。

在李银河的眼里，王小波就是"无价之宝"。他单纯、善良、才华横溢，重要的是他爱她，他想起她的时候，"这张丑脸"也会笑开了花，一切都变得美好起来。他们在精神上相爱，从而让肉体也变得更加美好。他们爱得热烈，爱，就像模像样地爱。"不冷不热"其实是今天很多人的恋爱状态，在一起和不在一起没有太大的区别，分不分手都行，没有动力结婚。也许是因为他们还没有遇见那个真正对的人，但又到了谈婚论嫁的年龄，就先找个人谈一谈。也许是因为内心不够强大，爱的勇气不够，无法像李银河与王小波这样把自己的一切都交给对方。李银河说：

> 最可怜的人是从来不知道爱的存在的人。他们像小动物一样懵懵懂懂度过一生，只是一个生物性的存在、肉体的存在，而不是一个精神的存在……第二可怜的人是不会爱的人。他们知道爱是美好的，是值得追求的，但是他们没有爱的能力，不知怎样才能去爱一个人，去得到一个人的爱。[1]

---

[1] 李银河著：《一生所寻不过爱与自由》，第98页。

人与动物间的区别很小，吃喝拉撒睡、生存、繁衍后代……都与动物相似。不同的是大脑，人的大脑更有智慧，更有情感，会发明文字，创造文明，有更高的追求。我们在自然性之外还有超越性，这就是通过精神、情感所建构出的生命意义，从两个人到一个家庭到整个社会，能建构群体性的文化与秩序。"滋养之爱"的内核是精神，是情感，而不是生存。它是美好的，也是高峰体验。如果一生对爱无感，害怕去爱，就会错过这样一种美好的体验与自我丰富、自我成长的机会。爱情可以到达忘我的境界，带来极大的意义感的满足。李银河说：

> 如果你一辈子没有经历过爱情，这一辈子没有一个人真正地爱过你，你也没有真正地去爱过一个人，回首一生，你会觉得很痛苦，很空虚，很遗憾，很失落。你所得到的那些钱、权、名，都是身外之物，你没有得到真正的快乐。①

对功利化的社会来说，爱情是少有的非功利的东西。为我们的心灵留出一块栖息之地、纯净之地、自由之地，这是有必要的。它不仅丰富了生命经验，带来自我价值的实现与归属感，而且可以超越名利心，带来一段安静踏实的人生旅程。他们俩就是如李银河所说的，两个相爱的人守着一个糖罐，看看这糖

---

① 李银河著：《李银河说爱情》，第2页。

罐里的糖有多甜。功名利禄都是身外之物，人在临终的时候，在意的可能不是卡里有多少钱，而是因为有爱、有美好、有爱人与亲人的守护而觉得这一生无憾，可以坦然地面对死亡。

滋养之爱是一种韩炳哲意义上的"异质共舞"的爱情，是这九种爱情中最难得的一种，是赤诚、敞开、对等、无私的爱，也是超越"颜值"的爱。因为外表、财富、资本、权力而走到一起的人，各怀野心，各取所需，很难有一颗单纯的心去尝一尝爱情有多甜。王小波也是我非常喜欢的作家，1997年因病离世，年仅45岁。王小波在生前的采访中说："生活有很多虚伪的东西，像是洋葱，我剥到现在还没有剥到心。"他生前崇尚个人主义、自由主义精神，相信个人的尊严，时刻对被"控制"保持警惕，他看到了很多人自愿被"控制"、非常胆小，但他始终坚持自己的风格。他们的爱情彰显的是他们对自由与真理的追求，对单纯与美好的守护。我想这才是他们的爱情留给后人慢慢品味的东西。他们在爱着的时候是甜蜜的、自由的，并且尽可能自由地活着，把自由的思想传播开去。李银河后来与"大侠"组成了家庭。爱过的人不可替代，但爱情还可以通过另一个人继续……

第五篇 精神之爱

第二十四讲　柏拉图式恋爱

精神之爱是指古希腊的"柏拉图式恋爱",广泛的意义上,也可以指一切更注重精神的爱情。在古希腊"精神恋爱"主要是同性之恋。精神之恋有两种:一种是纯精神的,没有肉体关系;另一种是包括肉体关系的,只是更重视精神。古希腊的精神之恋并不排斥肉体,只是更注重对真理或理念的追求。我们先回溯到古希腊,看看柏拉图式恋爱以及古希腊同性恋的情况。

柏拉图的核心概念是"理念","理念"是在探讨"正义"的过程中得出的,它与"理想城邦"的观念联系在一起。个人灵魂达到至善,具有"正义",才能建立理想的城邦。柏拉图在《理想国》中提出,人是可以不断接近善的,这也是最高的理念的显现过程。形而上的"善"是可以在个体的德性中实现的，"善"是一个要求被实现出来的理念。柏拉图将它的实现寄托于个人德性的完善，但对现实中人的德性所能达到的完善程度表示怀疑。

柏拉图的观点与《理想国》中记载的苏格拉底的观点一致，认为具体事物"分享"最高的"理念"。"理念"先于具体事物而存在，是永恒不变的。为什么会产生这样的论断呢？苏格拉底认为，具体事物是不断变化的、难以把握的、会消亡的，因而微不足道。巴门尼德则认为，苏格拉底无法解释极端相反的"相"是如何结合的，又怎么能被同一事物分享。于是，巴门尼德问苏格拉底："头发、污泥、秽物中有'相'吗？"苏格拉底回答说："决不，那些存在如果有相，太荒诞了。然而这在过去已使我不安：或者关于一切是同样的情形。后来当我刚一停留在这上，我即逃跑，恐怕坠入愚昧的深渊，毁灭了我自己。我却逃到那里，到我们刚讲的有'相'的事物里，我消费我的时间研究这些。"[①] 可见，少年苏格拉底是出于逃避变化才选择"理念"这一概念。少年苏格拉底否定具体之物有"相"的理由是不充分的。他在面对变化时显示出了自己的担忧。

巴门尼德这样反驳"少年苏格拉底"："因为你年轻，哲

---

① ［古希腊］柏拉图著，陈康注：《巴曼尼德斯篇》，台北：问学出版社，1979，第49页。

学尚未紧抓着你,像他——如我所见——仍要在将来紧抓着你的,那时你将不轻视它们中间的任何一个了,现在因为你的年龄顾虑人们的意见。"[1] 这一反驳非常有意味,让"理念"概念存在的合理性遭到质疑,从柏拉图提出这一概念起,它的根基就是不牢固的。它也反映了柏拉图的"相"思维与中国古代重视"变化"的思维之不同。如果道是"共相"的话,道就不是遍在的了,它只能在好的事物中而不能在坏的事物中存在。

那么,在爱情中追求的理念、真理也不是"实际的存在",而是在"美"中呈现出来的。爱情追求的是"美"的理念,是对美本身的追求,一个人漂亮的外表不是美本身,但是美的理念会在人身上显现。柏拉图在《斐德若篇》中认为普通的、单调的、日常的物理是片面的美,这些对象"享有"了美,但不是美本身。美本身是美的理念。理念需要灵魂来领会。他相信当死亡到来,肉体和心灵的最终分离时,他的灵魂会飞升到理念这一神圣之域。理念是绝对的,永恒的,永远不会改变的。

柏拉图奠定了理念与现象界的二分,也同时奠定了灵魂与肉体的二分。美谢利·卡根说:"因为它设定人有两种基本的组

---

[1] [古希腊] 柏拉图著,陈康注:《巴曼尼德斯篇》,第49页。

成部分,即肉体和灵魂……灵魂是一种非物质的、非肉体的东西,它跟肉体相反。肉体是物质实体,灵魂是非物质实体。"①所以,爱情是个很复杂的现象,如何才能超越肉体抵达灵魂对美的洞察,这是个问题。谢利·卡根说:"我们都知道人们会坠入爱河,但假定物理主义者解释不了这一点,而设定灵魂的存在我们就能解释它。"② 单用物理意义上的磁场或某种激素是无法解释爱情的。灵魂的爱不仅存在,而且是不朽的。《斐德若篇》说:

> 有爱情的人们一旦他们的欲望满足了,对于所施与的恩惠就觉得追悔;至于我们没有爱情的人们却不然,我们不会有追悔的时候,因为我们施与恩惠,不是受情欲的驱遣,而是自由自愿的,顾到自己的地位能力,也顾到自己的利益。其次,有爱情的人们要计算为了爱情在自己事业上所受的损失,要计算对爱人所施与的恩惠,又要计算他所费的心力。③

这里的"有爱情"是说世俗意义上的基于肉欲的爱情。他认为,如果只是受"情欲"支配的爱,那是计较的、计算的、

---

① [美]谢利·卡根著,贝小戎、蔡健仪、庞洋译:《死亡哲学:耶鲁大学第一公开课》,北京:北京联合出版公司,2016,第13页。
② 同上,第29页。
③ [古希腊]柏拉图著,朱光潜译:《斐德若篇》,第9页。

狭隘的、情绪化的,不如没有爱情的人更博大、自由,更能投入到事业与对他人的非肉体的关系中,比如追求真理。柏拉图式之爱与我们平常说的"爱情"不同的。它首先要求理性对欲望的节制,节制是一种美德,是接近更高层次的灵魂之爱所必备的。柏拉图认为人本来都是见过"真理的灵魂"的,需要通过回忆重新发现它。苏格拉底说:

> 这原因在人类理智须按照所谓"理式"去运用,从杂多的感觉出发,借思维反省,把它们统摄成为整一的道理。这种反省作用是一种回忆,回忆到灵魂随神周游,凭高俯视我们凡人所认为真实存在的东西,举头望见永恒本体境界那时候所见到的一切。①

这种对本体、理念、灵魂的回忆才能算得上是"美","美"被看见就是"爱",这是真正意义上的爱情。苏格拉底说:"假如理智对她自己和其他可爱的真实体也一样能产生明朗的如期本然的影像,让眼睛看得见,她就会引起不可思议的爱了。但是并不如此,只有美才赋有一种能力,使她显得最出色而且最可爱。"② 所以当一个人所爱对象的美被看到时,人首先感受到的是表象的美的吸引,然后从"灵魂"中唤起"美"

---

① [古希腊]柏拉图著,朱光潜译:《斐德若篇》,第33页。
② 同上,第35页。

的理念，爱情就出现了，而绝不是皮相之爱、肌肤之亲、肉欲之诱。这样，人才能摆脱因被肉欲的爱情带入世俗而败坏了灵魂。

我的美好的少年，有爱情的人的友谊就能给你这样伟大的神仙福分！但是如果和没有爱情的人来往，双方的关系就混杂着尘世的小心谨慎和尘世的寒酸打算，结果就不免在爱人的灵魂里养成俗人认作品德的庸陋，注定要在地面和地下滚来滚去，滚过九千年，而且常在愚昧状态里滚。①

这比较像对人的爱与对佛的爱的不同，对人的爱是在红尘中打转，无非就是爱来爱去、恨来恨去、分分合合、争风吃醋……有数不清的麻烦事，却总有无数人趋之若鹜。美本身需要灵魂来领会。所以，"柏拉图式恋爱"的本质是精神之爱、灵魂之爱。但是属灵的爱与肉欲的性之间的张力如何解决？柏拉图将肉欲看作是低级的，是我们与动物共有的身体的肉欲，它与爱之间的联系是偶然的，要超越肉欲才能获得真理意义上的爱。但是又认为性爱源于对另一个人美貌的感知，灵魂正是以外表形式从感官上向我们展示的。性只是起到吸引的作用，要净化到更高的程度才行。那么，到底如何安放人的肉欲或

---

① ［古希腊］柏拉图著，朱光潜译：《斐德若篇》，第43页。

性爱？

英国哲学家罗杰·斯克鲁顿引用了休谟的观点说："产生于美的愉快的感觉，因繁殖需要产生的身体肉欲，以及慷慨的仁慈或善意是可以融合到一起的。"① 美、性与善是糅合在一起的。我认为他是从道德的角度来说的，当精神与肉体二分，爱欲与性欲二分的时候，"性"在何种意义是道德的？他说："我们必须证明欲望就其本身并依据其性质，能够成为爱的表达形式，而且爱也受那种表达方式的调节。只有那样，我们才能对性爱进行描述。没有那样的描述，我们就会进一步远离性道德。"② 把性纳入爱情的范畴才是道德的，所以他认为性道德的原则是由爱的需要决定的。

"柏拉图式恋爱"首先是指同性恋。汪民安说："同性之爱不能生育——它看起来同永生无关。但是，同性之爱，尤其是年老男人和年少男孩之间的爱情在古希腊非常受推崇，也非常流行。在某种意义上，它甚至高于异性之爱……对苏格拉底来说，同性之爱促成了另外的不朽：灵魂的不朽。"③ 在同性之爱中，男同性恋是古希腊社会中更为"时尚"的爱，它流行在悠闲的贵族阶级和富有的公民中间。女同性恋现象在累斯博斯岛

---

① ［英］罗杰·斯克鲁顿著，朱云译：《性欲：哲学研究》，南京：南京大学出版社，2016，第264页。
② 同上，第266页。
③ 汪民安著：《论爱欲》，第10-11页。

比较普遍，这儿也是诗人萨福的故乡。中国学者对同性恋的研究也有很多，但对于同性恋的成因并无定论。有人认为是先天的，如基因遗传、激素水平，但都未完全得到证实；有人认为是后天的，如原生家庭中父爱或母爱的缺席，有过与异性相关的恐怖经历，父亲懦弱而母亲专横，不愉快的异性之间的性经历，特殊单一性别的环境的影响，童年期就开始的性别认同错误，性心理在某个阶段遭到抑制，等等，但都不必然会导致同性恋。

从道家的视角来说，同性恋是大自然中的一种独特的现象。植物中也有同性繁殖、同亲繁殖的现象，就是自己给自己授粉（自花传粉），如豌豆、花生等植物的花尚未开放时，花蕾中成熟的花粉粒就直接在花粉囊中萌发形成花粉管，把精子送入胚囊中受精，即"闭花受精"[①]。它们利用自身现有的条件完成传承。自花传粉受精率大，不需要这样心思那样策略，但不利于维持后代的生活竞争力，因为它们的遗传性是一样的，自我复制，这会使后代环境适应能力弱化，容易被大自然淘汰。但豌豆和花生不存在这样的问题，人类就是它们最好的传播者。"异花授粉"是把花粉传到另一棵植物的柱头或胚珠上。这是自然的普遍授粉规则，是自然选择的结果，因为它有促进物种改进、

---

① 张家荣著：《植物的游戏》，北京：电子工业出版社，2013，第144页。

增强生存能力的优势。

同性恋在许多灵长类动物中也存在，如猕猴、狒狒、黑猩猩等。但不少的同性性行为主要内容不在性，而在于以这种动作表示自身对这个对象的统治地位，或者是以同对象加强联系为目的。[①] 中科院动物所的研究团队在小鼠身上率先获得了与正常小鼠无异的孤雌生殖小鼠，同时首次看到了孤雄小鼠能存活至出生后 48 小时。不过，与孤雌生殖对应的孤雄生殖则极其罕见，迄今人们只在一种斑马鱼中发现了孤雄生殖。

同性恋在今天的情况比古希腊时期要复杂得多，他们可能更多地从注重精神转向了注重肉体。同性恋在很多国家都是不合法的，所以这个群体的情感生活很难"见光"，如一个同性恋者说的，他们不是花儿，不是草，只能像青苔一样默默地生长，但他们也想像花儿一样灿烂。

张祥龙先生指出，"如果能在这有性世界中，就以有性的阴阳变易的思路来看待同性恋，则会持有保留的宽容态度"[②]。站在儒家的角度，夫妇结合要不断生养后嗣，这是"礼"之本，所以，他认为儒家不会赞同同性恋婚姻的合法化。道家主张自然，"阴阳和合"，生育后代是自然的一部分，或者说是人的本

[①] 参见李银河、王小波著：《他们的世界：中国男同性恋群落透视》，太原：山西人民出版社，1992。

[②] 张祥龙：《家与孝：从现象学视野看》，见《张祥龙文集：第13卷》，北京：商务印书馆，2022，第361页。

能，老子、庄子本人都有家室、有子嗣并且传了很多代。道家肯定会尊重同性恋的选择，也不会反对同性恋婚姻的合法化，但道家会认为不生育是不自然的。道家无分别心，所谓"恢恑憰怪，道通为一"（《庄子·齐物论》），只要是真心相爱，从情感的角度来看，同性恋还是异性恋没有本质的区别。

第二十五讲　茨维塔耶娃：抒情诗的呼吸

在古希腊，柏拉图的精神之爱主要是灵魂之爱，爱情的内核是对真理的追求。在现代，精神之爱同样意味着重点是精神的契合，性不是两个人相爱的必要条件，也不是充分条件。精神之爱似乎更容易发生在诗人或注重精神的人之间，因为他们容易将对方精神化。《抒情诗的呼吸》是里尔克、茨维塔耶娃、帕斯捷尔纳克1926年的通信集，记录了三个伟大的诗人之间的精神交流，关于诗歌、爱情、政治等，由于篇幅所限，这里只能分析茨维塔耶娃与里尔克的这条情感主线。

里尔克曾说他的诗集就是他的"坦白"，他的一生就是"一场漫长的康复"，孤独是他一直经历的生活。这孤独与他的爱情体验分不开。他一生中有两段特别重要的爱情，一段是1897年与露·莎乐美的"姐弟恋"。莎乐美是个非常独特、强大的人,她不仅拒绝了尼采,也主动提出了与里尔克分手,让年轻的里尔克去追求更多、体验更多,她给了里尔克非常多的帮助,但她知道自己不可能做里尔克的恋人兼妈妈、妻子、秘书,也不想耽误里尔克去经历更多,因而主动提出与里尔克分手。里尔克为此很伤心,很快就找到一个人结婚、生女,很快又离婚了①;另一段是与茨维塔耶娃的非常短暂但厚重的精神之恋。

茨维塔耶娃比里尔克小17岁,在音乐与博物馆中度过童年,在父母的艺术熏陶下成为诗人,被布罗茨基称为"二十世纪第一诗人"。她出生于莫斯科,20岁嫁给了一名民粹派分子的后代——谢尔盖·艾伏隆。后丈夫被捕,茨维塔耶娃贫困交加,养活不了孩子,最后自杀,她的女儿后来整理了她的很多遗著。茨维塔耶娃一生作为独立的女诗人,在恶劣的政治环境下备受打击,生存困难。她与里尔克在1926年持续不断地通信,两人在心灵方面产生巨大的共鸣,互相给予诗歌上的鼓励和精神上的支持。在这场精神恋爱中,茨维塔耶娃究竟如何看待精神与肉体的关系?灵与肉之间有着怎样的张力?

茨维塔耶娃在致里尔克的信中认为,爱情仇恨诗人,它不希望被崇高化,崇高就是灵魂,而灵魂开始之处,也就是肉体

---

① 详请参见:[俄]露·莎乐美原著,黄宏译著:《男人的天使,自己的上帝》,武汉:长江文艺出版社,2012。

第二十五讲 茨维塔耶娃：抒情诗的呼吸

结束之时。灵魂与肉体的张力可见一斑，甚至可以说是排斥的。诗是附在诗人身上的灵魂，是精神的凝聚，它很容易被崇高化，诗人也因此会被对方精神化，这种精神化的人是完美的。普通人会因为肉体而相爱，灵魂却只能被歌颂。我们通俗地讲，一个人可以经由你的外表而爱上你的灵魂，但有多少人会因为你的灵魂而爱上你的肉体？茨维塔耶娃感慨的不是灵魂对肉体的排斥，而是为灵魂所受的苦难鲜有人理解。诗人一生反对集权，坚持自己独立的主张，追求自由的精神，很多同时代的诗人都因此被流放西伯利亚。茨维塔耶娃在贫病交加中，没有讨好当权者，没有出卖灵魂，直到生命最后一刻。对于这种精神，诗人之间是深深理解的。

肉体的欲望也是人的原始特征与本能的保持，肉体也是充满局限、残缺、不完美的，肉体是个粗糙而尴尬的存在，但伺候它就要耗去人生大半的时间。但在爱情上，有时候肉欲越自然、原始，反而越能带来性的快乐与生命的激情，爱与性不是一回事。灵魂是纯粹精神的存在，它过滤掉了现实中的很多琐碎、丑陋与缺陷，所以纯粹的精神恋爱会让很多人迷恋，有距离，把对方想象得太完美，沉浸在双方用文字或诗歌、艺术构造的灵的世界，这个世界是自由的、纯粹的、美好的、没有冲突的，它同样也是真实的，是能给双方带来归属感的。

当爱情活在文字里，活在诗歌里时，精神就成了爱情中最重要的东西。它渴望肉体又排斥肉体的存在。1926年的里尔克已经50岁，在瑞士一个偏僻的小城堡穆佐（Muzot）疗养，先是认识了帕斯捷尔纳克，帕斯捷尔纳克又介绍了茨维塔耶娃给他。这一年春天，茨维塔耶娃收到了里尔克的新年礼物——新作《杜伊诺哀歌》和《献给俄耳甫斯的十四行诗》，读完非常震撼，开始了澎湃的精神恋爱。但是，当茨维塔耶娃爱上一个人时，她总是想让他离开，以便去思念他。这是精神恋爱的一个重要特征。他们不想得到或不想很快得到对方的肉体，任凭精神吸引他们不停地走近对方。他们对彼此的内心已经了如指掌，却对肉体充满畏惧。他们保持距离，为了让对方成为自己纯粹的思念。这里面有最大的激情，也有最高的理性。

茨维塔耶娃在8月22给里尔克的信中说："我不是靠自己的嘴活着的，吻了我的人将错过我。"[①] 诗人不是靠欲望活着的，更不是靠肉体与长相赢得别人的爱的。爱情是精神的共鸣，从来都不是对肉体的占有，因为对肉体的占有是互相占有，而且对肉体的占有太容易了，爱却很难，所以爱一定是超越身体的欲望的，这是对对方的珍视，珍视到不忍心去触碰。这种精神的支撑是爱，它的力量足以照亮人生中的至暗。

---

① ［俄］鲍·列·帕斯捷尔纳克、［俄］玛·伊·茨维塔耶娃、［奥］莱·马·里尔克著，刘文飞译：《抒情诗的呼吸：一九二六年书信》，上海：上海译文出版社，2011，第310页。

第二十五讲 茨维塔耶娃：抒情诗的呼吸

茨维塔耶娃在致里尔克的信中说："亲爱的，你让我常常梦见你吧，——不，不对：请你活在我的梦中吧。"她希望对方活在她的精神中，而不是肉体中，就如同活在梦中。她说："纯粹人性地和非常谦逊地写道：作为人的里尔克。写完这一句，我就被绊住了。我爱的是一个诗人，而不是一个人。"[①] 这是她的清醒，如果没有诗，不写诗的里尔克即使出现在她的生命中，她也不会爱上他。但在现实中认清这一点并接受这一点是很难的，尤其在我们年轻的时候，可能很难弄清楚自己爱的是诗，还是这个人；如果一个人去掉了身上的精神光芒，我们还会不会爱。

茨维塔耶娃说，她什么也不想要，不想从对方身上得到任何东西，只是想在里尔克的身边睡一觉。这是一种想要靠近又不能靠近的张力，是希望与绝望之间的徘徊，是完全将自己融入"他者"的存在。这样的爱完全是非对象化的，文字、诗也只是个承载精神的依托。精神是实在的吗？也不是。精神是更高的普遍的存在，是"诗"的精神，不是"诗人"的精神，是普遍的"真理"，不是"诗人"的真理。"在你之中，我不存在"，这是一种在精神光芒下的沦陷，是被强大、刺眼的光芒遮住的感觉，但这种强大、刺眼的光芒只有真正读懂对方、懂得

---

① ［俄］鲍·列·帕斯捷尔纳克、［俄］玛·伊·茨维塔耶娃、［奥］莱·马·里尔克著，刘文飞译：《抒情诗的呼吸：一九二六年书信》，第122页。

精神的普遍性的人才能感受到。

茨维塔耶娃说:"昨天傍晚我走到屋外去收床单,因为快要下雨了。我把全部的风都揽进了自己的怀抱,——不对!是抱住了整个北方。这也就是你。"① 爱一个人就会感觉这个人无所不在,你看书的时候他在字里,你收衣服的时候他在风里。爱一个人的感觉就是全世界都是他,你的脑海中只有他,你没有一个时刻不在想他或想起他,你看书的时候,他从字里行间走来;你打字的时候,他从电脑屏幕上涌来;你散步的时候,他从对面走来。所以,当茨维塔耶娃揽住风的时候,便抱住了里尔克。这就是精神与肉体的不同,精神存在于世界的所有地方,超越时间与空间,它紧紧围绕着你,像你身边的风、雨和阳光,时刻给你呼应,给你力量,它不需要身体的在场。普通的恋爱则必须有身体的在场,一般来说,"由于身体跟所接触的外物必须都具有物的性质,才能互触,在互触当中,身体的知觉作用,使它超越了物的状态,可是身体仍具有物的性质"②。身体的感受可以超越物,但身体本身毕竟是一种物质的构成。

在茨维塔耶娃看来,爱情不是靠肉体,而是靠例外、超脱

---

① [俄]鲍·列·帕斯捷尔纳克、[俄]玛·伊·茨维塔耶娃、[奥]莱·马·里尔克著,刘文飞译:《抒情诗的呼吸:一九二六年书信》,第205页。

② 龚卓军著:《身体部署:梅洛-庞蒂与现象学之后》,武汉:崇文书局,2024,第41页。按:当然,西方身体现象学对"身体"有不同的看法,这里不作讨论。

第二十五讲　茨维塔耶娃：抒情诗的呼吸

而存在。爱情活在语言里，却死在行动中。精神之爱是活在文字中的，无法去"求"，去"表白"，去用任何仪式得到，语言消失，爱情也无处安放。精神是绝对自由的，非对象化的存在才能是自由的。所以"精神之爱"排斥爱与被爱的具体"行动"，尤其是柴米油盐的生活。那精神之爱中有肉体的吸引吗？当然有，精神的光芒必然会吸引两个人近距离地接触、感受，当你靠近对方时，会感觉被对方的光芒吸进去了，这就是精神对肉体的召唤。即便产生性，也是光与光的融合，感受到的更多是精神的融合。

所以茨维塔耶娃说："亲爱的，如果什么时候你真的想了，就给我写信。于是我就会去见你。在哪里见面，怎样见面，何时见面，都随你的意。现在一切都由你来决定。如果你愿意，你也可以……敞开你的双手。我反正都将一样地爱你——不多也不少。"他们见面或不见面没那么重要，不影响爱的深度，精神就在那里，即使双方都死去了，精神依旧在那里，被很多人爱着。肉体的爱是短暂的，精神的爱是永恒的。茨维塔耶娃8月2日致里尔克：

莱内，我想去见你，为了自己，为了你心里的那个新的、只有和你在一起时才可能出现的我自己。还有，莱内，请你别生气，这是我，是我想和你一起睡觉——入睡和睡觉。这个神奇的民间词汇多么深刻，多么准确，其表达没有任何的歧义。单纯地——睡觉。再没有别的什么了。不，还有：把头枕在你的左肩上，并把一只手搁在你的右肩上——然后再没有别的了。①

茨维塔耶娃决定去见里尔克，只是为了纯粹的"睡觉"，民间所表达的"睡觉"，身体离得近一点，睡在一起，如此而已。两个人间会有欲望吗？可能会。但两人会走向性爱吗？可能不会。因为肉体的满足带来的意义太短暂了，它不具有精神的持久性，也不是茨维塔耶娃与里尔克这样的诗人所真正需要的，更何况里尔克正在疗养中做最后的创作。性在精神面前多少显得粗糙，对他们而言并非必要。为什么在现实的爱情与婚姻中，即使性生活正常，也会彼此感到疏远？因为身体的短暂融合并不会促进两个灵魂更加靠近，性爱无法最终战胜孤独。

里尔克答应茨维塔耶娃见面。但是，他们还没来得及见面，茨维塔耶娃就收到了里尔克的死讯。是啊，里尔克的生命怎么会这么短暂呢？1926年12月31日晚上10点，茨维塔耶娃致里尔克的是一封悼亡信，一封里尔克再也看不到的信：

一年是以你的去世作为结束的吗？是结束吗？是开端呀！你自身便是最新的一年。——莱内，我在哭泣。你从

---

① ［俄］鲍·列·帕斯捷尔纳克、［俄］玛·伊·茨维塔耶娃、［奥］莱·马·里尔克著，刘文飞译：《抒情诗的呼吸：一九二六年书信》，第298-299页。

我的眼中涌泄而出！……亲爱的，既然你死了，那就意味着，不再有任何的死……不，你尚未高飞，也未远走，你近在身旁，你的额头就靠在我的肩上。你永远不会走远：永远不会高不可及。①

"我在哭泣。你从我的眼中涌现而出"，她失去了一个精神上可以对话的人，一个互相懂得的人。一年以他的死为结束，将要开启的是新的一年，里尔克的肉体死了，但精神被铸进了时间里，在每一年的最后一天永恒存在。肉体的接触是一种亲密的温暖，他们活着的时候不曾有过，但灵魂中会有更深的印记，茨维塔耶娃把它带到了生命的最后。马克·斯洛泥姆曾在回忆茨维塔耶娃时认为，茨维塔耶娃相信就连整个人类生活都是靠想象驱动的。精神恋爱离不开想象。想象就是这样一种能力，让自己和他人能在精神上最大限度地彼此了解，对方就像另一个自己一样。那些无形的东西虽然如烟如雾，如泡如影，对爱的人来说却清晰可见。精神之恋其实是把人的想象力发挥到了极致：人原来可以靠文字的想象如此真切地爱着。

---

① ［俄］鲍·列·帕斯捷尔纳克、［俄］玛·伊·茨维塔耶娃、［奥］莱·马·里尔克著，刘文飞译：《抒情诗的呼吸：一九二六年书信》，第329-330页。

第二十六讲　先秦与魏晋道家的自然之情

　　人的欲望在道家看来是完全自然的，但道家强调"少私寡欲"，欲望太多会伤身害性，当然对爱情也不利。那么道家用什么去平衡这一点呢？那就是"道"。老子提出"道法自然"，太多的欲望是刺激的结果，不是自然。《老子》第十二章说道："五色""五音""五味"，外在的一切都在刺激人的欲望。人只有在自然的状态下，才谈得上自由，才有可能快乐。人的情感是最自然的，爱一个人是自然的，没有人能勉强。不爱了，也是自然的，是一天一天累积的，不是突然某个时刻就不爱了。爱情最可贵、最珍贵的地方就在于自然，勉强不得。

　　《老子》的身体观是"灵肉合一"的，身体包含着灵魂，不存在二元论的思维。老子说："吾所以有大患者，为吾有身。"

第二十六讲　先秦与魏晋道家的自然之情

（第十三章）我们患得患失，是因为我们有身体，这具身体让我们劳累、担心、忧虑等，身体当然是包括灵魂的。《老子》曰："物壮则老"（第三十章），欲望过度了不好，太过强壮就走向了衰亡。欲望是自然的，不是人为刺激出的，过度的欲望是刺激产生的。适度的情欲才能不伤害自己，也不伤害他人，这才是身心自由。自由不是纵欲，不是滥情，自由的感情是细水长流。这条人生法则当然也适用于情感。道家讲究阴阳和谐，男女是一对阴阳，两性之间的情与爱要互补、和谐，如同大自然的清气、浊气和谐，才能生成万物。这是一种既尊重自然欲望，又主张调节欲望使之优美的智慧。

庄子更是提出了"无情"论，来表达对情感的节制。《庄子·德充符》记载：

> 惠子曰："人而无情，何以谓之人？"
>
> 庄子曰："道与之貌，天与之形，恶得不谓之人？"
>
> 惠子曰："既谓之人，恶得无情？"
>
> 庄子曰："是非吾所谓情也。吾所谓无情者，言人之不以好恶内伤其身，常因自然而不益生也。"

这里的"情"主要是指喜、怒、哀、憎这些情绪与情感。惠子认为人本来就有情感，庄子故意反驳他以便提出更新颖的观点：人本来是无情的，情是人为增加的东西。但"无情"不是没有情感、情绪，而是能控制好，不让情感伤身、伤心。如果情绪与情感过度，就会扰乱心神，伤害五脏。所以，庄子也主张情绪与情感应该节制、和谐，不应过度。从这一思想看爱情的话，庄子也一定会同意在爱情关系中，两性间的情感与情绪也不能过度，更不能极端，它们本是没有的，不是天性中的，只是因与外物有"染"而产生的反应。情都是当下构成出来的，是无常的，既不是先天的，也不是永恒的。所以在爱情中无论是精神之爱，还是肉体之爱，情与性都不能过度。

形、神关系是《德充符》篇的一个重点，"神"是德性的光芒、精神的光芒，它是比肉体更重要的。所以，如果从《庄子》的角度看爱情，精神是比肉体更重要的。他说哀骀它这样的人，虽然很丑陋，但是很多女子宁可嫁给他做妾，也不愿意嫁给别人做妻，因为他能做到"才全"，能"安命"，有精神的光辉。"才全"是洞察生命，与天道合一，不粘不滞，不执不迷的智慧，超越了肉体对人的吸引力。《大宗师》曰："鱼相忘乎江湖，人相忘乎道术。"两条在没有水的车辙里快要渴死的小鱼儿在一块儿，互相靠呼着湿气艰难地活着，这样的存活是极为艰难的，就像恋爱中的两个人，互相依靠对方的爱活着的话，很快就会渴死。

从庄子的这一思想看爱情的话，能长久不干涸的爱情一定不是肉体的爱。一直能相互吸引的也不是颜值。身体会厌倦，颜值会下滑，但精神可以不断地丰富，庄子一定是更注重爱情中的精神层面的。在《庄子》这里，身心是合一的，这是中国

第二十六讲 先秦与魏晋道家的自然之情

哲学的共性,中国哲学中没有真正二元对立的思想,老、庄主张阴阳合一,"道通为一"(《齐物论》),有了这种精神的自由与平等思想作为底色,爱情中的人心胸也就宽广了。

《至乐》篇记载了"鼓盆而歌"的故事,表达了庄子对生死与爱情的超脱。庄子的妻子去世时,他不仅没有哭,还敲着盆唱着歌。庄子一开始并不是没有悲哀的,但是一想,生命本来就是没有的,在混混沌沌中产生,从无到有,再从有到无,从大自然中来,又回到了大自然中,现在只是躺在更大的床上了而已。无论我们多爱一个人,这个人都是暂时性的存在,爱一段,赏一段,处一段,伴一段,最后两个人总要分开,各自面对自己的死亡,这是大自然的规律,有什么可伤心的呢?这也透露出庄子对妻子没什么愧疚,所以才能坦然面对她的死亡,为她歌一曲,作一场特殊的告别。

到了魏晋时期,人们崇尚典雅优美的自然之情,认为人与人的情感是发乎自然的,以魏晋竹林七贤为代表,其中的阮籍、嵇康最得先秦道家的神韵,待人接物真诚、自然,反抗礼教。阮籍、嵇康受到魏初玄风的影响,又都经历了曹魏政局的动荡与变迁,由老学转向庄学、由政治关怀转向个体自由的追求。关于阮籍的真性情,《世说新语》中有很多记载:

> 阮籍嫂尝还家,籍见与别。或讥之,籍曰:"礼岂为我辈设也?"(《世说新语·任诞》)

阮步兵丧母，裴令公往吊之。阮方醉，散发坐床，箕踞不哭。裴至，下席于地，哭，吊唁毕便去。或问裴："凡吊，主人哭，客乃为礼。阮既不哭，君何为哭？"裴曰："阮方外之人，故不崇礼制，我辈俗中人，故以仪轨自居。"（《世说新语·任诞》）

第一则是说阮籍对待嫂子非常自然，每次嫂子回来，走的时候他还依依惜别一下，别人讥笑他，他一语反击："'礼'岂是为我这样的人设置的？"礼是社会的主流价值，是儒家的正统，阮籍此语是在表达反对虚伪之礼，注重自然之情。真性情就是按照内心真实的情感行事。按照"礼"的规范，叔、嫂授受不亲，别说送别，多看几眼、多说几句话都会被人讥笑。但阮籍注重真情，没有非分之想，正大光明，所以可以不顾礼俗。第二则是说他母亲去世的时候，他不在葬礼上大哭，披头散发坐在那儿，坐姿也不雅观，这是表达对"礼"的蔑视。别人问裴徽阮籍何以如此，裴徽说他是"方外人士"，即超越"礼"的人，可见阮籍对自然之情的重视，他非常大胆地将其用行为艺术表现了出来。

阮籍的《通易论》曰："阴阳性生，性故有刚柔；刚柔情生，情故有爱恶。爱恶生得失，得失生悔吝，悔吝著而吉凶见。"[1] 人的情性归根结底是由阴阳产生的，但是性与情的激荡

---

[1] 王晓毅著：《儒释道与魏晋玄学形成》，北京：中华书局，2003，第130-131页。

交加会生出各种利害的冲突，从而有"得失""悔吝""吉凶"的分别。为了防止人之情欲的流荡，他主张用仁义、蓍龟来"定性"和"制情"，调和阴阳，使性情合宜。自然的欲望与情感是遵循"道"的，自然而然符合"乐"的精神，所以有"道"的"欲"是自然、美好的。男女之间重在真情流露，不避嫌，不虚伪，他的故事还有很多。

兵家女有才色，未嫁而死。籍不识其父兄，径往哭之，尽哀而还。（《晋书·阮籍传》）

阮公邻家妇，有美色，当垆酤酒。阮与王安丰（按：王戎）常从妇饮酒，阮醉，便眠其妇侧。夫始殊疑之，伺察，终无他意。（《世说新语·任诞》）

第一则是说有个兵家武将的女儿才貌双全，年纪轻轻就去世了，阮籍并不认识她的父亲与长兄，径直跑去痛哭，尽了哀思才离去。故事短小，但意味无穷，比如阮籍是怎么知道这个女孩子的？这个女孩子的才貌是如何显示出来的？阮籍是从哪儿听说的？为什么她年纪轻轻就去世了，是生病，还是因反抗"父母之命媒妁之言"而郁郁而终？那个时候女孩子的命运是由父权决定的，兄长也在父权之内，因为儿子也要听父亲的。这个女孩子有没有办丧礼？有没有邀请他？他去后别人有什么反应？会有什么猜测和谗言？这一系列的问题，足以编出一部动人的爱情剧。阮籍的情感又显然超越了男女之情，而是对红颜薄命的惋惜。这种情就刚刚好，既深情，又不唐突，既违背礼，又合情合理。

第二则是说他邻居家的妇人长得很美，卖酒为生。阮籍与"竹林七贤"中的另一位名士王戎经常去妇人那里饮酒，醉了就在妇人身旁睡下。刚开始的时候，妇人的丈夫很介意，偷偷观察了一下，发现什么也没发生，阮籍对他妻子根本不感兴趣。这则非常生动的故事也让我们看到了阮籍对男女之情的态度，对男女边界感的看法，只要内心是干净的，没有非分之想，完全不用回避与异性自然的交往与真情的流露。

嵇康在《难自然好学论》中更是提出了"人性以从欲为欢"的自然、自由情欲观。他说："六经以抑引为主，人性以从欲为欢。抑引则违其愿，从欲则得自然。"[1] 他认为儒家的"六经"是压抑人性的，而且会成为人们加官晋爵的工具。人的天性是以顺从自己的欲望为快乐的，遵守"六经"的死规定是违背人的意愿的，而顺从欲望符合人的自然天性，这里当然不包括恶的欲望，而是指真性情。这里所主张的自由的性情当然也包括男女之间的自然情感。

这是道家对自然的人情、人性的重视。灵肉合一、灵肉平衡是先秦与魏晋道家独特的观点。在道家这里，情与欲不是对

---

[1] ［三国魏］嵇康：《难自然好学论》，见戴明扬校注，《嵇康集校注》，北京：中华书局，2014，第 447 - 448 页。

立的，而是相得益彰的。虽然道家没有把爱情作为一个主题来探讨，但从他们的思想中可以看出道家对待男女之情的态度。这种态度是严肃的，又是自然的。情与欲都发乎自然，又能实现内在的平衡，这才是符合"道"的美好情感。

第二十七讲　从苏轼到沈复的古典爱情

道家哲学主张尊重自然的欲望，并且顺乎天道，主张节制但不压抑的情爱。在文学中这样美好的爱情很多，从《诗经》到汉乐府、《西厢记》、《牡丹亭》、《红楼梦》，美好的爱情中都不存在灵肉分离。这一讲我们以苏轼、沈复为例，分析他们的作品与爱情故事，来理解中国式的"精神之爱"。他们注重精神的相通，但也不回避对亲密感的表达。精神相通是内核，夫妻只有首先是知音，才能不沉浸于肉欲。

苏轼的第一段爱情是与妻子王弗。王弗是眉州青神（今眉山市青神县）人，进士王方的女儿，16岁就嫁给了19岁的苏轼。他们算是自由恋爱。因为宋代有"榜下择婿"的风俗，金榜题名后就会有很多王侯将相上门提亲，拒绝肯定不好，苏轼的父亲苏洵便让两个儿子提前选择自己喜欢的人，提前完婚。所以苏轼选择了王弗，两个人郎才女貌，情投意合，婚后生了儿子苏迈。可惜王弗27岁就去世了。她聪慧谦谨，知书达礼，可以说是集传统美德于一身。她刚嫁给苏轼时自称没读过什么书，但是相处久了，每当苏轼读书时，她都陪伴在旁边。苏轼有时候忘了一些内容，王弗还会提醒他。苏轼问她还读过其他什么书，她也只是回答略微知道些。古代崇尚"女子无才便是德"，但才女都是读过书的，只是不彰显自己有学问。王弗在苏轼面前是谦虚，苏轼对王弗是欣赏，这都是精神层次上的。

王弗去世后，苏轼非常悲伤，写下了这首著名的《江城子·乙卯正月二十日夜记梦》：

> 十年生死两茫茫，不思量，自难忘。
>
> 千里孤坟，无处话凄凉。
>
> 纵使相逢应不识，尘满面，鬓如霜。
>
> 夜来幽梦忽还乡，小轩窗，正梳妆。
>
> 相顾无言，惟有泪千行。
>
> 料得年年肠断处，明月夜，短松冈。

这首词虽然没有写她生前的具体的夫妻生活，却让我们完全可以想象出来。"小轩窗，正梳妆"应是妻子活着的时候最平常的生活，此时却像一道一去不复返的光。苏轼一定经常看到这个场景，有时看得出了神，镜子里有知音也有岁月静好，所以在妻子去世后也会梦到，阴阳相隔，那些温馨的日常想来如此心醉又心碎。苏轼渐渐老去，死去的妻子还是年轻时的样子，梦中怕是也不认识自己了，故念之断肠。

苏轼的第二任妻子是王闰之，即他作品中提到的"老妻"，温柔贤淑，同样是与苏轼非常恩爱的女子。王闰之是王弗的堂妹，陪苏轼走过"黄州时期"，颠沛流离，与苏轼育有苏迨、苏过二子。古代女子留下名字的很少，一般称"某氏"，王闰之不仅有名，还有字——季璋，这在当时是很少见的，也足见二人之相爱。苏轼与王闰之同甘共苦的 25 年也是苏轼人生中最动荡的时期，经历了"乌台诗案""被贬黄州"，过着担惊受怕的生活，王闰之从无怨言。苏轼在湖州被缉拿时，王闰之很担心，苏轼便给她讲了"隐者杨朴"的故事，说是宋真宗问杨朴："临行前有人送诗给你吗？"杨朴说，老妻送诗曰："更休落魄耽杯酒，且莫猖狂爱咏诗。今日捉将官里去，这回断送老头皮。"然后，苏轼笑着问老妻："难道你不能作首诗为我送送行吗？"

还有一个故事，说有一天，苏轼很疲惫地回到家，内心烦躁，年仅 4 岁的小儿子苏过见父亲归来便跑过来，牵着苏轼的衣襟要吃的，要喝的。苏轼很生气，劈头盖脸就是一顿训斥。王闰之连忙抱过孩子，良言相劝，苏轼心服口服，羞愧难当，作诗曰：

第二十七讲　从苏轼到沈复的古典爱情

小儿不识愁，起坐牵我衣。

我欲嗔小儿，老妻劝儿痴。

儿痴君更甚，不乐愁何为？

还坐愧此言，洗盏当我前。

大胜刘伶妇，区区为酒钱。①

这些都是极小的生活细节，但活灵活现，如在眼前。苏轼与王闰之这样教育孩子可谓是教科书级的。如果两个人没有对彼此的爱，又怎能让这样一个大文豪反思、羞愧，写诗铭记？这样平凡又温馨的小诗竟然能流传于世，可见历代整理者对这个场景、两个人的感情与相处方式的喜爱，这就是琴瑟和鸣的婚姻生活。一个敢劝，一个能听，这也是精神平等的表现。苏轼由此赞扬妻子的德行比魏晋名士刘伶的妻子还好。这样的赞美也显示了一个大文豪的赤诚与谦逊。

1093年，王闰之在汴京染病而死，年仅45岁。苏轼悲痛地写下《祭亡妻同安郡君文》："孰迎我门，孰馈我田。已矣奈何，泪尽目干。旅殡国门，我实少恩。惟有同穴，尚蹈此言。"② 王闰之将苏轼与前妻的孩子视如己出，陪同苏轼到了南方不毛之地，忍受各种生活的艰辛，对于苏轼来说，今后再也没有能在门口迎接自己回家的人了，也没有人陪自己在天地间耕作了。

---

① 夏葳著：《一蓑烟雨任平生：苏轼传》，北京：现代出版社，2019，第163页。
② 同上，第169页。

生不能继续同室，唯愿死后能一直同墓，两个人情深意切，从悼文中完全能感受到。

苏轼的最后一任爱人是她的侍妾王朝云。王朝云比苏轼小26岁，陪苏轼走过了"惠州时期"，31岁时与苏轼育有一子苏遁。王朝云也是苏轼精神上的知己。有一次，苏轼在饭后散步时问众人："我这肚子里面装的都是什么东西？"王朝云说："学士一肚子不入时宜"。苏轼大笑说："知我者，唯有朝云也。"这种生活的细节也被永远地记下来了。他们夫妻间的日常非常有趣，充满精神的愉悦，是神交夫妻。

他们的小儿无疑给苏轼的羁旅生活增添了新的快乐，孩子三天时苏轼作《洗儿戏作》曰："人皆养子望聪明，我被聪明误一生。唯愿孩儿愚且鲁，无灾无难到公卿。"他深感自己的聪明带来了各种累，有才华，在世间总是难以避免受到伤害，所以希望孩子不要那么聪明，一辈子无灾无难就可以了。但是非常不幸，他们的儿子十个月时因中暑夭折，苏轼作悼儿诗《哭干儿》：

....

归来怀抱空，老泪如泻水。我泪犹可拭，日远当日忘。
母哭不可闻，欲与汝俱亡。故衣尚悬架，涨乳已流床。

....

中年忝闻道，梦幻讲已详。储药如丘山，临病更求方。
仍将恩爱刃，割此衰老肠。知迷欲自反，一恸送余伤。

第二十七讲　从苏轼到沈复的古典爱情

他 49 岁时遭此一劫，极为悲痛。十个月大的儿子已经和自己的眉眼长得有些像了，孩子的离世让他心如刀绞。儿子的衣服还在衣架上，孩子的妈妈还在涨奶，涨奶的感觉无时无刻不在加深妻子对孩子的思念和心疼，作为丈夫的苏轼，如此细腻地共情到妻子的痛苦是比自己多很多倍的……可见两个人感情之深。1101 年，苏轼在北返的途中经过常州，生病去世。可以说，苏轼与他三任妻妾的爱情都是精神至上而又"灵肉合一"的。

清代的沈复与他的妻子陈芸，则是另一个美好爱情的代表案例。沈复是清朝长洲（今苏州）人，他的代表作《浮生六记》被誉为"晚清小红楼梦"。《浮生六记·闺房记乐》记载了很多闺房之事，表达了"欲"之美好，如"合卺后，并肩夜膳，余暗于案下握其腕，暖尖滑腻，胸中不觉怦怦作跳。"[1]两个人新婚之际，一起吃夜宵，他在桌子下握住芸儿的手腕，那种心怦怦跳的感觉一直都难以忘怀。我们今天在结婚前都充分了解对方了，可能很难体会到古代人先结婚后恋爱的那种新奇感。又如：

> 伴妪在旁促卧，令其闭门先去。遂与比肩调笑，恍同密友重逢。戏探其怀，亦怦怦作跳，因俯其耳曰："姊何心

---

[1] ［清］沈复著，徐小泓译：《浮生六记》，广州：广东人民出版社，2020，第 150 页。按：合卺，指古代的婚礼。

春乃尔耶?"芸回眸微笑。便觉一缕情丝摇人魂魄。拥之入帐,不知东方之既白。①

沈复家的老嬷嬷催他们赶快睡下,他让佣人关了门,夫妻二人觉得特别亲密,古代是讲究"礼"的,只有在床上的时候才能亲密无间。所以,他感觉心怦怦地跳了,这种心跳、脸红的感觉就是爱情中的身体触感,也是性欲的萌动,十分动人。沈复一点也不介意记录这些闺中的日常生活,小夫妻的浓情蜜意,真是像掉进了蜜罐里。他们的肉体互动之所以如此美好,也是因为精神上的相知。两个人同频共振、互相懂得,才有如此有趣的夫妻生活。沈复在《闺房记乐》篇记载妻子芸儿的话:"宇宙之大,同此一月,不知今日世间,亦有如我两人之情兴否?"② 宇宙如此之大,两个人共赏一轮明月,不禁感慨:人世间还有像我们俩这样的感情与兴致吗?我读了,也不禁生出这样的感叹。今天还有夫妻一起赏月、感慨茫茫宇宙之大与个体生命之小吗?正因为有生命小与大的对比,才让人感到相爱的重要,夜凉如水,互相握着的手也是暖的。

沈复与陈芸的生活理想是一致的,如芸儿说的:"他年当与君卜筑于此,买绕屋菜园十亩,课仆妪,植瓜蔬,以供薪水。

---

① [清]沈复著,徐小泓译:《浮生六记》,第151-152页。
② 同上,第156页。

君画我绣，以为诗酒之需。布衣菜饭，可乐终身，不必作远游计也。"① 这是田园牧歌般的生活，平平淡淡，安安稳稳，没有野心，夫妻恩爱。两个人想要的是同一种生活，这是非常难得的生活观的契合。

沈复喜欢梅花，陈芸就给他做了个特别精致的茶盘，"其形如梅花。底盖均起凹楞，盖之上有柄如花蒂。置之案头，如一朵墨梅覆桌；启盖视之，如菜装于瓣中。"② 这是"有心""用心"，其情便美。陈芸18岁嫁给沈复，41岁去世，沈复在《坎坷记愁》篇回忆芸儿临终时说："忆妾唱随二十三年，蒙君错爱，百凡体恤，不以顽劣见弃。知己如君，得婿如此，妾已此生无憾！"③ 陈芸临终感叹自己的选择是对的，感念对方是知音，感到此生无憾，令人动容。夫妻之间的精神之爱让肉欲更加美好，生活更加有趣。精神与肉体合一的爱情与婚姻是美好的，短短的一生中会有很多点点滴滴可以回味，老时面对死亡，也会感到人生无憾。

美一定不是肉体上的。韩炳哲在《透明社会》中说：

"透明"不是美好事物的媒介。在本雅明看来，美的必要条件是遮掩与被遮掩之间密不可分的关联："因为美的东西既

---

① ［清］沈复著，徐小泓译：《浮生六记》，第165页。
② 同上，第184页。
③ 同上，第200页。

不是遮掩物，也不是被遮掩物，而是在遮掩物覆盖下的物体。然而，当它被揭示，它就会证实自己是多么平淡无奇了。"①

在爱情中，精神与肉体都不能过度透明，都要蒙上一层纱才是美的。精神之美与肉体之美都是需要在"遮蔽"与"澄明"之间存在的，这种美才能动人心魄。精神不能是压制的、一边倒的，而是双方缓慢地对流，在具体的生活中不断相互影响，如切如磋，如琢如磨，渐入佳境。肉体欲望的满足需要细水长流，而不能纵欲。美需要两个人在思想、人格与欲望上是匹配的、对等的，在爱情观、性观、家庭观上是一致的，还需要两个人的耐心相处，将自己的爱情经营成一首诗。

美只能在"遮蔽"中产生，而不是在光明中。光明中的一切都是显眼的、一目了然的，它在暴露的瞬间也就消失了。爱情中的美需要"窈窕淑女"的深远、"辗转反侧"的等候、"在水一方"的距离。韩炳哲说："美意味着自由与和解。因为美，欲望和强制都消失不见了。因此，美能够建立一种与世界、与自我的自由关系。"② 美一定不是强制，也不是赤裸裸的欲望。中国儒释道文化下的身体与情感美学讲究的就是"乐而不淫，哀而不伤"，快乐不能过度，哀伤不能太过，否则都会伤了爱情与婚姻。

---

① ［德］韩炳哲著，吴琼译：《透明社会》，北京：中信出版社，2019，第35页。
② ［德］韩炳哲著，关玉红译：《美的救赎》，北京：中信出版社，2019，第76页。

第二十八讲 林徽因与徐志摩的爱与选择

精神之爱也可以叫"灵魂之爱",重在精神上的相互吸引、相互滋养。林徽因与徐志摩也是这一类爱情的代表,他们虽然没有走到一起,但精神之爱一直保持,直到徐志摩离世。尽管林徽因选择了梁思成,徐志摩选择了陆小曼,但林徽因与徐志摩建立在精神共鸣上的"诗性之爱"成为民国时的佳话。

1921年,17岁的林徽因游历欧洲,结识了当时正在英国留学的徐志摩,两人相互激赏,但徐志摩已有一个父母包办的妻子,还有一个儿子。林徽因没有接受他的爱,留下一封信伤感离开。徐志摩的妻子张幼仪怀了第二个孩子,挺着大肚子来英国找他。林徽因见过她,无法忘记当时张幼仪的眼神——幽怨、悲伤。1924年,泰戈尔访华期间,徐志摩和林徽因共同担任翻译,之后徐志摩陪同泰戈尔去了日本,林徽因和梁思成到了宾夕法尼亚大学,当徐志摩与林徽因再次见面的时候,徐志摩已与陆小曼完婚,林徽因也嫁给了梁思成。

1931年,林徽因病倒,在香山疗养。徐志摩来探望的次数非常多。徐志摩每次来看林徽因,都住在当时的松露旅馆,曾一次住过半个多月。梁思成非常大度,经常让林徽因的弟弟陪同徐志摩上山,有时还帮他订宾馆。才华横溢的他们很有魏晋风度,彼此尊重,没有嫉妒。每天下午徐志摩去见林徽因,两个人谈文学、谈诗歌,这对当时病中的林徽因无疑是莫大的鼓励与安慰。

1931年11月19日,徐志摩在去北平(北京)听林徽因的"中国建筑艺术"演讲会的途中,因遇大雾,飞机失事,不幸丧生,年仅34岁。梁思成与金岳霖赶到现场,带回来徐志摩失事的飞机残骸,林徽因一看就是一整天,没有哭也没有说话,没有人知道她内心的感受,除了悲伤、惋惜、遗憾,是不是还有很多没有来得及说出的话?那块飞机残骸一直悬挂在林徽因的床头。没有人想到徐志摩会以这样的方式突然离世,也无法想象这给林徽因带来了怎样的痛苦与打击。

两周后,林徽因在《悼志摩》中说:"他那像小孩般的精神和认真,谁又会想到他死?"[1] "谁也得承认像他这样的一个人,

---

[1] 林徽因著:《你是那人间四月天》,北京:民主与建设出版社,2020,第2页。

第二十八讲　林徽因与徐志摩的爱与选择

世间便不轻易有几个的，无论在中国或是国外……志摩认真的诗情，绝不含有任何矫伪。他那种痴，那种孩子似的天真实能令人惊讶。"① 林徽因眼中的徐志摩就像"人间的四月天"，像孩子一样天真、纯真、温暖，给人希望，这样的人世间少有，评价之高、对他的喜爱之深是显而易见的。徐志摩会在雨刚停的时候拉着朋友跑出去看彩虹，并且真的就看到了，所以林徽因很认同他朋友说他有着"诗意的信仰"。徐志摩正是因为这"诗意的信仰"，才硬要坐个顺路的飞机，把生死交给命运，他对命运大概也抱有一种诗意的信仰。林徽因在悼文中回忆这些细节时大哭。她说："这以后许多思念你的日子，怕要全是昏暗的苦楚，不会有一点点光明，除非我也有你那美丽的'诗意的信仰'！"②

林徽因与徐志摩相识相知长达十年，她了解的不只是徐志摩的浪漫，还有他的人格。"他人格里最精华的却是他对人的同情，和蔼和优容；没有一个人他对他不和蔼；没有一种人，他不能优容；没有一种的情感，他绝对地不能表同情。"③ 这是真正的诗人温润悲悯的情怀，因为他们对人情人性看得多，对生活思考得多，所以大概没有什么不能包容和怜悯的，除了在离婚这件事情上是"决绝"的。林徽因一定把与他相处的很多细

---

①　林徽因著：《你是那人间四月天》，第5页。
②　同上，第6-7页。
③　同上，第7页。

节都刻在了心里，所以她在公开发表的这篇悼文里才毫无顾忌地袒露她所体会到的徐志摩：

> 他只知道温存，和平，体贴。只要他知道有情感的存在，无论出自何人，在何等情况下，他理智上认为适当与否，他全能表几分同情，他真能体会原谅他人与他自己不相同处。从不刻薄地单支出严格的迫仄的道德的天平指摘凡是与他不同的人。他这样的温和，这样的优容，真能使许多人惭愧。我可以忠实地说，至少他要比我们多数的人伟大许多。①

徐志摩对人充满同情，从不只用"迫仄的道德的天平指摘凡是与他不同的人"，他自己与众不同，他能包容别人，别人不是都能包容他。诗人像孩子一样，孩子会因为同情而流泪，诗人会因为同情而写诗。小孩子看到一起玩的同伴哭了，也会跟着哭，从身体与心理上都能感受到别人的悲伤。徐志摩就是这样天真的人，内心柔软，所以不会轻易指责别人。在个人的爱情选择上，他面对真实的自己，选择与张幼仪离婚，尽管对张幼仪不可避免地造成了伤害。当"真爱"与"同情"这两种情感发生矛盾时，他只能顺乎本心，选择"真爱"，哪怕林徽因没有给他任何承诺，最终拒绝了他，他也不曾后悔过，对林徽因依旧如初。这爱没有消失，而是保持在精神与友谊的维度里，

---

① 林徽因著：《你是那人间四月天》，第 7-8 页。

第二十八讲　林徽因与徐志摩的爱与选择

他们对于彼此来说都无人可以替代。林徽因对他的恋爱自由精神也毫不避讳地给予肯定：

> 志摩的最动人的特点，是他那不可信的纯净的天真，对他的思想的愚诚，对艺术欣赏的认真，体会情感的切实，全是难能可贵到极点。他站在雨中等虹，他敢冒社会的大不韪争他的恋爱自由，他坐曲折的火车到乡间去拜哈代，他抛弃博士一类的引诱卷了书包到英国，只为要拜罗素做老师……①

因为天真，所以爱自由，敢冒险，也愿意接受所有人的批判。他对"博士"之类的名头更是不在乎，放弃了哥伦比亚大学的博士学业，跑去欧洲学习诗歌，连他父母都担心他"是不是出了什么岔子"，这"真"的背后是一种勇气。尽管林徽因对张幼仪始终有同情甚至愧疚，但她从来没有认为徐志摩的离婚不对，爱就是爱，不爱就是不爱，虽有无奈，饱受争议，但内心坦坦荡荡。只能说每个人都要在自己的命运中泅渡。所幸的是，张幼仪成功地自渡了，成为著名的女银行家，并且有幸福的家庭，儿孙济济一堂。如果不是徐志摩离开她，她也许不会觉醒，不会独立，她的自我价值也许不会得到实现，她的新世界也许不会打开，一辈子就按照传统的规矩伺候公婆，和一个不爱自己的人了此一生。

---

① 林徽因著：《你是那人间四月天》，第 8 页。

徐志摩与张幼仪是包办婚姻，张幼仪从来都不了解他，但也可以例行公事、生育孩子。这是时代的悲哀，也是很多旧时代婚姻的常态。张幼仪到英国找他时，他是极不情愿的，他的心已经在林徽因身上。张幼仪描述了第一眼看到徐志摩时的感受：

> 我看到徐志摩站在东张西望的人群里，同时心凉了一大截。他穿着一件瘦长的黑色毛大衣，脖子上围了条白色丝质围巾。虽然我从没看过他穿西服的样子，可是我晓得那是他。他的态度我一眼就看得出来，不会搞错，因为他是那堆接船人当中唯一露出不想在那儿的表情的人。我们已经很久没在一起了，久到我差点忘了他一向是那样正眼也不瞧我一下，将眼光直接掠过我，好像我不存在似的。[1]

爱一个人是掩饰不住的，不爱一个人也很难装出爱的样子。无论是对公婆的照顾，还是后来在金融领域取得的成就，都说明张幼仪是非常优秀的。但徐志摩不喜欢这种受旧思想束缚的女性，他用"小脚与西服"来比喻他们俩。他们在精神与气质上不是一类人，只能说有缘无分。在和徐志摩的这段关系中，张幼仪唯一能抓住和引以为豪的只是"我替他生了个儿子，又服侍过他父母，我永远都是原配夫人"[2]。但这些，又与爱情何

---

[1] 张邦梅著，谭家瑜译：《小脚与西服：张幼仪与徐志摩的家变》，合肥：黄山书社，2011，第103页。

[2] 同上，第120页。

干呢？爱情不是恩情，不是付出，不是伺候，不是传宗接代，也不是先到先得，爱情对于徐志摩来说是两个人之间的精神的相通与气质的吸引。

张幼仪接受离婚确实是无奈，因为她知道徐志摩的心回不来了。1926年，徐志摩与陆小曼结婚，他明明知道他的老师梁启超会批评他，而且梁启超是梁思成的父亲，资助了梁思成与林徽因在宾夕法尼亚大学读书。但徐志摩一点也不避讳，请他做证婚人。梁启超果然在婚礼上毫不留情面地谴责他："你这个人用情不专，以后务要痛改前非，重新做人……"[1]，这被现代人戏称为"最毒证婚词"。徐志摩对梁启超的批评回应说："人谁不求庸德？人谁不安现成？人谁不畏艰险？然且有突围而出者，夫岂得已而然哉？我将于茫茫人海中访我惟一灵魂之伴侣；得之，我幸；不得，我命，如此而已。"[2] 1928年，林徽因与梁思成结婚。他于茫茫人海中遇到了林徽因，但没能终成眷属。

张幼仪善良、勇敢、有才华、有责任心，但不是徐志摩喜欢的那种女人。爱情需要一点运气，在茫茫人海中能遇到，气质相投，并且要你未婚、我未嫁，没有阻碍才行。但有时造化弄人，相爱的人偏偏差了那么一点运气。1953年，张幼仪嫁给了医生苏记之。在各自都结婚之后，林徽因与徐志摩一直保持着非常好的

---

[1] 张邦梅著，谭家瑜译：《小脚与西服：张幼仪与徐志摩的家变》，第176页。
[2] 同上，第162页。

朋友关系，在精神上互相支持、互相滋养。林徽因的好朋友、哈佛大学的费正清的夫人费慰梅认为"徐志摩和林徽因之间存在的是一种浪漫而非肉体关系，也就是一种偏向文学性质的关系"，"每当林徽因谈起徐志摩，就会提到雪莱和拜伦等其他诗人"。① 这是她眼中的"浪漫的爱情"，也是我们说的"精神之爱"的代表。

林徽因没有选择徐志摩，主要是因为林徽因的母亲是他父亲的大姨太，她父亲更偏爱给他生了儿子的二姨太，所以她非常理解不被丈夫爱的妻子是多么痛苦，"林徽因无法想象自己会卷入有个女人因为她而被抛弃的关系之中"②。所以，她对徐志摩、张幼仪甚至对自己都有一点愧疚和难过，她在给胡适的信中说：

> 我的教育是旧的，我变不出什么新的人来。我只要对得起人——爹娘，丈夫（一个爱我的人，待我极好的人），儿子，家族等等；后来更要对得起另一个爱我的人，我自己有时的心，我的性情便弄得十分为难。前几年，不管对得起他不，倒容易——现在结果，也许我谁都没有对得起。③

这里"另一个爱我的人"应该是指徐志摩，因为她这封信的上文一直在谈《志摩日记》的事，她想读读，可惜没能读到。

---

① 张邦梅著，谭家瑜译：《小脚与西服：张幼仪与徐志摩的家变》，第162页。
② 同上注。按：原文是"为了"，这里改为"因为"，更通畅。
③ 林徽因著：《你若安好，便是晴天》，北京：民主与建设出版社，2020，第167页。

她紧接着说:"现在身体不好,家常的负担也繁重,真是怕从此平庸处世,做妻生子地过一世!我禁不住伤心起来。想到志摩今夏的 inspiring friendship and love 对于我,我难过极了。"① 徐志摩带给她"鼓舞人心的友谊与爱",这"爱"怕是远远超过爱情了。徐志摩一直保存着珍贵的日记,可惜日记中关于林徽因的部分经凌叔华之手而亡佚,林徽因没有看到与自己相关的部分,只能在遗憾中思念。

林徽因1947年病重,以为自己会不久于人世,所以约张幼仪见面。张幼仪带着儿子阿欢去的。林徽因已经说话都很困难,没有人知道他们具体交谈了什么,但彼此的心情一定都很复杂。一个是徐志摩深爱的女人,一个是深爱徐志摩的女人,与她们一生相关的这个男人却早早不在了。林徽因是想说声抱歉,还是想从徐志摩的儿子、孙子的眉眼中再回忆一次志摩?一切只是《偶然》,一生太过短暂。如徐志摩的诗所言:

> 你我相逢在黑夜的海上,
> 你有你的,我有我的,方向;
> 你记得也好,
> 最好你忘掉,
> 在这交会时互放的光亮②

---

① 林徽因著:《你若安好,便是晴天》,2020,第167页。
② 徐志摩著:《志摩的诗》,上海:立信会计出版社,2012,第80页。

16岁时落入林徽因眼中的徐志摩，一直没有走出她的心，像康河里的柔波，永远温柔而美好。虽然她放手了这个人，转身嫁给了梁思成，但她一直记得他们之间的美好。林徽因与徐志摩的爱既是"精神之爱""滋养之爱"，也是"放手之爱"。梁思成在林徽因去世后，又与林洙相爱、结婚。林徽因祭日的时候，他们俩会一起去献花。有一次，林洙问起林徽因，梁思成说：

> 林徽因是个很特别的人，她的才华是多方面的。不管是文学、艺术、建筑乃至哲学她都有很深的修养。她能作为一个严谨的科学工作者，和我一同到村野僻壤去调查古建筑，测量平面，爬梁上柱，做精确的分析比较；又能和徐志摩一起，用英语讨论英国古典文学或我国新诗创作。[1]

林徽因可以与徐志摩讨论诗，与金岳霖讨论哲学，与梁思成讨论建筑，梁思成不仅深深懂得，而且包容，正如他回应别人的质疑时说的：如果徽因不是这样多情的人，我也不会爱。当然，这"多情"主要是"才情"。林徽因在不同领域都有自己的对话者，她是丰厚的、丰富的，也是世间少有的。她对中国建筑史的贡献更少有人能比肩。我想，这背后的巨大的生命能量，正是这么多人给予她的无比珍贵的爱。

---

[1] 林洙著：《梁思成、林徽因与我》，北京：中国青年出版社，2011，第352页。

第六篇 自由之爱

第二十九讲 海德格尔的自由论

自由之爱是指在双方自愿的前提下保持爱与性自由开放的一种情爱关系,也可叫作"开放之爱"。我们强调这种爱的前提是双方自愿,没有隐瞒。这种爱在现实中以萨特和波伏娃的爱情为代表。他们彼此相爱,但互不干涉,给对方最大限度的自由,包括对其他人的爱与性。这也是一种处理安全感与冒险感间的矛盾的做法,既保持稳定的情侣或婚姻关系,彼此吸引,共同发展,又满足冒险感的需要,不限制对方其他的爱的可能。到底什么是人的"自由"?我们这里讲的是人生的自由,心性的自由,存在的自由。

海德格尔的代表作是《存在与时间》,写于1927年。他打破了古希腊以来的形而上学的传统,开创了新的"真理"观。他的课堂上慕名而来的年轻学生来自欧洲各地,也包括他后来爱上的学生阿伦特。海德格尔的人和课都很有魅力,一个思想家的出现是一个"事件",是一个城市、一个民族的光。他的学生加达默尔回忆当时他的课堂说:"这种魅力和吸引力不只是一位真正的创造型哲学家带来的刺激,它也是20年代的一位伟大的人所产生的伟大的魅力。"① 这是他的思想的特征,打破传统形而上学的二元论、概念化的模式,让"此在"绽开,让"真理"自行展开。

阿伦特60岁的时候,回忆起当年在马堡大学听海德格尔课的感受:"思又复活了,过去时代的、相信早已死亡的思想财富又进入了言说……"② 他又将人带回了真正的"思",回到古希腊甚至更早,他的哲学是在"运思",而不是搬运概念和论辩。他让"真理"回到"解蔽",让"本体"回到"此在",让"本质"回到"现象",让"思辨"回到"做诗"。他与众不同,他做的工作超出了人们通常所理解的"哲学",而是给世界真正带来创造性的"思想"。

海德格尔意义上的"存在"不是"理念",不是"物自身",不是"真理",而是"真理的绽开",是"此在"在时间中的绽开,显示为"周遭世界"中的非现成的"现身情态"。③ 他认为人的存

---

① [德]安东尼娅·格鲁嫩贝格著,陈春文译:《阿伦特与海德格尔:爱和思的故事》,北京:商务印书馆,2010,第84页。
② 同上,第85页。
③ [德]马丁·海德格尔著,陈嘉映、王庆节合译,熊伟校,陈嘉映修订:《存在与时间(修订译本)》,第156页。

第二十九讲　海德格尔的自由论

在不是现成存在，或者说不是一种实在性的存在；而是能在，也就是说，人的存在始终是一种可能性。我们带着不同的情绪现身，而没有一个先天的"本质"。海德格尔说："具有此在性质的存在者是它的此在，其方式是：它或明言或未明言地现身于它的被抛境况中。在现身情态中此在总已被带到它自己面前来了……"①我们总是已经被带到了某个情境，在现身中被理解。人与世界的关系不是主体与客体之间的认识论关系，而是没有任何预设地已然进入一个个情景中理解世界，理解"此在"自身。

海德格尔提出了一个新的存在论，人与世界的意义都与传统的观念不同。人永远并且只能"在世界之中"被构成，人与客体共在，相互引发，你我不分。牟宗三先生将"In-der-welt-sein"翻译为"浑然中处"更为生动。如庄子说的"天地与我并生，而万物与我为一"。程颢说的"浑然与物同体"②，人原本是浑然处世，与万物一体的状态，而不是主客分离的。王阳明说："夫圣人之心，以天地万物为一体，其视天下之人，无外内远近，凡有血气，皆其昆弟赤子之亲，莫不欲安全而教养之，以遂其万物一体之念。"③圣人的境界就是老子说的"以百姓心为心"的

---

① ［德］马丁·海德格尔著，陈嘉映、王庆节合译，熊伟校，陈嘉映修订：《存在与时间（修订译本）》，第158页。
② ［宋］程颢、程颐著，王孝鱼点校：《二程集》，北京：中华书局，1981，第33页。
③ ［明］王守仁撰，吴光、钱明、董平等编校：《王阳明全集》，上海：上海古籍出版社，1992，第25页。

忘却自我的境界。

"此在"的浑然中处的状态正是一个又一个的"在这儿,在那儿"的情景。不同情境下绽开的"此在"是不同的,但都"在世界中"存在。我们无法把自己从"世界"中剥离出来,去认识"世界"和在"世界"中的我们。所以,"我"不是一个先验的或意识的主体,"世界"也不是一个等着我们去遭遇、去改造的客观世界,而是我们从一出生就被抛在了一种境域中,就已然与世界不分了。"此在"的最重要的一种现身形态或情绪感受就是"烦"或"操心"。"烦"是一种牵挂,总在想着什么,牵挂着什么,操心着什么,就是我们在世的基本情境与情绪。"'牵挂'就是不断,所以有连续与持恒;但它又无任何实体来使这持恒现成化,所以又无常而必须自缘自构。"① 没有什么是确定性的,时间在绵延,人在时间中找不到一个确定的、实体的东西作为依靠,而只是不断构造自己的存在感受。

人有"非本真性"与"本真性"两种处世的方式。"常人"是非本真地在世,而本真的自身则是"想要有良心",后者意味着人的"自律"。人的本真自身并不是一种形而上学实体,而只是人的一种事实性的存在方式。人通过倾听"良知"的"呼唤",回到本真,做出决断,实现自由的存在。"此在"是"向

---

① 张祥龙著:《海德格尔思想与中国天道:终极视域的开启与交融》,第132页。

死而生"的，所以，"良知"的呼唤根本上是对"有死"的边缘意识，始终有这个意识，又不会凸显出来，都知道自己有死，但又不知道什么时候会死。因此，人倾听"良知"的呼唤去决断，说明死亡是非现成的，"良知"也是非现成的。这种"良知"不是孟子、王阳明的道德意义上的，而是非道德的存在。

"良知"是呼唤本真的自己，道德只能建立在对本真的呼唤上，而不能是一个外在的规定。海德格尔说："此在在良知中呼唤自己本身。在实际聆听呼声之际，这一对呼唤者的领会或多或少是醒觉着的。然而这答案，即此在既是呼唤者又是被召唤者，在存在论上却远不充分。"① 此在对自己的呼唤"或多或少是醒觉着的"，此在对本真是介于"知与不知"之间，在梦与觉之间的。所以，此在有从非本真转换到本真的能力。此在之所以能倾听良知的呼唤，也是因为对死亡的"畏"，这是非对象化的"畏"，不知道在怕什么的那种怕，而不是畏惧某个具体时刻。正是这种呼声让人不断地做出筹划。

自由是本真的选择，这种选择是"自律"的。"他律"是指人在行动中被自身之外的、质料性的目的所规定；"自律"人在行动中摆脱了一切质料的束缚并自我立法。人不依赖于自然界，意味着人的自由，因为他的行动的原因不再仅仅是某个自然现

---

① ［德］马丁·海德格尔著，陈嘉映、王庆节合译，熊伟校，陈嘉映修订：《存在与时间（修订译本）》，第315页。

象,而是自发的。从海德格尔的角度来说,自由是通过"筹划"回到"本己"的能在,去创造本己的存在。海德格尔说:"无家可归是在世的基本方式,虽然这种方式日常被掩蔽着。此在本身作为良知从这种在世的基本存在中呼唤。"[1] 人通过良知的呼唤回到本真,也就回到了家中。

本真的自己不是现成的,不是儒家的"君子"那样的概念,告诉你要具有哪些美德才是君子。本真的自己是生成之中的,只有不断倾听、返回到自身才能认识到,没有榜样、偶像、样本可以模仿。人的自由就是通过"筹划"去决断,不断成为本真的自己。自由是自律地存在,是"去存在"。人始终是自我规定的,作为行动主体能去筹划,做本己的筹划,而与他人无关。人拥有本真的存在的可能,本真的生存方式应该是一种独立自主的生存方式,摆脱对他人的依赖的生存方式。如果说常人的生存方式是"他律的",是根据约定俗成的条条框框在生活,那么"真人"的本真生存方式则是"自律的",在这个意义上,此在是自由的。

当然,这种自由观也不是没有问题,尤其在面对爱情时。"本真"的存在所做的选择会与世俗的道德产生矛盾,这个时候人将何去何从?从海德格尔自身的爱情事件来看,他选择了

---

[1] [德]马丁·海德格尔著,陈嘉映、王庆节合译,熊伟校,陈嘉映修订:《存在与时间(修订译本)》,第318页。

第二十九讲　海德格尔的自由论

"非道德"的本真。1925年，已婚的海德格尔爱上了学生阿伦特，在2月10日给阿伦特的信中说："我将永远不能拥有您，但是从此以后您将属于我的生命，而且它定会随您而成长。我们永远不会知道我们通过自己的存在对其他人来说能够成为的样子。"① 海德格尔认为，爱情不是占有，他不能占有她，只能彼此成就对方的"存在"，这存在是敞开的，无法预知它会将人带至何处。2月21日他在给阿伦特的信中说：

> 为什么爱的丰富性超越了其他的人类可能性的所有范围，而且对被牵涉于其中的人来说是一种甜蜜的负担？因为我们转变成了我们所爱的，却又保持了自身……这是任何想法都操控不了的事情。一个人的命运将自身给予了另一个人的命运，而纯粹之爱的责任就是如同当初般地保持住这自身给予。②

海德格尔认为爱情是"本真"的决断，它意味着一种存在的"可能性"。在爱情中每个人都应保持自身，"是其所是"。爱情的发生本就是一个"突然"的事件，一种可能性的绽开，另一个存在的突然"闯入"无法预期，像命运，只能接受。在爱情中各自敞开了自己的可能性，不是因为欲望或性情的控制而

---

① ［德］马丁·海德格尔、［美］汉娜·阿伦特著，［德］乌尔苏拉·鲁兹编，朱松峰译：《海德格尔与阿伦特通信集》，第4页。
② 同上，第6页。

做出了非理性的决断,而是"清醒"地做出选择。阿伦特美丽、智慧、深邃,她也曾犹豫不决,写过一篇题为《阴影》的文章给海德格尔,表达她内心的矛盾。后来因为德国的纳粹问题,阿伦特逃亡到了美国。她与丈夫海茵利希·布鲁希尔相爱笃深,通信300多封,信中多次谈到海德格尔,但多是表达对他思想的敬佩。

1950年,海德格尔与阿伦特重逢,他向妻子埃尔福丽德坦白了他与阿伦特的关系,并与阿伦特恢复了通信。他们的几乎每一封信都会问候对方的妻子和丈夫。这是一段26年前的事,对海德格尔与阿伦特来说已经过去了,余生只有纯粹思想的对话,但埃尔福丽德一直无法放下,并且她的政治理念因此受到了影响。阿伦特在1952年5月24日给丈夫的信中谈到埃尔福丽德时说:

> 多年来,她一直希望他(按:海德格尔)能把我忘掉。岁月的流逝非但没有熄灭她的妒火,反而使它越烧越旺。她这种近乎反犹太主义的表现在我的面前发挥到了极致,当然这些都发生在他不在场的情况下。……谁都明白,她这种做法对她的丈夫有百弊而无一益。她还把由他签字的"自我辩解"塞给了我……[①]

[①] [德]汉娜·阿伦特、[德]海茵利希·布鲁希尔著,孙爱玲、赵薇薇译:《爱这个世界:汉娜·阿伦特/布鲁希尔书信集:1936—1968》,贵阳:贵州人民出版社,2019,第263-264页。

第二十九讲　海德格尔的自由论

埃尔福丽德的心情可以理解，海德格尔不止一次辜负了她的信任。在阿伦特出现前的 9 年，他们也有甜蜜的爱，并且有了两个儿子。他们一直保持稳定的婚姻，但海德格尔需要激情和灵感，没有忠诚于她。海德格尔在 1956 年 4 月 18 日给妻子的信中说："如果我从不自由的负担中解脱出来，我有了爱的力量，在这种力量中，你的本质不会石化，且这也可以让马丁（按：海德格尔）继续生长，而不会枯萎。"① 这段话足够坦诚，这就是他的"本真"的需要与存在的"可能性"，他的爱情是对他的思想的诠释。埃尔福丽德有过痛苦与绝望，但没有影响他们维系婚姻，共度一生。海德格尔去世的那个晚上，埃尔福丽德在他们结婚的那张床上躺了一个晚上，睡在海德格尔平时睡的位置上。她活到了 98 岁，与海德格尔之间的信件有一千多封。

1966 年，阿伦特 60 岁生日的时候，海德格尔去信祝福，给她寄去荷尔德林的诗《秋天》以及"从小木屋的工作室看到的景色"②。1969 年，海德格尔 80 岁生日时，阿伦特写了一篇献给海德格尔的公开发言稿，阐述海德格尔的思想与贡献，并将其寄给海德格尔，抬头是"45 年之后，依旧，汉娜"③。他们的通信从

---

① ［德］葛尔特鲁特·海德格尔选编，常晅、祁沁雯译：《海德格尔与妻书》，南京：南京大学出版社，2016，第 351 页。
② ［德］马丁·海德格尔、［美］汉娜·阿伦特著，［德］乌尔苏拉·鲁兹编，朱松峰译：《海德格尔与阿伦特通信集》，第 194 页。
③ 同上，第 229 页。

1925年持续到1975年阿伦特去世前几个月,写了大约166封信。他们在精神上彼此滋养,在思想上砥砺共进,在写作上互相鼓励,长达半个世纪,各自写出了很多伟大的著作。爱情有不同的"降临"方式,会带来不同的"命运",让对方完成自己的"存在"。

> 心灵令蓝色的春天沉静。
> 在湿润的夜晚的枝条下,
> 情侣的额头沉坠在阵雨之中。①

这是海德格尔写给阿伦特的诗歌之一。他们的爱主要是"思想之爱",尤其在1950年重逢之后。阿伦特最关心的是海德格尔是否有清静的环境创作,她与丈夫非常珍惜作为朋友的海德格尔的思想创造力,在通信中毫无保留地谈论海德格尔的新著与思想道路。阿伦特与丈夫走过了幸福的一生,她爱的是海德格尔的思想。她在1952年6月13日给丈夫的信中说:"我的至爱,我们心心相印,如影随形,任岁月蹉跎,仍衷情不改。而那些庸人蠢者却总以为,世上不会有从一而终的忠贞。殊不知,他们不仅毁了俩人的共同生活,甚至也要了自己的性命。若是没有危险可言,那我们真该向世人言明,婚姻究竟为何物。"②

---

① [德]马丁·海德格尔、[美]汉娜·阿伦特著,[德]乌尔苏拉·鲁兹编,朱松峰译:《海德格尔与阿伦特通信集》,第205页。

② [德]汉娜·阿伦特、[德]海茵利希·布鲁希尔著,孙爱玲、赵薇薇译:《爱这个世界:汉娜·阿伦特/布鲁希尔书信集:1936—1968》,第277页。

第二十九讲 海德格尔的自由论

海德格尔的爱情是复杂的"事件",他们几个人之间的感情和各自的内心冲突体现了爱情本身的各种悖论与矛盾。海德格尔深爱自己的妻子,但又爱上了阿伦特,他无法处理这种自由与道德之间的矛盾;他的妻子既痛恨他,又一次次原谅他的不忠,把婚姻进行到底;阿伦特爱丈夫,也爱海德格尔的思想,在与丈夫的通信中也毫无顾忌地赞赏海德格尔。比如她1950年3月2日读了海德格尔的《林中路》,在给丈夫的信中说:"最后一篇关于巴门尼德的文章,对我来说,简直就像一股不可遏制的狂风;他的大脑指挥若定,任凭才思泉涌。不管是由什么所至,流淌在他笔下的竟是如此美妙的诗篇。"[1] 但她也认识到海德格尔"只要条件成熟,他会在任何地方撒谎"[2]。她对海德格尔也是既爱又"恨"的。他们展现了爱情的美好与真实,也暴露了爱情中的冲突、无奈、尴尬与痛苦。他们用自己对待爱情的方式与态度走过了一生,把人性的课题留给我们各自去遭遇,去形成自己的答案。

---

[1] [德]汉娜·阿伦特、[德]海茵利希·布鲁希尔著,孙爱玲、赵薇薇译:《爱这个世界:汉娜·阿伦特/布鲁希尔书信集:1936—1968》,第207页。

[2] 同上,第189页。

第三十讲　萨特的自由论

萨特是存在主义的另一位大师，对"自由"也有精彩的论述，他本人也尽可能地活出了自由的一生，比起海德格尔，他更具有实践的魅力，无论他的思想还是他参加的社会活动。萨特本人对自由的崇拜与践行可以说是无与伦比的。他与波伏娃的"契约式婚姻"勇敢地袒露与担当人性的真实，把爱、性、婚姻中的不自由当作一个重要的人生课题去思考，萨特与波伏娃的婚姻方式是有开创性的。

萨特不只是个哲学家，也是个文学家、社会活动家，他身上更多显示出的是文学家的自由浪漫的气质，海德格尔身上则更多的是经院派哲学家中的"另类"的思想气质。萨特非常关心社会，关心政治，他与波伏娃参加了当时法国很多重要的事件,比如1968年的"五月风暴",当时参加的青年人多是读过萨特的著作的,是萨特的忠实粉丝,而萨特也始终支持学生正当的诉求。萨特一生拒绝接受任何奖项,包括1964年的诺贝尔文学奖,在战后的历次斗争中都站在正义的一边,对各种被剥夺权利者表示同情,是一个是非分明、有正义感的人。

萨特的哲学代表作是《存在与虚无》,我们将介绍其中一些主要的观点。第一个重要观点是"存在先于本质"。他说:"在谈及自由时,我们应该重复海德格尔在概括地谈到此在时所说的话:'在自由中,存在先于并支配本质。'自由变成活动,在一般情况下,我们通过由自由,用动机、动力以及活动所包含的目的组成的活动来取得自由。"① 海德格尔的《存在与时间》中已经有类似的思想,他提出的"存在"就是先于本质的。事物不存在一个现成的"本质",本质是构成性的,萨特对他的思想做了进一步发挥。这句话所蕴含的思维对于传统形而上学的二元论来说是颠覆性的。我们经常说"透过现象看本质",若从海德格尔、萨特的观点来说,应是"透过现象看现象"。人的存在是"此在",我们无法定义人的本质是什么,因为人是不断地去存在的。

---

① [法]萨特著,陈宣良等译,杜小真校:《存在与虚无(修订译本)》,第532—533页。

萨特说："自由才是所有本质的基础，因为人是在超越了世界走向他固有的可能性时揭示出世界内部的本质的。"[1] 自由应该是本质的基础，而不是先有一个本质。如果先有一个本质，人的可能性就被规定死了，还有什么自由可言？人在走向自己"固有的可能性"时理解世界，通过理解世界走入世界的内部，揭示世界的本质。人一出生就"在世界之中"，而不是一出生就面对一个对象化的世界。人生最根本的动力是对自己可能性的展开，这种展开对他人、对世界是有影响的，不同的人受到的影响不同。自由引导了我们全部的生命活动，带来我们固有的可能性的实现。生命谈不上"是"什么，只能说"成为"什么。我们所谓的认识世界其实首先是在认识自己内部的可能性。我们所谓的改造世界其实也是在改造我们自己内部的可能性。整个人类、宇宙都没有本质，一切自然而然地运行，不知过去，也不知未来，不确定性才是世界的根本，人的一生就是面对生命的"不确定性"而努力确定自己存在的过程。

萨特的第二个重要观点是："自由"即选择，选择即责任。萨特说："人，由于命定是自由，把整个世界的重量担在肩上：他对作为存在方式的世界和他本身是有责任的。"[2] 自由不只是对自己负责，而是对世界负责，我们对周遭的一切负有责任。

---

[1] ［法］萨特著，陈宣良等译，杜小真校：《存在与虚无（修订译本）》，第533页。
[2] 同上，第671页。

他说:"我所遇到的事情只有通过我才能遇到,我既不能因此感到痛苦,也不能反抗或者屈服于它。此外,所有我遭遇的东西都是我的。"① 自由意味着选择,你是什么样的人就会"遭遇"什么样的事,这是"我的",不可改,不可逃。所以自由并不是很轻松的词。自由意味着你要承担责任。人要把整个世界的重担扛在肩上。我们不仅要对自己的生存负责,还要对家人、邻人、陌生人乃至整个世界负责。

萨特与波伏娃看到当时法国社会的黑暗,忧心忡忡,四处奔走,试图用思想引导人们去改变现状。萨特非常有个人魅力,他做事谨慎,不相信任何权威,不鲁莽,包括他对婚姻的选择,也是对双方负责。他不觉得他们俩可以压抑自己的欲望,去做一对表面忠诚的丈夫和太太。让人惊讶的是萨特20多岁就想明白了这件事,并提出了"契约式的婚姻",这个我们稍后会专门讲。自由来源于对人性清醒洞察的智慧、行动的勇气与承担的能力。自由就是不强制,任何强制都是违背自由的不道德的事情。

萨特曾亲自上战场,他不仅有责任感,还注重思想与行动的合一。每个人都应该对自己所有的行为负责,不应该有任何托词。此外,只有不干涉别人,不强制别人,也不强制自己,

---

① [法]萨特著,陈宣良等译,杜小真校:《存在与虚无(修订译本)》,第672页。

自由才是可能的，自由意味着担当所有行动的责任。你的每一句话，做出的每一个行动，都应该对别人负责。

> 我不能不将战争并入我的处境之中，我不能不完全地介入到我的处境中并在它上面打上我的印记，否则，我就不存在，我应该是既无悔恨又无遗憾地存在，正如我没有托词地存在一样，因为，从我在存在中涌现时起，我就把世界的重量放在我一个人身上。①

人不应只是批判时代的问题，而应强调自己对所处的时代负有责任。有人可能说：又不是我想来到这个世界的，发生的一切都与我无关，我是被动地接受这个世界的，我对他人、对世界没有责任。海德格尔与萨特都认可人是"被抛"到这个世界上的，萨特说：

> 事实上我对一切都负有责任……不论我做什么，我都不能在哪怕是短暂的一刻脱离这种责任，因为我对我的逃离责任的欲望本身也是负有责任的……也就是说对我在世界中实现我的在场这个事实的态度不是别的东西，而恰恰是完全地担负起这个出生的责任的诸多方式以及将这个出生变成我的出生的方式。②

---

① ［法］萨特著，陈宣良等译，杜小真校：《存在与虚无（修订译本）》，第674页。
② 同上，第674—675页。

尽管我无法决定我是否出生，但我对我的出生的这种"不能先行被我决定"性也要承担起责任来。理解了萨特，理解了存在主义，就不会有任何抱怨。出生不是父母的错，而是自己要担负的责任，因为它是一个事实。这个世界上很多事情的发生都不由我们决定，担当就包含对一切现实的担当。担当不了是能力问题，不愿担当是态度问题。逃避责任不只是不成熟，也是一种自私，是一种现代病。萨特主张的是对自身存在的担当，对存在得以展开的世界的担当。

那么，萨特如何看待爱情？萨特认为爱是对待他人的一种态度，其中必然有冲突。萨特说："一切对我有价值的都对他有价值。然而我努力把我从他人的支配中解放出来，反过来力图控制他人，而他人也同时力图控制我。……冲突是为他的存在的原始意义。"[1] 有价值的东西往往是对所有人都有价值的，那么人对有价值的东西会想要占有，这也是一种自由。自由还意味着摆脱他人的支配，譬如你的父母、上级、导师、兄长、强势朋友等的支配，但是，这种自由又容易发展为对他人的控制。"作用于他人的自由是必然的。"[2] 有人就有冲突，存在必然是在冲突中的存在。爱情也不例外。爱情涉及两个人甚至更多人的

---

[1] ［法］萨特著，陈宣良等译，杜小真校：《存在与虚无（修订译本）》，第446页。

[2] 同上，第448页。

关系，它必然会带来冲突。人与人之间的自由会产生矛盾，如果处理不好，谁都是他人的地狱。萨特说："爱情是一种事业，即向着我的固有可能性而谋划的有机总体。但是，这种理想就是爱情的理想，是爱情的动机和目的，是爱情真正的价值。"①

爱是对待他人的一种态度。对他人的态度有两种，一种表现为爱、语言、受虐狂；一种表现为冷漠、情欲、憎恨、虐待狂。我们在朝向自己固有的可能性的谋划过程中，就涉及这两种可能的态度，前一种是正面的，后一种是负面的。当我们的自由与他人的自由发生冲突时，也有两种解决方法，一种是去爱，一种是去恨，每个人的选择不同。萨特说：

> 这些谋划使我置身于与他人自由的直接联系之中。正是在这个意义下，爱情是冲突。事实上我们曾指出，他人的自由，是我存在的基础。但是恰恰因为我通过他人的自由而存在，我没有任何安全感，我处在这种自由的威胁之中。②

每个"他者"的自由对我都是有威胁的，甚至就是我的地狱。在爱情中，对方有不爱你的自由，有随时离开你的自由，有突然背叛你的自由。对方可以赋予你最高的价值，让你在爱

---

① ［法］萨特著，陈宣良等译，杜小真校：《存在与虚无（修订译本）》，第449页。
② 同上注。

第三十讲 萨特的自由论

情的甜蜜与对方的付出中享受极大的肯定,调动极大的热情,充满前行的动力和内心的骄傲,增强你的男性气质或女性气质,让你神采奕奕、身心荡漾、焕发生机。但是对方也可以突然不爱,抽身而去,让爱彻底消失,以至于让人怀疑爱情是否存在过。萨特说:

> 谁能满足于那种被当成是对海誓山盟的纯粹忠实的爱情呢?因此谁会愿意听见说"我爱你,因为我是自由地被诺言束缚来爱你的并且我不想反悔;我由于忠实于我本身而爱你"呢?于是恋爱者要求誓言而被这誓言所激怒。他想被一个自由所爱并且祈求这个自由不再是自由的。[1]

爱情的关系中充满对对方自由的征服。当年轻的伴侣热泪盈眶地去宣誓,在充满仪式感的氛围中说出"我永远爱你"的时候,其实是一种自我感动,感动自己,这让自己去相信对方,相信爱情,它只是一个承诺,从承诺到事实还有一辈子的漫长的道路要走。日本作家渡边淳一说:"起誓的存在原来不是一种自然的形式,只有当必须将心之所趋硬是拽向另一个方向时,人们才需要起誓。"[2] 饿了要吃饭,有性欲要追求异性,这些都

---

[1] [法]萨特著,陈宣良等译,杜小真校:《存在与虚无(修订译本)》,第450-451页。
[2] [日]渡边淳一著,陆求实译:《女人这东西》,青岛:青岛出版社,2018,第63页。

不需要先起誓，起誓本身就是不自然的，是对自己很难做到的事情表明一种态度而已，"因为情感本是人最薄弱的地方，所以必须大声地起誓，进行自我暗示"[①]。这往往是一时被爱情冲昏了头脑的产物。

爱情中充满了自由和自由的斗争，又充满了对他者的自由的尊重与让步。爱情就是这样一个自身的矛盾体。它既是自由的，也是不自由的。爱情中的双方既是助力对方实现自己的"爱人"，也是干涉自己自由的"敌人"，能否调节这种矛盾完全取决于个人。所以相爱的人注定要在不断的冲突中走向自己与走向对方，这是爱情的现实。在冲突中不断"走向自己"，对你所在意的"自由"会有越来越深刻的认识；"走向对方"是因为通过冲突你更理解对方在乎什么，对方"自由"的边界在哪里。二者磨合、权衡、博弈，获得一个相安无事的自在的相处模式。所以我们注定要在与爱人的撕扯的疼痛中不断去建构爱情。

---

① ［日］渡边淳一著，陆求实译：《女人这东西》，第64页。

第三十一讲　弗洛姆的自由论

弗洛姆是美籍德国犹太人，德国海德堡大学的哲学博士，人本主义哲学家、精神分析心理学家，20世纪20年代"法兰克福学派"重要成员。纳粹上台后，他1934年赴美，从事心理咨询工作，在哥伦比亚大学、密西根大学等执教。他毕生致力于修改弗洛伊德的精神分析学说，以契合西方人在两次世界大战后的精神处境。弗洛姆看到了自由的另一面：孤独、孤立。今天人的"自由"已经不是海德格尔、萨特时代的"自由"了。弗洛姆思考的是自由与"自我""自恋"的关系。人们常常把"自我""自恋"当成了自由。而且，现代人的自由因为太过自我而走向了更加孤独与孤立。

首先，弗洛姆认为自由让人更加孤立与孤独。人只有同他人进行合作才能生存下来,在任何一种文化中,如果人想生存,就必须与他人合作。所以,人既非一个生物上固定不变的天生欲望冲动的集合体,也不是文化模式中的毫无生机的影子。"人从人与自然的原始一体状态中获得的自由愈多,愈成为一个'个人',他就愈别无选择,只有在自发之爱与生产劳动中与世界相连,或者寻求一种破坏其自由及个人自我完整之类的纽带与社会相连,以确保安全。"① 自由让人更加地孤立和孤独。因为它其实印证了存在主义中的一些观点,越自由越要求对他人负责。人要想生存就只能跟他人合作,所以我们的天性需要集合体,这就是文化产生的原因。

文化是群体生活的需要,是我们栖居于其中的人文世界。我们中国人栖居在中国的文化传统中,对大多数人来说是更能找到群体感的,因为母体文化的熟悉感与亲切感无法替代。比如"节日",就是对群体生活的记忆与守护。春节作为中国传统节日中没有被商业化的最重要的一个,是可以把所有人的心感召起来的。我们以几乎同样的方式在不同的家中欢聚"一堂",放鞭炮、吃饺子、贴春联、看春晚……所谓"举国欢庆、万家团圆"。中国的"春运"更是被称为世界上最大的"人口大迁移",2024年春节,全国跨地域人员流动量大约90亿人次,世

---

① [美]艾里希·弗洛姆著,刘林海译:《逃避自由》,上海:上海译文出版社,2015,第14页。

界少有，因为"回家过年"是一种集体记忆、民族共同的文化心理，是普通老百姓忙碌了一年最后的甜点。无论有钱没钱，不经过春运的买票、挤车、大包小包拖儿带女一路辛劳赶到家的过程，就感觉像是没有过年似的，也很难真正得到休息。"节日"是一种工作状态的"中断"，中断绩效社会的重压。"节日"是时间的缝隙，我们在这个缝隙里逗留，生发出新的能量，再奔赴前方。

其次，弗洛姆指出，文化是人远离自然后无助的产物。"人类历史的特点也可以说是一个个体化和自由不断加深的过程。人走出前人类舞台，就标志着迈出了摆脱强制本能的束缚，谋求自由的第一步。"① 人是所有动物中最无助的，我们失去了很多动物性的本能和能力。人忍受着因缺乏本能机制所引发的所有危险和恐惧，"人的这种无助恰恰奠定了人发展的基础。人在生物学上的弱点，恰是人类文化产生的条件"②。我们速度上不如豹，力量上不如熊，视力上不如鹰，嗅觉上不如狗，灵活性上不如猴……但是我们用大脑的智慧发展出了文化。文化是一种新的力量，它补充了我们在身体能力和能量上的不足，让我们的生存能力比很多动物更强。弗洛姆说：

> 一方面，人摆脱外在的权威，日益独立；另一方面，

---

① ［美］艾里希·弗洛姆著，刘林海译：《逃避自由》，第20页。
② 同上，第21页。

个人日益觉得孤独,觉得自己微不足道、无能为力。因为从根子上分析资本主义及个人主义的本质特征,能够使我们把一种与我们有本质区别的经济制度及人格类型相比较,所以,考察人格结构的由来,可加大我们对人格结构新要素的理解。①

人类的发展确实越来越走向个体的独立,它的好处是减少了人对自然、外物以及他人的依赖,更加地自由;它的坏处是人越来越离开真正意义上的群体生活,走向了孤独、孤单,在心理上人也变得冷漠。今天的住宅越来越拥挤,一栋楼上住了很多人,街上挤满了车,商场里挤满了人,人与人的空间距离近了,但心理距离远了,住对门都不认识,能看望老人、陪伴家人的时间变少了,朋友也很少仅仅为了聚会而聚会。一栋楼上发生的任何事都与自己无关,在特殊情况的四年里,有老人死在屋里都没有人知道。人的孤独与孤立变得触目惊心又习以为常,现代人的自由更多是在手机上漫游,在屏幕上感受二维的世界,寻找虚拟的满足。人的个体性越强,其实越不会相爱。人因为孤独带来的恐惧,会更加拼命努力,以为这样可以赢得更多人的关注。人为了绩效拼命努力,并且会不断给自己加码,其实更多是主动参与"内卷"的"自我剥削"。现代人因为孤

---

① [美]艾里希·弗洛姆著,刘林海译:《逃避自由》,第24页。

独、恐惧、空虚、无爱才不停地努力,制造恐惧,互相带节奏,是弗洛姆说的拼命努力的"强迫性精神病症"①的典型特征。

"个人必须积极活动,以克服他的怀疑感和无能为力感"②,孤独是制造出来的,恐慌也是,忘了自己生活的目的,总是被外在的尺子量,处于被评量、被考核的状态,这不是真正的自由。人因为恐慌,像打了鸡血一样,把这种恐慌转嫁给孩子,拼命"鸡娃",这是件非常可悲的事。结果整个社会的人际关系变得紧张、冷漠、急躁,人与人之间的情绪一触即发,伤害无处不在。

> 由于人失去他在封闭社会里的固定位置,所以也找不到生活的意义所在。其结果是他对自己及生活的目标产生怀疑。他受到强大的超人力量、资本及市场的威胁。每个人都成了潜在的竞争对手,他与同胞的关系也敌对和疏远起来:他自由了——也就是说,他孤立无助、备受各方威胁。③

个人是渺小的,尤其在今天这个资本与市场几乎决定了我们生活质量与内心质量的时代。生活的好坏,心情的好坏,自由的大小,甚至人的尊严的有无,几乎都取决于资本的多少,

---

① [美]艾里希·弗洛姆著,刘林海译:《逃避自由》,第61页。
② 同上注。
③ 同上,第41页。

于是急功近利、走捷径的人越来越多。以前中国人信仰的是靠勤奋读书改变命运，但现在，学生可能更加"拼爹"了，他们不完全相信勤奋读书就能改变命运了。大学毕业照样找不到工作，高学历照样买不起房，这就摧毁了很多人的信仰。人会感到无能为力，会恐慌。不分男女，不分层级，都受"慕强"的心理影响。"慕强"的反面是"恐弱"，即害怕自己弱小，太害怕自己不如别人，每一个陌生人都成了潜在的竞争对手，社会的氛围也就越来越不友好。

最后，弗洛姆还揭示了现代切分过细的"钟表时间"带来的紧迫感与压迫感。3岁以前的小孩为什么不容易紧张？因为他们没有时间观念，他们不会不停地看手表，看手机上的时间。现代的时间观与古代的"日出而作，日落而息"的自然时间观截然不同。现代人无论你愿不愿意，都沦为时间的奴隶，因为你的手表或手机上的时间不再是以太阳的位置来计算了，而是按分分秒秒来计算了。谁把时间切成了碎片？弗洛姆说：

> 随着资本主义经济的发展，心理状态也发生显著变化，中世纪以来，人们普遍觉得生活缺乏安定感。现代意义上的时间概念开始发展起来。每一分钟也变得有价值了。这种新时间概念的一个重要标志是，从16世纪起，纽伦堡的钟每隔一刻钟便敲一次。太多的节日似乎成了不幸。时间

是如此的宝贵，以至于人们认为不能把时间白白浪费在无用的地方。①

现代的时间观念与农业社会不同。我小时候在农村，父母就是看着太阳生活，我们没有手表，也没有手机，早上很早就起来吃饭，趁早凉父母就去地里干活，除草、施肥、打药。中午回来吃饭，农活多的时候就带着饭在地头吃，天地之间，田埂之上或树荫之下，自带的煎饼、萝卜干咸菜、大锅烧的水，与隔壁田地的邻居远远地喊着话。傍晚回来，全村老老小小在门前的小河里洗个澡，日落就睡了，如《击壤歌》说的"日出而作，日入而息，凿井而饮，耕田而食，帝力于我何有哉?"②这是正常的生活时间，不会焦虑，不会恐慌；全村的劳作时间都差不多，每年收的粮食也相差不大。站在田间，一望无际，麦子、水稻，每家的庄稼也长得差不多。"鸡栖于塒，日之夕矣，牛羊下来"（《诗经·王风·君子于役》），人与家禽、家畜一起过群体的生活，同醒，同睡，其乐融融，家畜归圈就是我们的钟表，提醒我们该睡觉了；"山林与，皋壤与，使我欣欣然而乐与"（《庄子·知北游》），农业社会的生活是最符合人的身心健康的。

今天我们完全是按照钟表在生活，在潜意识里会认为如果

---

① ［美］艾里希·弗洛姆著，刘林海译：《逃避自由》，第38页。
② 皇甫谧撰：《帝王世纪》，北京：中华书局，1985年据指海本排印，第9页。

不这样就是不道德的，就是浪费时间，就是不努力，就会被人指责，"效率观念成为一种最高尚的美德。同时，追求财富和物质上的成功成为压倒一切的嗜好"①。所谓效率就是做事情讲究成效。人们越来越想快速地处理很多事，同时胜任很多事，像在完成任务或是展示给别人看，而无法真的投入与享受。"成功"成了社会、家庭与朋友评价你的唯一标准，你不成功，就失去了圈子，失去了群体生活。圈子文化说白了就是资本文化、等级文化，拥有同样资本的人聚在一起谋划更多的资本。所以，这个社会的人都很拼，追着时间跑，你越跑得快，时间也就过得越快。

能主动选择"无所事事"的人才是独立的，才是懂得享受生命的人。你等时间，时间也会等你。你温柔待时间，时间也温柔待你，因为你速度慢了，就是在真正享受时间。韩炳哲认为"无所事事不是无力行动、拒绝行动，也不是简单地在行动中缺席，而是一种独立的能力"②，与道家的"无为"相通。能掌握自己的时间的人才是真正的独立，是真正的"去存在"，这与海德格尔的思想也遥相呼应。韩炳哲说："唯有在无所事事中，我们才能感知脚下的土地和身处的空间；生

---

① ［美］艾里希·弗洛姆著，刘林海译：《逃避自由》，第39页。
② ［德］韩炳哲著，陈曦译，毛竹校：《沉思的生活，或无所事事》，北京：中信出版社，2023，第1页。

命切换至沉思模式,飞回隐秘的存在之根基,找回自身并审视自身,抵达其深刻的内在。唯有无所事事能向我们吐露生命的秘密。"① 这种"无所事事"的生活方式才是自由的生活,爱也才能在其中发生。"节日"也才成为真正的节日,而不是沦为消费日。

没有节日的时代,也是没有共同体的时代。今天的人无处不在呼唤社群,但那仅是共同体的一种商品形式,无法缔造一个"我们"。不受约束的消费将人孤立、隔离开来,消费者是孤独的。电子化的交往也是一种没有共同体的交往,社交媒体加速了共同体的瓦解。资本主义将时间本身变为商品,时间由此失去了节日感。②

节日的本质是社群的归属感。节日让社群的关系更加亲密、牢固,这样真正"无所事事",没有任何"目的"的传统节日应该过起来。在网上抢购的那些"伪节日"不具有群体性,更不具有归属感,消费者是各自拿着手机进行的,他们仍然是孤独的。电子化的交往是虚拟的,没有声音的交流,也没有身体的在场,完全算不上群体生活,倒是反映了人对真正的群体生活的需要。

---

① [德] 韩炳哲著,陈曦译,毛竹校:《沉思的生活:或无所事事》,第23页。
② 同上,第4页。

爱的作用是主动建立群体生活。恋爱与结婚是建立小群体生活来获得归属感的努力之一。人类的发展从来都是双刃剑，一边是经济的快速发展，一边是人类精神、情感家园的破坏。一切都有阴阳两面，所以，既需要科技，也需要人文，建构精神的家园，让人找到自己的归属感与幸福感。

弗洛姆认为，爱其实不是某个特定的人的出现才引起的，所谓"白马王子"或"白雪公主"。真正起作用的是两个人在遇到之前是什么样的心理结构与心理诉求。人本身就有这种"缠绵之情"，有一种很强的驱动力去寻找，想要实现内在的诉求，恰巧天时地利人和，遇到了"这个人"，而不是"那个人"。不可替代的只是这一个特殊的人，而不是爱的对象。他说：

> 那种只能从一个人身上体验到的爱并非真正的爱，它不过是一种施虐-受虐依恋。作为人主要特性的具体体现，真正的爱蕴含着对被爱者的基本肯定。爱一个人意味着爱这样的人。爱这样的人，并不像人们所常常认为的那样，是爱某一个特定的人……[1]

我们在爱情中选中了某一个人，只是在普遍的爱中选择了一个特殊的对象来承载我们的爱，一旦这个对象改变了，我们

---

[1] ［美］艾里希·弗洛姆著，刘林海译：《逃避自由》，第76页。

的爱也会转移。试想，如果有一天你千挑万选的这个对象不爱你了，难道爱情就不存在了吗？我们可以不相信爱人，但要相信爱情。爱的人会变，但爱情不会变，它是我们内在的冲动与需要，只要内心对爱的诉求没有泯灭，爱情就会发生或重现。

第三十二讲 波伏娃的自由论

波伏娃是女权主义的代表,她的代表作是《第二性》,这本书至今仍然有很大影响,是女性自我启蒙的必读书。她的一生著作很多,成就斐然,在人生经历中最有创造性的应该是与萨特的保持终生的"契约式婚姻"。《第二性》分为Ⅰ、Ⅱ两卷,第Ⅰ卷主要是从生物学、精神分析学、文学、历史等角度来分析女性的处境与问题,第Ⅱ卷是从存在主义哲学的角度讨论不同阶层的女性在人生的不同成长阶段所面对的真实处境,探讨女性独立的道路。由于篇幅所限,这里主要分析《第二性(Ⅱ)》中的主要观点以及她与萨特的"契约式婚姻"。

《第二性》中提出的最重要的观点是:"女人不是天生的,

而是后天形成的。"① 波伏娃在该书的前言中说:"今日的女人正在废除女性神话,她们开始具体地肯定她们的独立,但她们不是毫无困难地、完整地经历她们作为人的状况。她们由女人抚养长大,生活在一个女性世界中,她们的正常命运是婚姻,婚姻使她们实际上仍然从属于男人;男性的威信远远没有消失。"② 即便是在今天,大多数女性的命运也就是她的婚姻,譬如是否有自己独立的生活,能否实现自己的社会价值,在家庭中要做出多大的牺牲,家庭是否幸福,等等。在今天的婚姻中,至少在中国,大多数家庭依然是"男主外、女主内"的形式。女性的地位确实有了很大提升,男性也能参与到做家务与带孩子的家庭事务中,但为家庭与孩子事务操心更多的仍然是女性。无比琐碎的家务与繁重的带孩子的这部分劳动是隐形的。很多女性仍然难以平衡事业与家庭。

女性是被塑造为"女性"的,我们从小就被告知女性应该什么样,比如你要温柔、漂亮、贤惠、会做饭、会做家务等。女孩子要注意衣服是不是干净,手是不是弄脏了,坐姿、站姿文雅不文雅等,这都是从小对女性进行的无形的塑造,穿衣打扮、言谈举止、恋爱、身体等几乎所有方面都会被教育"要有

---

① [法]西蒙娜·德·波伏瓦著,郑克鲁译:《第二性(Ⅱ)》,上海:上海译文出版社,2011,第9页。按:波伏娃又译波伏瓦。

② 同上,第5页。

个女孩子样"。尽管不像古代那样被要求"三从四德",但女性在道德上的框框比男性要多得多,同样的道德错误,男性很容易被大众宽容,女性则容易成为"过街老鼠,人人喊打"。还有很多无形的框框,比如整容、颜值焦虑等,大多与"女性塑造"有关。

> 在女人身上,一开始就在她的自主生存和她的"他者存在"之间有着冲突;人们向她灌输,为了讨人喜欢,就必须竭力令人喜欢,必须成为客体;因此,她应该放弃她的自主。人们把她当作一个活的布娃娃,拒绝给她自由;因此,形成了一个恶性循环;因为她越是少运用自由去理解、把握和发现周围的世界,她就越是在世界上找不到资源,她就越不敢确认自己是主体。①

女性从一出生开始,想做自己就很难。她受到的规约比男性多得多,女性要"放弃她的自主",屈从于男性的法则,才能得到她本该得到的资源。此外,女性从小被教化要考虑别人的感受,照顾好身边的人。我带孩子时观察了男孩子与女孩子的不同表现:小女孩2岁多就很操心了,她们和男孩子一起玩的时候,会告诉男孩子这个不能玩,那个不能玩,这个有危险,那个要与别人分享,还会主动带比自己小的小朋友玩,并且很

---

① [法]西蒙娜·德·波伏瓦著,郑克鲁译:《第二性(Ⅱ)》,第23页。

注意卫生，她们总是表现出一副很负责、很关心别人的样子，会多多少少注意一下自己的言行举止。男孩子就很少考虑这些，打打杀杀、横冲直撞，玩得不亦乐乎。女孩子似乎更在意周边的环境与人，在意每个人的行为是不是合理，自己的表现是不是得体，男孩子则更关心自己玩得是否开心。可能女孩子从小就被教导要懂事、要乖、要整洁等，所接受的这方面的教导比男孩子多得多。

波伏娃 15 岁开始就对爱情与婚姻有自己独立的看法了，她非常反叛，不接受父母的塑造，不像妹妹那样打扮得特别像个女孩子，有一段很长的叛逆期不被父母理解。她一直拒绝进入传统婚姻。波伏娃主张不要依赖任何人，要在自己的身上找一个家，在自己的作品和行动中实现自我。只有用自己的自由去实现自己的价值才是真正可靠的，自己永远不会被自己抛弃。波伏娃说：

> 男人不大关注自己的内心，因为他接触整个宇宙，而且因为他可以在计划中自我确认。相反，女人禁闭在夫妇共同体中：对她来说，是要把这所监狱改变成一个王国……她在身后关上家门不是没有遗憾的；少女时，她把整片大地当做故乡；森林属于她。如今，她禁闭在一个狭小的空间里。①

---

① ［法］西蒙娜·德·波伏瓦著，郑克鲁译：《第二性（Ⅱ）》，第 238 页。

这个比喻很形象，女性本来也是拥有整个森林的，但结婚之后被家务与带孩子束缚住，困在了婚姻的"监狱"中。她们无法像男人一样去拓展外部世界。于是女性被赋予了看起来高大上的称呼——"女主人"。这个女主人把整个家都放在自己的肩上了，事无巨细，最后世界缩小到一个房子里，并且这被视为理所当然。男人更希望在男人的世界被认可，征服外面的世界，对家庭事务往往漫不经心，至少不认为这是他生活的重心。

> 正是通过家务劳动，女人成功占有了自己的"巢"；因此，即便她"要人帮忙"，她仍坚持要亲自动手干活；至少，她监督、控制、批评，致力于将仆人们得到的结果据为己有。她从管理家庭中获得社会的辩护。①

近几十年，随着全球经济的发展，女性的经济能力越来越强，地位越来越高，比波伏娃所写的 20 世纪五六十年代的法国女性状况要好很多。中国的"奶爸"也越来越多，很多男性也愿意做饭、参与带孩子。但是，"大男子主义"的习惯性思维与家庭分工并没有完全改变。波伏娃谈到爱情时说："真正的爱情本当承受对方的偶然性，就是说，承受对方的缺点、局限、原始的无缘由；爱情不会成为一种拯救，而是成为一种人际关

---

① ［法］西蒙娜·德·波伏瓦著，郑克鲁译：《第二性（Ⅱ）》，第 239 页。

系。"① 爱情不是拯救，只是众多人际关系中的一种。波伏娃是理性的、现实的，她鼓舞了很多女性去争取自由，实现自己的社会价值。这世上没有谁有义务绝对地爱你或对你忠诚。想要对方绝对地爱你、忠诚于你，是一厢情愿，也是执念。越是要求忠诚的女性，越容易饱受嫉妒和猜疑的痛苦，尤其是没有自己的事业也无法参与丈夫的事业的女性。

> 她从爱情中获得一切，也会在失去爱情的同时失去一切。嫉妒不论是含糊还是明确，没有根据还是得到证实，对女人来说，都是可怕的折磨，因为她是对爱情的彻底怀疑：如果背叛确定无疑，要么必须放弃把爱情看成宗教，要么必须放弃这爱情。②

爱情不能成为一种信仰，因为它本身具有变化性、无常性。一旦把自己的价值全部寄托在一个男人或女人身上，寄托在爱情、婚姻或孩子的身上，就容易失去自我。如何在事业与家庭中平衡？这几乎成了现代女性的专属问题，鲜有男人思考这个问题。通常说"每一个成功的男人背后都有一个伟大的女人"，但女人为什么非要站在"背后"？为什么不是"每一个成功的女人背后都有一个伟大的男人"？女性在家庭中的消耗对事业有极

---

① ［法］西蒙娜·德·波伏瓦著，郑克鲁译：《第二性（Ⅱ）》，第511页。
② 同上，第522页。

大的影响,这一点并没有被男性充分重视。

女性不是低于男性的性别,她甚至不是"第二性",而应该是"第一性"。女性是生命的源头,她们孕育了后代,孕育了人类,男性只需要提供一颗精子,女性却满足了一个孩子从受精卵到出生后很长一段时间里的大部分需求。在今天,女性反抗男权的代价依旧很大,很多女性为了实现自己的自由,不结婚、不生子,无论是政治领域、科学领域还是文化领域,都有很多这样事业成功、光芒万丈却不愿意选择婚姻的女性。男女平等的爱情才能长久,不失自我的爱才能经得起考验,女性为自己争取自由的道路还很长。

第三十三讲　萨特与波伏娃的契约式婚姻

萨特与波伏娃的"契约式婚姻"是自由之爱的一个代表，双方自愿选择性自由的爱情或婚姻模式，在爱、性的问题上完全透明。萨特与波伏娃的选择是惊世骇俗、饱受争议的，但无论如何，他们尊重了人性的本然状态，把人性真实的一面完全地给对方看，这种真诚与勇气是可贵的。他们的这个决定是如何做出的？在什么背景下达成的？后来如何坚持的？作为女性，如何克服嫉妒？波伏娃的自传中文版有三卷五本，第一卷一本，第二卷两本，第三卷两本，加上《告别的仪式》（这本是她对陪伴萨特最后十年的记录），一共六本，读完你才能了解一个比较完整的波伏娃。

在认识萨特之前，波伏娃爱的是雅克，但是她跟雅克在生活观、婚姻观上有很大的分歧。雅克希望有一个世俗意义上的婚姻，女方投入大量精力在家里，相夫教子。雅克对社会中不合理的东西也有所洞察，但不想改变什么，波伏娃却希望尽力去改变。波伏娃想继续读书，不想围着锅台转，他们最后因为观念的不同分手了。波伏娃对此很伤心。从这段恋爱中能看出波伏娃的独立精神和对爱情的态度。这与她的原生家庭有关。

> 妈妈甚至跟爸爸争吵、骂我和妹妹，情绪控制不住了还打我耳光。我不再是五岁的年龄，父母一争吵天就像要塌下来的时期已经过去。我也不再把性急和不公正混为一谈。然而，夜里通过餐厅和客厅之间的玻璃门，听到充满怨恨和愤怒的争吵，我就藏在被窝里面，心里难受死了。①

波伏娃在爸妈的争吵中长大，甚至被父母暴力对待。所以，她小时候没有建立起对和谐家庭的信念。在争吵中长大的孩子很难对和谐的、长久的爱情或婚姻有很强的信念。当然，性格不都是原生家庭决定的，波伏娃天生就是这样自我意识很强的人，只不过原生家庭加剧了她这种叛逆的天性。父母不和，孩

---

① ［法］西蒙娜·德·波伏瓦著，罗国林译：《波伏瓦回忆录：第一卷 端方淑女》，北京：作家出版社，2011，第44页。

子一方面会向往爱与被爱，另一方面又会小心翼翼，波伏娃小时候对家庭有怨恨，这使得她很想离开家去过自由的生活。

进入青春期，波伏娃更加叛逆，不是她父亲喜欢的传统女孩子的样子。她说："我进入青春期，他就失望了。他欣赏女人的，是她们的优雅和美貌。他不仅不掩饰对我的失望，还对妹妹表现出比过去更多的关心，因为妹妹仍然是一个漂亮的女孩儿。"[1] 她和妹妹从小被教化要优雅、漂亮，但她没有服从这种教化，她崇尚个性与自由。大学毕业后，波伏娃没有急着找工作，而是去旅行了。她也没有听从家人的，去找个人谈恋爱，为结婚做准备。波伏娃说：

> 爱情应该是认可我，而不是限制我。……如果要我拉着一个慢吞吞的人往前走，我会急死的。在这种情况下，宁愿独身而不要结婚。共同生活应该促进而不是阻碍我的基本追求：拥有世界。命中注定属于我的男人，不应低于我，不应与我不同，也不要过分地高于我，能够确保我的存在，而又不失去他自己的权威。[2]

她不会找一个拖后腿的人，不能接受男人低于自己，那样自己会觉得很累。她也不能接受男人太高于自己，那样自己没

---

[1] ［法］西蒙娜·德·波伏瓦著，罗国林译：《波伏瓦回忆录：第一卷 端方淑女》，第76页。

[2] 同上，第105页。

有话语权。她对待爱情、婚姻非常理性，两个人必须是平等的，水平是相当的，这才是她要的爱情。波伏娃面对父亲对自己的不满以及父母联手对自己的打击，敢于反抗，坚决做自己。有一次，波伏娃和母亲的观点不同，她真实地表达了自己的看法，结果惹怒了父亲，她说："父亲却给了我双重的一击，一方面肯定他与母亲是团结一致的，另一方面间接地把我当笨蛋对待。"①波伏娃到了青年时期，发现父母站在了反对她的同一个阵营，她父亲对她极为不满，批评她不找工作，不务正业。她自由自在地穿梭于酒吧和咖啡厅。这一时期正是她的爱情与婚姻观念的成熟期。波伏娃与雅克的爱让她自觉地思考了自己究竟要什么。她认为与雅克光有爱是不够的，还需要思想的同步。她努力要在雅克面前维护自己的想法。

> 在他的影响下，为了讨好他，难道我不会听任自己牺牲构成"我的价值"的一切吗？我反抗这种损害自己的做法……不过我决心去发现或创造另外的价值准则，而他在传统价值准则之外什么也看不见。他摇摆于放任与消沉之间，他所听从的智慧是附和的智慧；他不考虑改变生活，而是适应生活。可我寻求的是超越。②

---

① ［法］西蒙娜·德·波伏瓦著，罗国林译：《波伏瓦回忆录：第一卷 端方淑女》，第77页。
② 同上，第160页。

第三十三讲 萨特与波伏娃的契约式婚姻

她爱自己，不愿意在婚姻中失去自己的爱好、追求与自我价值，不愿意剪断自由的羽翼做一个别人满意的妻子。所以她放手了，选择去自由地探索更多。他们在价值观上不同步。一方只想躺平、安命，另一方则想要改变与超越现实。好的爱情与婚姻一定是双方的价值观、生活观及其行动力一致。他们在精神上不同频、不同步。她也曾经想过嫁给雅克，生个孩子，但是很快就打消了这个想法。一想到要为家庭做出自我的牺牲，她就心惊胆战起来，她当时很悲观地认为雅克注定不属于她，她甚至觉得自己天生与爱情、幸福无缘。

于是，充满自由与野心的波伏娃就遇到了上天为她准备好的萨特，让他们在对的时间、对的地点相遇了。萨特是非常有个性的人。他很年轻时就很坚定，"他厌恶学究气。不过他的思想总是处于警觉状态。他从不麻木不仁、浑浑噩噩；从不逃避责任，躲躲闪闪；从不停滞不前，谨小慎微，崇拜权威。他对一切都感兴趣，从来不认为任何东西会自动得到"[①]。这样一个自由、独立、目标明确、有事业心、言行一致的萨特，哪个热爱思想、追求独立的女孩不爱呢？萨特年轻时就坚持做自己，看透了世俗对人的自由的干扰。这也体现了他的反叛精神。

---

① ［法］西蒙娜·德·波伏瓦著，罗国林译：《波伏瓦回忆录：第一卷 端方淑女》，第252页。

> 他厌恶例行公事、等级森严，厌恶职业、家庭、权利和义务，厌恶生活中一切正经八百的东西。他很不愿意接受要有一个职业、有同事、有上司、有要遵守或要强加的规矩这种观念。他永远不会成为人父，甚至不会成为一个结婚的男人。他怀着当代的浪漫主义，以二十三岁的年龄，梦想进行重大旅行……他不会在任何地方扎根，不会让任何占有物妨碍自己。①

萨特不喜欢被束缚、控制，不接受一切虚伪的东西，包括体制的约束、无意义的社交，对一切阻碍自己的东西都尽可能避免。对于爱情而言，他身上最可贵的品质应该就是负责。他说到就会做到，这是波伏娃信任他的原因。萨特一生遭到的批评非常多，大众的目光无非都聚焦在他的多个情人上，但这一点是波伏娃能接受的。"契约式婚姻"是在他们一次不经意的聊天中制定出来的，波伏娃回忆当时的场景：

> 萨特并不认定一夫一妻制。他喜欢与女人们为伴，认为女人不像男人一样滑稽可笑。二十三岁的他，不想永远放弃接触各种各样风情万种的女性。"就我们之间而言，"他用自己喜欢的语言对我，"要的是必然的爱情，但是有一

---

① ［法］西蒙娜·德·波伏瓦著，罗国林译：《波伏瓦回忆录：第一卷 端方淑女》，第253页。

些偶然的私情也是相宜的。"我们是同一类人。我们活多长时间,我们之间的相互谅解就会存在多长时间……①

萨特提出这个婚姻方式的时候才23岁,他爱惜自己的自由,也尊重对方的自由,充分尊重人性的多种可能,如此年轻,就对爱情与婚姻中会出现的问题看得很清楚。萨特提出签一份期限为两年的合约,他说:"这两年间我可以设法住在巴黎,我们可以亲密无间地相处。他建议我随后也申请一个国外的职位。我们将分开两三年,然后在世界上某个地方譬如雅典重逢……"② 这是一个浪漫又大胆的约定,两个人不至于每天生活在一起,在鸡毛蒜皮中破坏了思想的对话,也不会让爱变成义务,让性变成例行公事,他们自由地离开,甜蜜地重逢,恣意铺开各自生命的版图,让自己的情感完全地绽开,互不干涉,互相信任。这无论在过去还是在今天都是个大胆的选择,如果人们没有对精神的追求与并肩作战的勇气,自由之爱就变成了放荡的游戏。

萨特说:"我们彼此永远不会成为陌生人,永远不会毫无意义地召唤对方,没有任何力量能够破坏我们的结合,但是务必使这种结合不要蜕化为束缚和习惯。我们要不惜一切代价防止这种蜕化。"③ 现实中的婚姻很容易让爱情蜕化。萨特希望与波

---

① [法]西蒙娜·德·波伏瓦著,黄荭、罗国林译:《波伏瓦回忆录:第二卷 岁月的力量 一》,北京:作家出版社,2012,第11-12页。
② 同上,第12页。
③ 同上注。

伏娃永远结合在一起,而不是相互捆绑。永远不让爱情蜕化为习惯,成为束缚。波伏娃表示同意,但她的同意里有一点被动的成分,她坦言:"萨特所考虑的分开,并非不使我产生恐惧感,但那是以后的事情,显得还很朦胧。我告诫自己不要事先就找一些忧虑来困扰自己。不过既然心里还是怀着恐惧,我就把这视为一种软弱,努力去克服它。"① 对于女性而言,自己爱的人选择分开,当然会有一些恐惧,但波伏娃没有因为恐惧就依赖一个男人,而是把它视为自己的软弱,努力去克服它。

婚姻靠责任维系,但爱情只能靠彼此相爱来维系。爱情是你爱上一个人的全部感受,这种感受无论别人是否理解,都是真实的。它本质上是与婚姻不相干的,婚姻是对爱情的一个承诺,表达爱的坚定,但在婚姻中,爱情又会走了样,变成习惯与义务。萨特与波伏娃解决了爱情中的"安全感"与"冒险感"的矛盾问题。当然,他们的"契约式婚姻"之所以能进行到最后,很大程度上是因为他们不要孩子。一旦有了孩子,就不可能各自在不同的国家自由游走,每年见一次面。有孩子,夫妇都得尽可能多地陪伴在孩子身边。所以,我不认为这种"契约式婚姻"具有可模仿性。它是个特例,是两个思想独立、才华横溢、天生浪漫又不想要孩子的人选择的特殊的婚姻方式。但

---

① [法]西蒙娜·德·波伏瓦著,黄荭、罗国林译:《波伏瓦回忆录:第二卷 岁月的力量 一》,第12页。

我欣赏他们对人性的洞察、在爱情上的真诚与对自由的勇敢实践。

他们不接受对对方"毫无意义的召唤",而是让一切来得自然而然,这无异于一个最自由的爱情实验。在没有任何道德、情感与责任的压力下,你仍然会思念我,需要我,召唤我,这才是对我真的需要。波伏娃在同意这份契约的同时又签署了另一项合约,规定双方永远不对对方说谎,不向对方隐瞒任何事情。我不知道20多岁的波伏娃是否准备好了面对嫉妒,又是否对双方对等的爱有足够的信心。但这是一个有历史意义的创举。

波伏娃在这个契约的选择上是有些被动的,她视内心的真实感受为"弱点",而不是第一时间说"不",因为她的内心始终有一个声音:萨特可以做到的,我也可以;男人可以做到的,女人也可以。"契约式婚姻"确实也符合她理想中的自由观念,她只是在萨特的主导下去实践了,而不是骨子里就倡导这样的做法。他们彼此的真实、坦诚是对人性的尊重。他们没有让婚姻成为对彼此的消耗,没有让人性的虚假弥漫在两个人的爱情关系中。

萨特19岁时就认识了22岁的卡米耶,一个金发碧眼的舞女。在萨特的描述中她非常有魅力。波伏娃选择去了解她、见她,而不是逃避,或在嫉妒中自我感伤。她坚定地认为萨特是值得她爱的,这种爱不会因为卡米耶的存在而改变。波伏娃说,卡米耶虽然长得漂亮，但明明知道那些混迹于上流社会的人并不尊重她，还讨好他们。她看不起这一点，面对漂亮的卡米耶，波伏娃想的是："无论卡米耶多么出色，我都不怀疑萨特比她更有价值……这个阅历丰富的美丽女人，已经在戏剧界、文学艺术界开辟出一条道路，已经开始了自己的作家生涯，她的运气和长处使我自愧不如。我逃避到未来，暗暗发誓：我也要写作，要成就一番事业。"①

爱情面前人人平等，波伏娃面对"情敌"时的心态是：第一，弄清楚对方究竟是个什么样的人，如果并不比自己优秀，就不值得降低自己去和对方争；第二，弄清楚自己爱的人还值得爱吗，弄清楚自己珍惜的是与他在一起的感受，还是要独占他；第三，客观承认彼此的优点与缺点，让自己变得更好，而不是在嫉妒中内耗。波伏娃亲自去见了卡米耶，卡米耶确实美丽妖娆、风情万种。但她也看到了卡米耶对男人的利用，对自己的不自信，卡米耶没有她的知性与理性，也无法与萨特在精神上对话。面对"情敌"，波伏娃和其他女人一样是受伤的、嫉妒的，但是她从来没有放弃自信，也没有被嫉妒打倒。

> 我在蒙马特那一带的街道漫步了很长时间，围着作坊剧场转悠，为一种不愉快的感觉所困扰。这种感觉从来不曾侵袭我，我想可以称之为妒忌吧……心里忘不掉卡米耶

---

① ［法］西蒙娜·德·波伏瓦著，黄荭、罗国林译：《波伏瓦回忆录：第二卷 岁月的力量 一》，第49页。

的存在，仿佛她比我自己更真实，而我又反抗着自己赋予她的这种霸权。正是这种矛盾心理，使得嫉妒变成了一种如此折磨人的病态。我因此而痛苦了好几个钟头……她的缺点和优点我都适应了。①

波伏娃始终能看到自己的不可替代之处，她能用最快的速度走过伤心、嫉妒，只"痛苦了好几个钟头"而已。波伏娃虽然高傲，但能客观承认对方有缺点也有优点，理性地去对待，而不是把对方看得一无是处。真正的自信不是认为自己比别人强，而是知道自己不可替代。

波伏娃不要孩子有很多原因。一是因为萨特，她觉得和萨特在一起就已经很满足了，萨特天生爱自由，他们如果有了孩子，自由就会大打折扣；二是因为原生家庭，波伏娃认为她自己与父母之间没有多少亲情，难以想象自己会有孩子并且能有多爱他们，她反感有孩子的琐碎的家庭生活；三是因为写作，她的才华在写作上，而写作需要非常多的自由时间。她说："我的使命不能容忍任何羁绊，并且阻止我实施任何与它不相干的计划……我并不觉得自己拒绝为人母，只不过为人母不是我的命运。"② 人各有命，认识到"命"才能"安命"。波伏娃从来没

---

① ［法］西蒙娜·德·波伏瓦著，黄荭、罗国林译：《波伏瓦回忆录：第二卷 岁月的力量 一》，第50—51页。

② 同上，第53页。

有主张过"丁克",她只是出于自己的特殊情况而没有要孩子。很多人认为她是女权主义者,所以不要孩子,这是个误解。

萨特同样也能接受波伏娃的情人朗兹曼,他们一起吃饭、旅行,没有表现出任何嫉妒或不适,更没有加以干涉与控制。波伏娃后来又爱上了美国男人艾格林,差一点就放弃萨特选择艾格林了,因为艾格林无法到巴黎生活,她又不能一直待在美国,还有其他一些原因,他们结束了恋爱关系。

波伏娃回顾自己的大半生,对自己的人生做出了这样的评价:

> 我一生中最大的成功之处就是我与萨特的关系。三十多年中,我俩只有一次因为发生争执而分开。朝夕相处这么多年,我们对我们之间的交流始终兴趣不减……我们之间往往在对方说了半句,另一方便接上下半句;如果有人向我们提出一个问题,我们就会想出一些相同的答案。一句话、一种感觉、一个阴影都会让我们心中产生同样的思考,最后,同时得出一个结论。①

他们之间不只是我们所说的"开放之爱",也是"滋养之爱""精神之爱"。精神、思想无疑是两个人超越人性的缺点、紧密联系在一起的最重要的东西。他们完全理解对方的想法,

---

① [法]西蒙娜·德·波伏瓦著,陈筱卿译:《波伏瓦回忆录:第三卷 事物的力量 二》,北京:作家出版社,2012,第339页。

思想同步、同频共振。萨特爱的也正是她的独立与自由精神。波伏娃说:"我要求女人应该独立,可我从不认为孑然一身就好。'独立'与'孑然一身'并非同义词。"① 独立不等于独身。现代很多人误解了女性"独立"的含义,认为独身或丁克才够女权,这是个误解。波伏娃说:"至于我的独立性,我一直保持着,因为我从未将自己应负的责任推到萨特的头上:我从不未经思考、批判便去赞同一种思想、一个决定。我的种种情感都是通过直接与周围世界相接触而产生的。我的个人事业要求我去研究、去探索、去决定,并要坚持不懈地进行斗争,努力奋斗。"② 独立是指独立思考、探索、选择、承担责任,它不排斥婚姻,不排斥相互帮助,也不排斥要孩子。

波伏娃说:"当我回首往事时,我并不觉得有谁让我更加羡慕。"③ 波伏娃虽然没有孩子,但是她在思想的世界中遨游了一生,走遍世界各地。她拓展了自己生命的视野,满足了自己对探索更广阔世界的需要,她与萨特有如此丰富、对等、相互陪伴一生的爱情,非常幸运。所以,如果一个人决定独身或丁克,那么需要清醒地知道自己为什么这么选择,并且真正奔赴值得为之付出一生的事业,不辜负自己宝贵的人生。

---

① [法]西蒙娜·德·波伏瓦著,陈筱卿译:《波伏瓦回忆录:第三卷 事物的力量 二》,第339页。
② 同上,第341页。
③ 同上,第343页。

第七篇 放手之爱

第三十四讲 缘起性空：中观思想与爱情的无常

放手之爱是指深爱着对方，但因为一些原因而主动选择放手。这种情感最终从小情走向大爱，它伤害的是一个人，但成就的是更多人，它往往具有宗教性的特点。爱情归根到底是自己的事，自己是什么样，就会有什么样的爱情。爱情是两个人之间的亲密关系，它的过程与结局都不是自己能决定的。我们无法决定爱情的长度，但可以决定爱情的走向。我们无法决定对方是否爱自己，但可以决定自己进入和抽离时的态度，让恋爱与分手成为滋养。爱情本身是一个"缘起性空"的现象，但在经历它时又感到无比真实。

从佛教的角度来看爱情，爱情是无常的。佛家讲"缘起性空"，爱情是没有"自性"的。唐代六祖慧能在《金刚经》中说:"一切有为法,如梦幻泡影,如露亦如电,应作如是观。"①这"有为法"当然也包括爱情。甚至可以说,爱情是其中最无常的,最像"梦幻泡影"的,因为它是两个人之间结的一段缘分,没有任何客观的依据,爱或不爱,常常都是一种感觉。《心经》说:"色不异空,空不异色,色即是空,空即是色。"② 一切现象与空不二,空与一切现象不二,现象即空,空即现象,所以现象不是实体,空不是虚无,我们要不执于有,也不执于空。爱情产生时,不意味它是永恒的;爱情消失时,也不意味着它是永恒的灭,灭了还可以再生。

大乘佛教《般若经》的要义就是"性空幻有""一切皆空",一切事物的本性都是"空",是"无",现象都是当下构成出来的"有",并非真有。在魏晋时期,中观派已经将"非有非无""不落二边"的"双遣"思维发挥到了极致。公元二三世纪,龙树的中观学在印度产生,龙树的代表作有《中论》,是对大乘空宗的进一步发展,宣扬不落两边的中道论,以调和"空"与"有"的对立。龙树认为事物本来就是空,空为"自性空""本来空"。龙树主张从"空中观有",不执空以否定有,也不执有以排斥空。

---

① 陈秋平、尚荣译注:《金刚经·心经·坛经》,第74页。
② 同上,第89页。

第三十四讲　缘起性空：中观思想与爱情的无常

《中论·观四谛品》中著名的"三是偈"曰："众因缘生法，我说即是空，亦为是假名，亦是中道义。"① 众缘具足，和合而生万物。物属众因缘而没有自性，即自性为空。但要向众生传达这空性，只能用名，此名是假名，即假借之名。不落有、无二边，即"中道"。故不能执着于有，也不能执着于无，需远离一切偏斜之道。一切有为法，都是因缘构成，我们说出的都是"空"，都是"假名"。各种条件和合而生物，一切都是缘构的、当下构成的，因此所有说出的都是没有自性的，都是空；说是以假名说，假借名来说，因此不能执"空"而对诸法加以否定，也不能执"有"而对诸法加以肯定，这就是"中道"的道理。

《中论》开篇的著名的"八不偈"曰："不生亦不灭，不常亦不断，不一亦不异，不来亦不出。"② 一切法不生不灭、不一不异，空无所有，万物只是"十二因缘"凑合而成，一切虚空不可尽，谈不上生，也谈不上灭；不是恒常的，也不是断灭的；不是同一的"一"，也不是不同的"多"；不是来，也不是去。如来如来，如其所来，如其所去而已。一切都是空相，不必贪婪与执着。这也体现了中观派重要的"双非"思维。从这个角度看爱情，爱情也是非有非无的，你说它"有"，是因为我们能真切地感受到爱；说它"无"，是因为它会变淡、消失，当它消

---

① ［印］龙树著，韩廷杰释译：《中论》，第477页。
② 同上，第17页。

失时，彼此再也唤不起相爱时的感觉。

僧肇的"空"观思想也是中观派的重要代表。他家庭贫穷，但非常喜欢读书，常读《老》《庄》，很有心得，觉得《老》《庄》虽美，但没有达到精神的极致，后来读到《维摩经》，觉得更加受用，每天把玩，爱不释手，有所领悟，毅然出家。他二十余岁就已名震潼关以西，后师从鸠摩罗什，代表作有《物不迁论》《不真空论》。《不真空论》主要讲的就是：非有非无、缘起性空、万物自虚、万物假名，与龙树的观点相通。《不真空论》曰：

> 然则万物果有其所以不有，有其所以不无。有其所以不有，故虽有而非有；有其所以不无，故虽无而非无。虽无而非无，无者不绝虚；虽有而非有，有者非真有。若有不即真，无不夷迹，然则有无称异，其致一也。[①]

一切都有"有"的原因，也都有"无"的原因，一切都是有无两面构成的，就看你如何看待它。有非真有，因无自性；无非真无，开出万象。有而不有，无而非无，这是"中道"。说其有，但本性为空；说其无，但总有缘起。爱情也是如此，说它有，又常常短暂、无常、捉摸不定，没有一个本质来保证爱情的存在；说它无，它又明明让人悲，让人喜，让人能体会到、

[①] 洪修平释译：《肇论》，北京：东方出版社，2018，第78页。

第三十四讲 缘起性空：中观思想与爱情的无常

感觉到。所以不能执着于有，否则当它消失时，人就被抽空了，痛苦不堪，产生虚无感；也不能执着于无，否则生活缺少热情与动力、期待与憧憬、感受与体悟。

看到爱情的无常，就不会过分执着于它。但是人们对浪漫的爱情总有向往，在浪漫发生的瞬间，不会想到它的无常，尤其在我们年轻的时候。对爱情的执着往往是一种浪漫主义的想象造成的，它将爱情理想化。今天所谓的"恋爱脑"就包含了浪漫主义想象的成分，全身心地投入进去、迷恋、不顾一切，以致情绪化、注意力不集中、记忆力下降，像琼瑶戏里的那些男女主角。

在爱情中，浪漫的想象是必要的，但过度的浪漫主义会带来失望。浪漫主义的恋爱者相信"真爱应该包括喜欢爱人的方方面面。真爱等同于接受一个人的一切"[1]。这其实是"恋爱脑"的一个表现。"一见钟情"是浪漫的起点，但"一见钟情"实际上不是真的遇到了对的人，而可能是对童年经历中的熟悉的爱的再现。"我们首先爱上的不是那些以理想方式爱护我们的人，而是那些以熟悉的方式爱护我们的人。"[2] 这种爱我们的方式正是我们童年感到最安全的父母爱我们的方式。

---

[1] ［英］人生学校编著，冯倩珠译：《人生学校：爱情的真相》，北京：北京联合出版社，2018，第5页。

[2] 同上，第11-12页。

人的择偶心理是复杂的，往往选择的不是那个最好的人，而是最有意思的人。所以，当人们幻想一个聪明、迷人、慷慨、温柔、忠诚的完美伴侣，甚至不遇到就不恋爱、不结婚时，这是极端的浪漫主义和理想主义思维。佛家的"无常"思想可以让人避免沉浸于极端浪漫主义的想象。人都不完美，尽管很多人觉得自己的偶像是完美的，但实际上偶像是努力把最好的一面展现给你看，或被包装成大众喜欢的类型。持强烈的浪漫主义爱情观的人很难真正找到"梦中情人"，他们有时会在幻想与等待中错过了大好年华，当他们以完美的白马王子、白雪公主或明星的形象为标准在现实的人群中寻找爱人时，常会增加自己的失望。偶像也多会结婚、生子，他们的人生其实与你没有交集，甚至完全不相干。一切只是缘构发生，本性为空。不要执着于爱，也不必执着于不爱；既要追求爱情，又要接受爱情的无常；既要学会珍惜，也要懂得放手。

第三十五讲　无常：《红楼梦》中的宝黛之爱

在中国古典小说中，最具有"无常感"的爱情当属《红楼梦》了。贾宝玉经历了各种感情，也经历了荣华富贵、大厦倾塌，他的人生充满了幻灭感。最后宝玉放下一切，离开红尘，对感情看破，从有情到无情。我们以小说中贾宝玉与林黛玉的爱来看这种无常之爱。

宝玉爱的不只是林黛玉，而是纯粹洁净的"女儿世界"，爱大观园里的女孩子们。这些女孩各有各的美，各有各的好，但最后几乎都香消玉殒或远嫁他方，一部《红楼梦》就是悼念她们的心酸之作。宝玉虽然最后娶了宝钗，中了举人，完成了世俗的任务，但还是遁入空门。贾宝玉的情感丰富，内心敏感，待人温润，有直击心灵的能力。他能爱女孩子，也能被女孩子们爱,他对每个美丽纯净的女孩都有爱意,但是只限于"意淫"。他也爱纯净的男人,比如蒋玉菡、柳湘莲、秦钟。他丰富的情感经历至少包括这些:与可卿的梦幻之情,与黛玉的一见钟情,与宝钗的爱慕之情,与袭人的云雨之情,与妙玉的空灵之情,与湘云的伙伴之情,与探春的手足之情,对岫烟的怜惜之情,对晴雯的爱惜之情,对香菱的悲悯之情,对龄官的感佩之情,对金钏的愧疚之情,对秦钟的相惜之情,对蒋玉菡的喜爱之情,对柳湘莲的羡慕之情,等等。

在这么多的情感中,最重要的当然是宝黛之间的爱情,这也是贾宝玉最放不下的感情。黛玉的一举一动、一言一行他都在意,这份爱让他欢喜、忧愁,他为她快乐,为她痴,为她病,最终为她悲伤,这是宝玉出家的最重要的原因。

贾宝玉与林黛玉之间的"一见钟情",不是纯然因为美貌,更不是引起双方的性欲,而是一种时间层面的深度感受。过去、现在、未来,一眼看到了自己前生,似曾相识,又被当下这个奇特的对方吸引,有一种对未来命运的预感。他们看到的对方都是纯净的,一个是"面若中秋之色,色如春晓之花。……虽怒时而若笑,即瞋视而有情"[1]的天然、风度翩翩、单纯多情的公子;一个是"泪光点点,娇喘微微。闲静时如娇花照水,行

---

[1] [清]曹雪芹著,脂砚斋评点,王丽文校点:《脂砚斋批评本红楼梦(上)》,第32页。

动处似弱柳扶风"① 的婀娜多姿、柔弱多情的小姐。宝玉见了便说出了"这个妹妹我曾见过的"②，让黛玉无比惊讶，又心生温暖。她不是宝玉眼里的陌生人，从此心灵中多了一个亲近的人。他们是"旧相识"，如今只当作"远别重逢"。前世注定的情人，今世见到必有熟悉的感觉，不知过了多少世，才在这一世重逢，这种充满时间深度与命运感的见面是中国式的"一见钟情"。与西方不一样，比如《罗密欧与朱丽叶》，他们的一见钟情是深深被对方吸引，很快发展到约会结合。可以说，西方爱情的极致是"性"，中国爱情的极致是"时"，即领悟到前世今生的"时间"之缘，如《牡丹亭》说的"如花美眷，似水流年"，看到美丽的人，感受到的是时间匆匆溜走，一去不复返。爱情的极致是让人领悟时间。

爱情是有时间感的，是你的过去、现在与未来的交织带来的感受，好像我所有过去的盼望就是为了遇见这个人，遇见了就有当下心灵撞击的振奋与激动，然后又突然有一种见到了无限未来的尘埃落定之感，像王小波说的"深入这天地间"，这不仅是空间的深入，也是时间的深入，像是要永恒地停在此刻，又像是步入无限的未来，万事笃定。

---

① ［清］曹雪芹著，脂砚斋评点，王丽文校点：《脂砚斋批评本红楼梦（上）》，第33页。
② 同上注。

宝黛爱情最极致的表现是"黛玉葬花"这个行为艺术。葬花的时间点很重要,三月,春天,百花盛开,爱情萌发的季节。在美好的时节面前,人总是欢愉中又夹杂着伤感,《红楼梦》第二十三回说:

> 那一日,正当三月中浣,早饭后,宝玉携了一套《会真记》走到沁芳闸桥边桃花底下一块石上坐着……正看到"落红成阵",只见一阵风过,把树头上桃花吹下一大半来,落的满身、满书、满地皆是。宝玉要抖将下来,恐怕脚步践踏了,只得兜了那花瓣,来至池边,抖在池内。那花瓣浮在水面,飘飘荡荡,竟流出沁芳闸去了。回来,只见地下还有许多,宝玉正踟蹰,只听背后有人说道:"你在这里作什么?"宝玉一回头,却是林黛玉来了。①

《会真记》也就是《西厢记》。情在桃花漫天飞舞中,不能直接说出的心里话尽在书中。黛玉葬花,葬的不是花,而是心,她爱宝玉的心没有办法直接表达出来,更没有人为她做主。心是如此美好,又是如此无依,这是第一层意思;黛玉葬花,不是一个人在葬,而是两个人,黛玉葬花是从宝玉的视角来写的,所以能写出黛玉的伤春,对爱情无依的感叹。同时,作者又是

---

① [清]曹雪芹著,脂砚斋评点,王丽文校点:《脂砚斋批评本红楼梦(上)》,第232页。

第三十五讲 无常:《红楼梦》中的宝黛之爱

第三只眼睛,在看两个痴人葬花,其实宝玉也不能掌握自己的命运,他爱上了这个"落红无数"中的林妹妹,两个可爱的人儿就像桃花瓣一样漂泊无依。他们缺一个《西厢记》里聪明的"红娘",满心的话儿没有人代他们说出口来,这是第二层意思;桃花,并不只是黛玉的爱情的象征,而是大观园里所有纯洁的女孩子们的命运的象征,"千红一窟(哭)""万艳齐杯(悲)"是她们最终的命运。黛玉葬的不只是她的爱情,也是大观园里所有女孩的爱情,她们不只爱情不能做主,她们的命也是被别人主宰的。

> 林黛玉把花具且都放下,接书来瞧,从头看去,越看越爱看。不到一顿饭工夫,将十六出俱已看完。自觉词藻警人,馀香满口。虽看完了书,却只管出神,心内还默默记词。宝玉笑道:"妹妹,你说好不好?"林黛玉笑道:"果然有趣。"宝玉笑道:"我就是'多愁多病身',你就是那'倾国倾城貌'。"[1]

至此,方借着《西厢记》的曲文点了题。宝玉自言如张生,是个"多愁多病身",他确实经常有病,"似傻如狂",他得的是"痴"病。他又说黛玉是"倾国倾城貌",像崔莺莺,这是对一

---

[1] [清]曹雪芹著,脂砚斋评点,王丽文校点:《脂砚斋批评本红楼梦(上)》,第232-233页。

个女子相貌的最高赞美了。相互爱慕的心不言自明,但在彼此明了的瞬间又觉得羞涩,因而黛玉又被这爱感动得无以复加,觉得委屈与唐突,五脏六腑都震荡了一遍。宝玉虽是无心,却道出了真情。黛玉是心中欢喜但又表现出怒气,所以这两个人的情感表达非常有趣。因为害羞,所以急于掩饰。这是以否定的方式表达肯定,以拒绝的方式表达接受。

光有风景与书还不够,此处还有音乐,他们听到了十二个小戏子在练习《牡丹亭》。这个安排好妙。曹雪芹的伟大就在于每一处都给足了,表达到极致,在时间、风景、书、对话、音乐都刚刚好的情境中,爱的复杂的滋味才表现得淋漓尽致。这背后的感情与情绪极为饱满,具有阴阳两极的张力,既欣喜又悲伤,既震惊又从容,既袒露又掩饰,既期待又失落,既憧憬又茫然。在男人掌握权力的美轮美奂的大观园,一对痴情的人儿如浮萍般掌握不了自己爱情与命运。这段就像一个电影长镜头,饱满、直给,荡气回肠。《牡丹亭》是无意中听到的:

> 偶然两句吹到耳内,明明白白,一字不落,唱道是:"原来姹紫嫣红开遍,似这般都付与断井颓垣。"林黛玉听了,到也十分感慨、缠绵,便止住步,侧耳细听,又听唱道是:"良辰美景奈何天,赏心乐事谁家院。"听了这两句,不觉点头自叹,心下自思道:"原来戏上也有好文章,可惜世人只知看戏,未必能领略这其中的趣味。"想毕,又后悔

第三十五讲 无常：《红楼梦》中的宝黛之爱

不该胡想，耽误了听曲子。①

黛玉代表的是所有女孩子的纯净的性灵与早早凋零的命运。曲文说的正是这"如花美眷、似水流年"、惊艳了时间的美好，同时这"姹紫嫣红"又是"断井颓垣"呈现出的表象，这美好是短暂的。黛玉的自怜也便有了原因。她寄人篱下，因父母早逝而更为敏感。《红楼梦》第三十二回是宝玉的表白，这段表白非常特别。

> 宝玉又说："林妹妹不说这样混帐话。若说这话，我也和他生分了"……林黛玉听了这话，不觉又喜又惊又悲又叹。所喜者，果然自己眼力不错，素日认他是个知己，果然是个知己。所惊者，他在人前一片私心称扬于我，其亲热厚密不避嫌疑。所叹者，你既为我之知己，自然我亦可为你之知己矣；既你我相为知己，则又何必有"金玉"之论哉！既有"金玉"之论，亦该你我有之，则又何必来一宝钗哉！②

话说史湘云劝宝玉要好好读书、考举人进士，多会见为官做宰的人，谈谈仕途经济的学问，将来好应酬事务，其实她是劝说宝玉要进入男人的世界。宝玉毫不客气地驳回了她的美意。在这个问题上，宝钗、湘云、袭人是一个"统一战线"的，她

---

① ［清］曹雪芹著，脂砚斋评点，王丽文校点：《脂砚斋批评本红楼梦（上）》，第233-234页。

② 同上，第320页。

们既知宝玉不喜仕途,又劝说宝玉入仕途,其实她们内心也是矛盾的。她们既喜欢宝玉的单纯,又怕他将来不适应世俗,劝他早做准备。但是黛玉就不会如此劝宝玉,因为她更了解宝玉的天性。宝玉讨厌乌烟瘴气的官场,劝他去当官无异于劝他去"死"。所以,宝玉更以黛玉为知音。

这正是引起黛玉情绪波动的原因。"惊、喜、悲、叹",至少有四种情绪一股脑儿迸发出来,黛玉既惊讶于宝玉的赤诚,欢喜于宝玉对自己内心的懂得,又悲哀父母早逝无人做主,哀叹为什么又多出了个宝钗。木石前盟、遇见知音、彼此爱慕,本是美好的爱情,但是又要遵循"父母之命、媒妁之言"的传统。自己无父母之命,又要面对别人的风言风语,湘云、袭人等人更是觉得她为人处世不如宝钗识大体、明大义,性格、脾气、待人接物都无法与宝钗相比,在王夫人、王熙凤这些掌握权力的女人眼中,黛玉更不是嫁给宝玉的最佳人选。贾母虽然疼爱她,但还没有疼爱到让她嫁给宝玉的程度。

但宝玉对她最深情的表白就是:"你放心!"[①] 这一句戳中了黛玉的内心。黛玉的心病就是不放心,她不放心的事太多了:宝玉这样的性情得如何应对贾政们的要求与毒打;自己喜爱的宝玉会不会见了姐姐就忘了这个妹妹;宝钗会不会夺走宝玉;

---

① [清]曹雪芹著,脂砚斋评点,王丽文校点:《脂砚斋批评本红楼梦(上)》,第320页。

自己体弱多病,能不能撑到最后;丫鬟婆婆们会不会说她的坏话;自己说话如此真实会不会带来麻烦……真是"一年三百六十日,风霜刀剑严相逼",这份埋藏心底的恋情从头到尾都具有深刻的不确定性。宝玉这个"你放心"是想扫除她所有的顾虑。黛玉听了是惊讶的,又是委屈的。

宝玉点头叹道:"好妹妹,你别哄我!果然不明白这话,不但我素日之意白用了,且连你素日待我之意也都辜负了。你皆因总是不放心的原故,才弄了一身病;但凡宽慰些,这病也不得一日重似一日。"林黛玉听了这话,如轰雷掣电,细细思之,竟比自己肺腑中掏出来的还觉恳切,竟有万句言语满心要说,却是半个字也不能吐,却怔怔的望着他。①

宝玉一下子说中了她的心病,黛玉正是为了宝玉才弄了一身的病。这种深深的懂得是宝黛之爱的心酸动人之处。黛玉被表白的方式非常特别,没有我们今天充满仪式感的"我爱你"、玫瑰花,而是在大自然中说出对方的心事,让对方放心。所以黛玉的反应如此剧烈,她被深深地感动,这肺腑之言如此恳切、大胆、真实,让她什么也说不出来了。

---

① [清]曹雪芹著,脂砚斋评点,王丽文校点:《脂砚斋批评本红楼梦(上)》,第320页。

可以说，宝黛之爱真是几乎倾注了曹雪芹的全部心血，曹雪芹赋予了它多个视角的展现：从宝玉的眼睛看黛玉，从黛玉的眼睛看宝玉，从湘云的眼睛看宝玉，从湘云的眼睛看黛玉……他们相遇、相爱、表白，这个历程看起来模模糊糊，连个"我喜欢你"的字样都没有，实际上清清楚楚。宝玉为黛玉病了多次，黛玉为宝玉一直病着，最后黛玉病死，宝玉出家，一个阆苑仙葩，一个美玉无瑕，就这样走完了他们的情路，这让宝玉体会到"大地白茫茫一片真干净"的虚无感。不只是黛玉的遭遇，大观园里一个又一个女孩的出嫁、被赶出贾府、被陷害、被污蔑、被家暴、自杀、隐遁……一桩又一桩的事，一个又一个鲜活的人被折磨得不成人样，自己一直生活其中的钟鼎之家也变成了破落户，富贵显赫之人转眼之间便沦为阶下囚。这些都让宝玉悟到了生命的无常，所以最终出家。

张祥龙先生说："贾宝玉与林黛玉之情既非世俗和肉体的，亦非纯理念精神的，而是纯梦境或纯缘境的。西方传统哲学从来进不到'情境'之中。'情'的蕴义，不管是男女间的、母子间的、自然与人之间的，只能通过纯境域而得到理解。道家思想的根底处就有阴阳缠绵发生的大境界，有情有信，无为无形。"[①] 宝黛之爱是纯净美好的，他们的爱渗透在生活的所有细

---

① 张祥龙著：《海德格尔思想与中国天道：终极视域的开启与交融》，第337页。

节中,"无为无形",没有什么轰轰烈烈的大事,却震撼人心,充满了道家的自然精神与至真的人格特质。曹雪芹在我心目中是有大爱的人,是诗意的哲学家,他的《红楼梦》不仅是中国古典主义爱情的代表,也是中国爱情哲学的最美表达。

第三十六讲　无言：《红楼梦》中的宝妙之情

宝玉、黛玉、妙玉都带了一个"玉"字，霍国玲认为这是"分身法"的写作手法，即借不同女子的故事写现实中曹雪芹所爱的女子——香玉。霍国玲做了几十年这方面的研究，写了大量的著作。现实中究竟是指哪个女子很难考证，是不是真有这样一个女子也很难说，但《红楼梦》中的情感故事一定有曹雪芹自己的亲身经历在里面，可能是对不同女子的想象与加工，也可能确有一个女子兼有这些不同的经历，为了让小说更丰满，分在不同的女子身上来写。这些都是完全有可能的。无论如何，三者同"玉"，绝非巧合。妙玉代表了与宝玉的另一种缘分、另一种男女之情，我认为是《红楼梦》中最空灵、最唯美的情感，可以叫作"空情"，就是看空了的情感。书中最美的三个"行为

第三十六讲　无言：《红楼梦》中的宝妙之情

艺术"：一是"黛玉葬花"，一是"湘云醉卧"，一是"踏雪寻梅"。"踏雪寻梅"可以说是把智思的美、才情的美、诗意的美、空灵的美都写到了极致。

踏雪寻梅的故事，先从栊翠庵里喝茶的事说起。话说这一天，贾母带着刘姥姥和宝玉、黛玉、宝钗一干人来到栊翠庵，一起喝了茶。刘姥姥喝过的茶杯，妙玉让搁在外头，她比较洁癖，不喜俗人，倒也不是瞧不起乡下人，这里主要是写她与世俗的距离，她比黛玉更加目无下尘。所以，能进到里面去喝她的"梯己茶"（体己茶）的只有黛玉、宝钗，连宝玉都是尾随进入，这个细节写得十分有趣："那妙玉便把宝钗和黛玉的衣襟一拉，二人随他出去。宝玉悄悄的随后跟了来。"宝玉还说："偏你们吃梯己茶。"[①] 有点顽皮，又有点打趣的味道。其实妙玉知道宝玉肯定会跟着黛玉、宝钗进来的，心里早有准备。看似未邀，其实是在心里邀了。宝钗和黛玉也打趣说宝玉是来蹭茶的。妙玉给了他们三个不同的杯子。第四十一回说：

> 一个傍边有一耳，杯上镌着"瓠瓟斝"三个隶字，后有一行小真字，是"晋王恺珍玩"，又有"宋元丰五年四月眉山苏轼见于秘府"一行小字。妙玉便斟了一斝，递与宝钗。那一支形似钵而小，也有三个垂珠篆字，镌着"杏犀

[①]　［清］曹雪芹著，［清］脂砚斋评点，王丽文校点：《脂砚斋批评本红楼梦（下）》，第397页。

盏"。妙玉斟了一盏与黛玉。仍将前番自己素日吃茶的那支绿玉斗来斟与宝玉……妙玉听如此说,十分欢喜,遂又寻出一支九曲十环一百二十节蟠虬整雕竹根的一个大盒出来……①

这一段非常有趣,也非常讲究。很多人分析了这四个酒器的隐喻,认为是对贾家的命运以及黛玉、宝钗、妙玉的命运的隐写。我觉得这里有两层:一层是以古写今,隐写贾家要经历的重大变故以及这几个人的命运;另一层是写儿女情长,尤其是写宝玉、妙玉的微妙情感。从情感心理学的角度看,这四个酒器其实代表了妙玉心目中与他们的亲疏关系,每个动作、每句话、每个茶具都是妙玉心思的自然流露。妙玉给宝钗的是"瓟斝",晋代王恺珍藏过,上面还有宋代大文豪苏轼的题字。这个酒器是葫芦形状,与薛蟠的案子有关,即"葫芦僧乱判葫芦案",影射了薛家的地位。这么贵重的酒器给宝钗,因为宝钗的地位、才华与人品配得上它。但是给的杯子越贵重,越有来头,说明越尊重,越不能唐突,内心的距离也就越远。黛玉的杯子就比较简单,是"杏犀䀉","形似钵而小",一个很小巧的酒器,上面有三个"垂珠篆体"。垂珠是古代垂花门的一个部件,一般是莲花形的,简约而雅致,这与黛玉的气质很搭,但是无论收藏史还是造型都没有给宝钗的那个讲究,这说明妙玉没有

---

① [清]曹雪芹著,脂砚斋评点,王丽文校点:《脂砚斋批评本红楼梦(下)》,第397页。

把黛玉当外人。就亲疏而言，黛玉更亲，当然这亲疏是精神上的，不是感情上的。

到了宝玉就更有意思了，妙玉给的是自己平时喝茶的"绿玉斗"，谁会把自己用过的茶杯给别人用呢？而且对方还是个男人？用完了自己还要用。所以，这只能说明宝玉是自己心里最亲近的人，妙玉没有拿他当外人。我觉得这一段明着写宝玉没有被妙玉邀请，其实是写妙玉的心与他最近，当然这也是精神气质上的近。最后一个酒器是开个玩笑，一来突出妙玉的高雅，以宝玉之俗衬托妙玉之雅；二来暗示了宝玉对器具其实并不在乎，他在乎的是能在妙玉这里喝茶，无论用什么杯子，自是清雅。对你心中爱慕的人，会刻意保持一点距离，但又不拿他当外人，你的一举一动、一言一语，他一看就懂了。妙玉眼中无他，但心中有他，以宝玉的灵性，也是懂的。只是宝玉更加单纯，妙玉又生性孤僻、为人清高，本来懂的，也写得像是不懂。他们俩的爱是整个《红楼梦》中写得最朦胧的，总是隔着点什么，不是隔着杯子，就是隔着梅花，或是隔着个邢岫烟，其实都是自己制造的一个"门槛"，明明意趣相投，却成了"槛外人"和"槛内人"。

这"隔着"的写法是为了让这种微妙的情感有回荡的空间。妙玉是带发修行的尼姑，心性高洁，所以她的情感是藏着的。她不期占有，不能示爱，不愿染尘，怡红公子你来了可以用我的杯子喝茶，这里面有一点红尘的暖意，这就够了。

宝玉过生日的时候，姐姐妹妹们悉数到来，群芳共贺，饮宴玩乐，玩闹了一夜，醉的醉，睡的睡。第二天，宝玉醒来，发现栊翠庵送来了"槛外人"的帖子，正是妙玉的恭贺。这时的宝玉是什么心情？闹了一夜是动，槛外一帖是静。妙玉人在槛外，心系红尘，这又是什么样的心情？妙玉冰雪聪明，随缘安分，恰是自隐的深情。当我们觉得这种爱毫无可能，甚至毫无必要时，它反而美得动人心魄，就像开在山上的雪梅，也绽放着隆重的春意，无人知，无人识，正因此，更深情，更孤清。这轻轻一放的帖子胜过面对面的豪饮。它毕竟是爱啊，一句话、一个动作都与别人不同。这是最美距离的爱情。妙玉那清幽的栊翠庵里，红梅怒放，就像她的心。

妙玉只是带发修行，不是出家为尼。妙玉因为自幼多病，才信仰佛教，而不是心如死灰，遁入空门，妙玉的父母已经去世，没有寄托，没有依靠。宝玉就是她与尘世间最好的连接，连接着她从未泯灭的儿女情思。她只是暂居贾府，当然比"寄居"的黛玉更需要没有"妄想"，更需要与宝玉保持距离，她与宝玉在现实中注定是两个世界的人。对一个冰雪聪明的妙龄女子来说，境界是境界，情感是情感，孤高超脱的境界并不能说明她没有男女之情。她深沉美好的情感只是由于不可能而变成了不必要。

然后，才有了第四十九回的"琉璃世界白雪红梅"和第五十回的"芦雪庵争联即景诗"。大雪之后，众人在芦雪庵喝酒吃肉作诗。偏巧宝玉做不出诗，只能乖乖受罚。

> 李纨笑道："……今日必得罚你。我才看见栊翠庵的红梅花有趣，我要折一枝来插瓶，可厌妙玉为人，我不理他。如今罚你去取一枝来。"众人都道："这罚的又雅又有趣。"宝玉也乐为，答应着就要走。湘云、黛玉一齐说道："外头冷得很，你且吃杯热酒再去。"湘云早执起壶来，黛玉递了一个大杯，满斟了一杯。湘云笑道："你吃了我们的酒，你要取不来，加倍罚你。"宝玉忙吃了一杯，冒雪而去。①

这里层层烘托，先借李纨的口说出妙玉为人孤高，不喜俗人，所以一般人是要不来的。这罚便罚得适当，罚得雅致，罚得有深意。湘云更是开玩笑说，我们把酒都热给你吃了，你若要不来红梅就更要加倍罚你。湘云这话也是娇憨有趣。到底宝玉能不能取来？和妙玉又会有怎样的对话？李纨是寡居之人，温柔体贴，所以想到要命人跟着，但黛玉最懂妙玉，也懂宝玉与妙玉之间的微妙关系，所以拦住说不用了，有人去反而求不来了。因为有人必是俗人，妙玉必不喜，只会觉得是一种打扰，

---

① ［清］曹雪芹著，脂砚斋评点，王丽文校点：《脂砚斋批评本红楼梦（下）》，第473页。

不可能给他梅花；第二层是有人跟了去，妙玉就无法和宝玉交流了，这白雪红梅琉璃世界、踏雪寻梅一场神交，都会因为一个俗人而大煞风景；第三层意思是，妙玉孤高，且要避嫌，如有人跟去，内心的情思必不能表达，怕被人笑话了去或传出不好的话，因此断然会拒绝给他梅花，这个"罚"就白罚了，也就不美了；第四层是给妙玉与宝玉单独交流的机会，因为黛玉知道他们也只是交流而已，有何不好。说黛玉爱吃醋，那也是分人的。对于高妙之人，黛玉是大度的。她料定宝玉单独前往，红梅必能折回。

于是就有了"踏雪寻梅"的经典故事。纵然我们想了这么多，但宝玉与妙玉见面的整个过程，两人究竟说了什么，宝玉怎么要到的红梅，曹雪芹只字未写，让我们的想象全部落空，留出空白让我们自己去诠释，比如妙玉听到脚步声是什么反应？见到宝玉会如何打招呼？二人是否喝了茶？这次给宝玉用的什么杯子？宝玉是如何说明来意的？妙玉是取笑了他，还是高兴地带他去折梅花？面对这雪里红梅的美好，两人是否吟诗感叹？还是一个敲着木鱼一个折走了梅花，没有任何言语？抑或是二人谈玄论道了半天？我心中有太多的问题想要问问曹公，但又觉得这样想就俗了。雪里红梅、妙玉宝玉，只要想象一下这个场景，就觉得太美了，惊艳了时间的美。

宝玉把一大把的梅花给折回来了，只说了一句话："你们如

第三十六讲　无言:《红楼梦》中的宝妙之情

今赏罢,也不知费了我多少精神呢。"① 这"不知费了我多少精神"九个字就概括了曹公省略掉的全部内容,以不写写之,以不言言之,因为对待那样的人,那样的场景,任何言说都是多余,人来了就好,看到了就好,红梅取走了就好,木鱼声可能偶尔断了一下,那暂停的节拍也响彻白雪世界……两个才貌双全彼此欣赏的人在这白雪红梅天地之间,什么也不说,是不是也穷尽了人间所有的美好？美是无言的境界。宝玉、妙玉终归是佛界之人,是对"空性"的觉悟者,与人世间没有太多的瓜葛；红梅象征着红尘世俗的鲜艳美好,白雪象征着"大地白茫茫一片真干净"的"空性"。因为空,色更纯美；因为色,空更透彻。

虽然这个取梅花的过程省略了,但是宝玉回来后一下子就长进了,诗兴大发:

　　酒未开罇句未裁,寻春问腊到蓬莱。
　　不求大士瓶中露,为乞嫦娥槛外梅。
　　入世冷挑红雪去,离尘香割紫云来。
　　槎枒谁惜诗肩瘦,衣上犹沾佛院苔。②

第一句就感觉酒坛已开,让人陶醉。宝玉到栊翠庵看似取

---

① ［清］曹雪芹著,脂砚斋评点,王丽文校点:《脂砚斋批评本红楼梦（下）》,第473页。
② 同上,第474-475页。

梅，实是"寻春"，虽是寒冬，心有春意，这是时间的含苞欲放，更是时节的生意盎然。是寻春，也是寻灵感。沾满了红尘的气息，一入栊翠庵，就净化了，诗兴也就回来了。妙玉是他心中的"嫦娥"，是月亮上的女神、大观园的隐者。"大观园"里处处是大观，妙玉是其中最耐人寻味的一个景观。宝玉是去"乞"红梅，不是去"要"红梅，这是把自己放在了谦卑的位置上，是智的谦卑，也是情的温柔。再看下文，"冷挑红雪去"，这"冷"不是天气的冷，而是看世间的"冷眼"，像这雪一样，纯洁无瑕落人间，飞鸿哪会计东西。紫云而来，是道家气象，梅花香气扑鼻，一下子扫去了刚才热闹的酒气。"诗肩瘦"是说谁？当然不只是妙玉，可以是黛玉，可以是香菱，也可以是所有精神超拔的女孩子。宝玉回来后身上还沾着栊翠庵里的青苔，这是虚写，实际上沾的是佛理，是沐浴了妙玉所营造的独特的佛气，这种佛气把他们的感情隐藏了、升华了。妙玉与宝玉这种无言、无痕的爱里有最高的哲学。

宝玉的爱情是一种"意淫"，爱在"意"，不在"欲"。宝玉这个人的情感是"情不情"，与黛玉的"情情"是相对的。对"情不情"学者有不同的理解。我觉得从语法上看，与《老子》中的"为无为""欲不欲"是一样的，以"无为"为"为"，以"不欲"为"欲"。"情不情"也可以作以"不情"为"情"来解，即以别人不以为情的情感为情。黛玉是"以情为情"，以自

第三十六讲　无言：《红楼梦》中的宝妙之情

己所认定的情为情，独独钟情于宝玉的情，乃至为此郁郁而终。宝玉则不仅是对黛玉，对所有纯净美好的女孩子都有情，甚至对万物都有情。第五十八回说：

> 再过几日，这杏树，子落枝空；再几年，岫烟未免乌发如银，红颜似槁了。因此不免伤心，只管对杏流泪，叹息。正悲叹时，忽有一个雀儿飞来，落于枝上乱啼。宝玉又发了呆性，心下想道："这雀儿必定是杏花正开时，他曾来过；今见无花空有叶，故也乱啼。这声韵必是啼哭之声，可恨公冶长不在眼前，不能问他。但不知明年再发时，这个雀儿可还记得飞到这里来，与杏花一会了。"①

宝玉从杏花将落想到邢岫烟的头发会变白，红颜终老去。邢岫烟是妙玉的至交，与宝玉的交集很少，但宝玉对她亦有情，这种情是大情，是悲悯之情。宝玉想到所有女孩子都将红颜老去，会伤心流泪。他移情到雀儿的身上，想到雀儿也曾在鲜花盛开的时候来过，如今看到叶子落了也会乱啼。公冶长是孔子的学生，据说通鸟语，所以宝玉感叹公冶长不在眼前，不能帮他翻译鸟语，但还是希望雀儿明年能再来，与杏花相会。你看，这才是宝玉，能与鸟儿说话，感通万物之情。

---

① ［清］曹雪芹著，脂砚斋评点，王丽文校点：《脂砚斋批评本红楼梦（下）》，第552页。

宝玉经历了各种情起情落,看到了爱情、财富、权力、尊位、生命,一切都无常。他的悟经历了好几个阶段,其中第二十二回最为重要。宝玉听了宝钗点的《鲁智深醉闹五台山》中的《寄生草》:"漫揾英雄泪,相离处士家。谢慈悲剃度在莲台下。没缘法,转眼分离乍。赤条条来去无牵挂。那里讨烟蓑雨笠卷单行?一任俺芒鞋破钵随缘化!"① 宝玉想起前日看的《南华经》上有"巧者劳而智者忧,无能者无所求,饱食而遨游,泛若不系之舟。"② 这句出自《庄子·列御寇》篇,他由此悟到了人生的各种忙碌皆因有机巧之心,愚钝之人反而无伤。有求必苦,无欲则刚,无所系缚,江海余生。所以,宝玉做了一个偈子:

> 无我原非你,从他不解伊。
> 肆行无碍凭来去,茫茫着甚悲愁喜,
> 纷纷说甚亲疏密。
> 从前碌碌却因何?
> 回头试想真无趣。③

人生若细想,心累皆因太聪明。聪明之人必有机心。宝玉

---

① [清]曹雪芹著,脂砚斋评点,王丽文校点:《脂砚斋批评本红楼梦(上)》,第218页。
② 同上,第220页。
③ 同上,第222页。

的累则是情累，要照顾所有女孩子的内心，护她们周全，而又常常被错怪，不被理解。他突然悟出本来谁都不认识，因缘际会而已，为何要生出那么多的悲喜，有那么多的亲疏之别，之前忙忙碌碌操碎了心，回头一想真是无趣。最后家道中落，理想的"女儿世界"毁灭，领悟了飞鸟各投林、万物归空的苍凉。所以宝玉最后拜别父亲，离开宝钗，遁入空门。这是一种彻底的放手与放下。

第三十七讲 无情：从弘一法师到阿伯拉尔

放手之爱是说虽然爱一个人但没有选择在一起，或选择斩断情缘，前者是一种不占有的超脱，后者是迫不得已的"绝情"。我们以后者为例，比如弘一法师离开了日本的妻子淑子，投身佛教；中世纪的阿伯拉尔断绝了与心爱的爱洛伊斯的联系，献身基督教。他们都经历了轰轰烈烈的爱情，又中断了爱情。这种绝情不是无情，而是无法安放的深情。这种"绝情"之人都皈依了宗教，以求根本的解脱。

李叔同最为大众熟知的是他的《送别》："长亭外，古道边，芳草碧连天……"李叔同是富家大户子弟，1897年，17岁的李叔同迎娶了大自己两岁、出身于天津茶商家庭的女子俞氏，属于包办婚姻，二人育有三子。1903年，内政纷乱，外交节节败退,李叔同的爱国之心难以施展,开始流连风月场所。他与坤伶杨翠喜,名妓朱慧百、李苹香、高翠娥等都有着千丝万缕的联系。他在一个大历史中,面对时代的混乱、母亲的猝然离世,最后选择了出家。这佛教的因缘是从小就奠定的。

李叔同盛年出家,与其幼年时期耳濡目染的佛事佛法有很大关系。李叔同自己也说过,从5岁记事起,家中常常有出家人来来往往,念经、拜忏、做道场。这一时期的李世珍已经步入晚年,他一心向善,坚持放生。鱼虫飞鸟放生不计其数。特别是他68岁时老来得子,李叔同出生,让他喜出望外,将蜂拥而至的渔民小贩子手里的鱼虾种种,悉数买下放生。[①]

李叔同从小结交有钱又有闲的富家子弟,这些人都喜欢结交文人雅士,提高自己的文化素养。李叔同聪颖好学,热爱艺术,内心追求自由,慢慢地就脱离了纨绔子弟的群体,走向了对真理的探求之路。李叔同是个艺术全才,在诗词、篆刻、音乐、美术、金石、书法、戏剧等方面都有很高的造诣。他14岁时在天津天仙园与杨翠喜结识,21岁时回津省亲期间,曾入京暗会杨翠喜,填词《菩萨蛮·忆杨翠喜》:"燕支山上花如雪,

---

[①] 王牧著:《一念放下,万般从容:李叔同传》,哈尔滨:北方文艺出版社,2019,第6页。

燕支山下人如月。额发翠云铺，眉弯淡欲无。夕阳微雨后，叶底秋痕瘦。生小怕言愁，言愁不耐羞。"这首词写得婉转细腻有香气，没有亲密的相爱经历恐难写出这样的艳诗。李叔同曾经结交各色女子，领略爱的滋味。在上海时李叔同是风流倜傥、意气风发的青年，享尽情感的欢愉，但是生活中也充满了苦闷。

李叔同的父亲有原配夫人一个，侧室夫人三个，李叔同是侧室王氏所生，他的父亲60多岁娶了王氏，李叔同4岁时父亲就去世了。他曾对学生丰子恺说："我的母亲很多，我的母亲——生母很苦。"① 在这样复杂的大家庭中，李叔同深知母亲生存的艰难。李叔同接受了西方的思想，对这一点尤其感到厌恶，又不得不低头，这种痛苦可想而知。这是家愁。还有国忧，即庚子时局之变，当时文人都有忧愤之情。李叔同于1898年离开天津后，北方迅速陷入了义和团运动的影响。1900年7月中旬，八国联军进犯天津。时局动荡，李叔同对国家命运非常担忧，对现实深深地失望。1905年，李叔同的母亲病故于上海，年仅44岁，这对李叔同的打击特别大。母亲临终的时候，李叔同没能在身边，没能亲自送她最后一程，这成了他最大的痛苦与遗憾。他回忆说："我从二十岁到二十六岁之间的五六年，是平生最幸福的时候。此后就是不断的悲哀和忧愁，一直到出家。"②

---

① 王牧著：《一念放下，万般从容：李叔同传》，第70页。
② 同上，第73页。

第三十七讲　无情：从弘一法师到阿伯拉尔

1905至1911年，李叔同在日本留学。1907年春节期间，李叔同在《茶花女遗事》话剧公演中反串"茶花女"一角，演技精湛，赢得了热烈的反响。李叔同主要学习美术，但雇不起女模特，在学校一直是用男模特进行人体写生。11月，练习绘画的李叔同见到给他送饭的房东的女儿淑子，便邀请她当自己的人体模特。淑子被他的才华和诚恳打动，答应了他。两人慢慢相爱，次年春天，樱花烂漫，二人开始同居，李叔同的作品《出浴》据说画的就是淑子。在当时的中国，新风尚虽然已经开始，但纳妾的风气仍然存在。李叔同与妻子常年分居，纳妾在当时也是被允许的，但李叔同没有纳淑子为妾，他没有公开承认过这桩名存实亡的婚姻。李叔同出国后，在任何人面前都没有再提过原配夫人，与离婚没什么两样。当记者问他时，他说自己是独身[①]，可见他对原配妻子没什么感情，单方面否定了这桩婚姻。

李叔同与淑子在上海相伴近10年，育有一儿一女，已是事实夫妻。但是国恨家仇、家道没落、亲人离世，都让他充分体会到了世间诸事的无常，他还饱受胃病和肺病的长期折磨，故在杭州的寺庙中尝试"断食疗法"。在断食静修的一个月里，李叔同重拾小时候对佛法的热爱，开始深入研究佛经，最终找到

[①] 王牧著：《一念放下，万般从容：李叔同传》，第108页。

了自己的归宿，去烦恼、了痛苦。可以说，李叔同从小有佛缘，又有慧根，太多原因凑到一起导致了他最后出家的决定，对他来说是因缘具足了，但对淑子来说确实很残忍。高文显先生回忆说：

> 他的日本太太携着幼儿，从南京赶来，要来和他会面。但是铁石心肠的他，连会面的因缘也拒绝她，她没有办法，只好再三地恳求，说他的爱儿也同来见他。可是他更表示坚持，吩咐通报的人，请对她说，把他当做害虎列拉病死了一样，一切家庭的事，从此不过问了。她知道他信仰宗教的热情，已迭于极点，只好带着爱儿北上天津，交给他的家属，然后自己凄然东归，以成就他的道业。①

弘一法师为了成就自己的道业，伤害了他的日本妻子淑子，道是无情，人却有情。淑子向他们的好友杨白民诉苦：为什么日本的和尚容许有妻室的，而李叔同要决绝地离开她与孩子？在她的请求下，杨白民带她到杭州虎跑寺找到弘一法师。他们一起到湖滨的一家旅馆，杨白民出去散步，让他们单独谈谈。弘一法师给了她一块手表作为纪念，并安慰她说："你有技术，回日本去不会失业。"② 这个结局对淑子来说太痛苦了，我们

---

① 王牧著：《一念放下，万般从容：李叔同传》，第110页。
② 同上，第111页。

可以想象她当时的心情。据他们的朋友姜书丹回忆,饭罢,雇一小舟,一人上船,三人相送,淑子失声痛哭,只好回日本去。据说淑子问李叔同:"叔同,请告诉我什么是爱?"叔同回答:"请叫我弘一,爱就是慈悲。""世间安有双全法,不负如来不负卿?"大概只有对宗教热烈的信仰才能让一个人抛下妻儿。

淑子的全名叫春山淑子(一说雪子),1996年去世,享年106岁。1992年曾将弘一法师的家书《致淑子:请吞下这苦酒》交给女儿珍藏,她的女儿叫春山油子,2020年7月初在冲绳岛去世,享年102岁。1988年油子曾来中国考察,到杭州虎跑寺寻找父亲的下落,但是得知父亲已去世46年。她的儿子曾经当兵,在冲绳战役中去世。淑子的中式四合院里一直挂着弘一法师画的油画,只卖掉了其中一幅,就是为了买这个四合院,她一直保留着李叔同的手表、胡须与信。油子谐音"游子",大概是为了表达对李叔同的怀念。

弘一法师看空一切,所以出家。他不是无情,否则怎么会有"悲欣交集"的感慨?怎么会在临终前流下泪水?看透世间一切黑暗与无常,身心俱疲,选择放下,潜心宗教,不仅个人得解脱,也可以传道给众生。他怎能对日本的妻子甚至原配夫人没有愧疚?但个体的力量非常渺小,他应该也有无奈。他在佛教理论上的贡献与身体力行是留给世人的财富,从这一意义上说是"慈悲"。他一定也希望淑子能放下,真的能吞下这杯苦酒。弘一法师抄录过佛家格言101条,这一条或许最能代表他对儿女情长的看法:

> 娑婆有一爱之不轻,则临终为此爱所牵,矧多爱乎?
> 极乐有一念之不一,则临终为此念所转,矧多念乎?(幽溪法师)①

这段话是说人处世间,如果还有一丝爱不能看轻、放下,那么临终时一定会为这点爱牵绊,况且有很多的爱呢?极乐世界要念阿弥陀佛才能去,如果有一念心口不一,临终都会被这一念所转,而无法到达极乐世界,何况有很多杂念?弘一法师抄写的应该也是他所参透的。他放下爱情与亲情,是因为他感到人最终都要孤独地面对死亡,爱会是临终前的牵挂,这样无法往生极乐世界。他念佛就想一心念佛,尽管在我们常人看来,这也是一种执念,他终究是负了淑子,他到底是没有淑子坚强。

同样,西方与宗教有关的也有一个"放手之爱"的例子——法国中世纪的阿伯拉尔与爱洛伊斯的爱情故事。两个相爱的人留下五封很长的信,加上一封阿伯拉尔写给朋友的信,

---

① 王少农注讲:《李叔同〈晚晴集〉人生解读》,北京:线装书局,2008,第129页。

都被收入《绝·情书》中。阿伯拉尔与爱洛伊斯间的爱情是个传奇，也是个悲剧。

阿伯拉尔是中世纪法国著名哲学家、神学家、逻辑学家。自幼聪明好学，深得父亲的宠爱，放弃了爵位继承权，放弃了家庭的财富，专事逻辑学。1100年，他游学巴黎，师从香浦的威廉，刚开始非常被器重，但后来经常与老师发生激烈的辩论。阿伯拉尔对老师渐生轻慢，老师觉得他太骄狂，于是师生反目。1113年，他转向当时著名的神学家拉昂的安瑟伦学习神学，但很快又认为这位老师虽擅辞章，但言之无物，于是再次离开老师，自学成才，设坛收徒，声名鹊起。

在这个时候，34岁的阿伯拉尔遇到了17岁的爱洛伊斯。爱洛伊斯是个美丽的女孩，从小寄居在舅舅家，舅舅对她非常宠爱，让她读了很多书。她可以阅读拉丁文、希腊文和希伯来文，在当时即便男人也很少能做到。她记忆力超群，聪颖而有见地，可以说是集美貌、才华、宠爱于一身。阿伯拉尔倒贴钱给爱洛伊斯的舅舅，才成为爱洛伊斯的家庭教师。之后，两人很快坠入爱河，爱洛伊斯怀孕，她的舅舅不同意两个人结合，于是两人私奔、结婚。她的舅舅为了惩罚阿伯拉尔，派人夜里去阿伯拉尔的住处，强行将阿伯拉尔阉割，阿伯拉尔痛苦万分，因此出家，成为修士，并敦促爱洛伊斯出家做了修女。阿伯拉尔决定献身上帝，弃她而去，游走各地，但不为当时教会所容，困难重重。很多年后，阿伯拉尔在给朋友的信中讲述了他的这一悲惨遭遇。

> 我见到了爱洛伊斯，和她说上了话——我的每一个举动、每一个慌乱的表情，都告诉她我心中的所想所思。而另一方面，她的落落大方，也让我觉得一切都颇有希望。菲尔贝尔（按：爱洛伊斯的舅舅）希望我教她哲学，这就让我有了和她单独相处的机会。①

他到爱洛伊斯家做家教是慕名而去，见到这个年轻美貌、才华横溢的女孩后立刻就爱上她了。爱洛伊斯也爱上了阿伯拉尔。从此，阿伯拉尔作为哲学家的理性、作为逻辑学家的思辨都派不上用场了，他说："我红着脸对她说：……此前，我认为哲学使我们能够主宰自己的情感，是躲避那使庸弱的凡夫俗子们颠摇覆没的暴风雨的避难所；但你毁掉了我的安全感，还有我在哲学上的勇气。我曾蔑视财富，声名以及荣耀也从未在我的心中掀起一丝波澜，只有美打动了我的心灵。"② 爱情是感性的，是对美的追求；哲学是理性的，是对真理的追求。对阿伯拉尔来说，爱情不是对美本身的追求，而是对美好的人的追求。他被这个女孩子的内外兼修的美彻底打动，他追求的哲学、逻

---

① ［法］皮埃尔·阿伯拉尔等著，葛海滨译：《绝·情书：阿伯拉尔与爱洛伊斯书信集》，北京：华夏出版社，2017，第12页。
② 同上，第13页。

第三十七讲 无情：从弘一法师到阿伯拉尔

辑、神学、名誉、输赢都突然变得不重要了。

但爱洛伊斯的舅舅认为阿伯拉尔比爱洛伊斯大很多，肯定是骗她的。这是后来爱洛伊斯信中透露出的原因，当然还有可能掺杂很多其他原因，比如阿伯拉尔比较狂傲，爱洛伊斯的舅舅可能不喜欢他；爱洛伊斯没有父母，跟着舅舅长大，与舅舅长期互相依赖，她舅舅可能无法接受她突然被一个男人带走；阿伯拉尔才华横溢、富有名声，爱洛伊斯的舅舅也可能嫉妒他；阿伯拉尔与两任导师反目，这一点也很难让她的舅舅信任他为人处世的能力。但是，她舅舅的阻挠挡不住阿伯拉尔与爱洛伊斯热烈的爱，阿伯拉尔回忆了他们秘密幽会时很多甜蜜的瞬间。阿伯拉尔带着爱洛伊斯私奔，这个冒险的行为是他性格的必然，也注定了悲剧性的结果。爱洛伊斯的舅舅找人强行阉割了阿伯拉尔……阿伯拉尔说：

> 是羞耻，而不是任何诚意的忏悔，让我决定离群索居，远离世人，但我不能离开我的爱洛伊斯。妒忌充盈了我的心灵，因此我牺牲了她的幸福，坚决不让我的仇敌得逞。在我遁入修道院之前，我要求她穿上了修女的袍服，在阿尔让特伊女修道院出家为尼。[1]

---

[1] ［法］皮埃尔·阿伯拉尔等著，葛海滨译：《绝·情书：阿伯拉尔与爱洛伊斯书信集》，第25-26页。

阿伯拉尔从此被孤立、被嘲笑，作品被烧毁，教会也不要他了。没想到他这封深情讲述自己的信辗转到了爱洛伊斯的手中，他在信中充满对爱洛伊斯的爱慕与歉意，这引起了爱洛伊斯心灵极大的震荡，像飓风一样，有震惊、激动、惊喜、同情、恐惧、心疼、痛恨、忏悔、悲伤，还有对未来两个人能相互通信的憧憬。爱洛伊斯立刻给阿伯拉尔回信：

> 我的眼前总是浮现着我那残忍的舅父和我受伤的情人的身影，那般地令人酸楚；我永远也不能忘记你的学识招致的敌人，你的荣耀给你带来的妒嫉；我永远不会忘记你最为正当应获得的声誉，却被那些冒牌的学者们穷凶极恶地毁谤、打击，以致你声名扫地。他们何尝不曾烧毁你的神学著作！[①]

爱洛伊斯没有指责对方离开她，让她年纪轻轻做了修女，而是表达了他遭遇的不公和对那些坏人的憎恨，这是个非常有力量又善良的姑娘。她没有囿于自己所受的苦难，变得自怨自艾，始终同情对方因为她而受的奇耻大辱。她像是知道这些信件一定会流传于世，一语道破这场灾难的实质：一场因为嫉妒带来的谋害，嫉妒他的人毁掉了这个哲学天才。他的著作被烧毁，这比他肉体所受的痛苦要大得多。爱洛伊斯说：

[①] [法]皮埃尔·阿伯拉尔等著，葛海滨译：《绝·情书：阿伯拉尔与爱洛伊斯书信集》，第36页。

第三十七讲 无情：从弘一法师到阿伯拉尔

> 让我永远数念你所罹之祸难，让我将其公之于世，如若我能，让不能赏识你的这个时代知此为耻！我不会宽恕任何人，因为没有一个人曾伸出援手庇护于你，而你的敌人诬你之清白，何曾稍息。①

爱洛伊斯批判的是那个时代，一个不能赏识一个学者才华的时代是耻辱的，她的胸怀与眼界确实比很多男人都宽广与高远。她是在向全世界宣称：阿伯拉尔遭受肉体的摧残不算是一种耻辱，这个时代太多的人因为嫉妒而陷害他才是最大的耻辱。她选择不原谅，她要用白纸黑字写下来。我们可以想象阿伯拉尔读到这里有多感动，有多委屈，有多爱这个深深懂他的女子，但是这种爱越深他越痛苦，除了修道院，任何地方都容不下他们。他们的爱无法继续，只能各自在修道院里过一辈子，把余生献给上帝。爱洛伊斯理性的思考与控诉背后是一颗脆弱的心。她说：

> 我们可以互通书信，这最无碍于他人的乐趣，并无人夺去。让我们莫要因为疏冷而失掉这唯一尚存的欢愉，而这恐怕也是那些恶毒的敌人唯一不能从我们心中夺走的乐趣。从你的信里，我会读到我的丈夫的话语，而我回信时，

---

① ［法］皮埃尔·阿伯拉尔等著，葛海滨译：《绝·情书：阿伯拉尔与爱洛伊斯书信集》，第38页。

> 则会自署为君之妻……不能看见你,也不能拥有你,既然这至要的快乐都已失去,我只盼望能读到你的信。①

这是一个美好的愿景与请求。虽然通信会有困难,需要两个人完全信任的朋友在中间转交,但她毫无怨言,想要继续做他的妻子,哪怕是书信形式的"精神之爱"也是对彼此的安慰。他们的爱情不会因为肉体的残缺和世人的破坏而减少一点点,相反,只会增加。她甚至要把信带在身边经常亲吻它们。在修道院幽闭的生活能说出这样的话,需要多么坚定的决心与勇气。

她说:"我对你的爱刻骨铭心,而我已不再觉得这话难以启齿,因为我之所为,远甚于此。我曾自恨为何会爱上你;我来此受永世的禁闭,我这样地毁掉自己,为的只是让你可以平静安宁地活下去。"② 是爱情让她能坚持活下去,让她能年纪轻轻就在修道院里断灭自己的情欲、断送自己的前途。这些话像中国汉乐府中的《上邪》:"山无陵,江水为竭。冬雷震震,夏雨雪。天地合,乃敢与君绝。"爱洛伊斯的爱坚定而纯粹。她说:

> 我尚屡次对你说过,拥有你的心比起其他任何事情都更令我高兴,而且我最少看重的是你的肉体。这些话,你

---

① [法]皮埃尔·阿伯拉尔等著,葛海滨译:《绝·情书:阿伯拉尔与爱洛伊斯书信集》,第41页。
② 同上,第46页。

必应深信不疑，因为我曾极力表示不愿与你结婚，虽然我知道在俗世中妻子之名极是尊重，在宗教中更被视为神圣，但我仍旧更愿做你的情人，因其更为自由无羁。①

很难想象这个观点是中世纪的人说出的，那是一个宗教统治的时代，怎么能接受这样自由的爱情呢？爱洛伊斯是个勇敢的女子，是超越时代的。他们自由相爱，面对如此大的罹难也不曾变心，不曾指责、抱怨过对方一句。这是自由的灵魂之间的爱，是惊世骇俗的爱。阿伯拉尔收到信后也感到无比激动，字里行间，熟悉的字迹中藏着多少不为人知的爱，多少大胆的表达。但是阿伯拉尔始终比爱洛伊斯冷静。他看到这一发不可收的爱只会让两个人越陷越深，更难放下。阿伯拉尔是矛盾的，他始终在理性与感性、信仰与爱情之间徘徊。他说：

> 信仰教我去追求美德，因为我于爱情上再无可希冀。但爱却充盈了我的心，时常让我想起往日的欢愉。回忆补了情人之失。离群索居带来的并不总是虔诚和安分守己；即便是在沙漠中，当上天的雨露不再落在我们头上，我们仍对我们不应再爱的人充满了爱意。因孤独而燃起的激情，

---

① [法]皮埃尔·阿伯拉尔等著，葛海滨译：《绝·情书：阿伯拉尔与爱洛伊斯书信集》，第47页。

充盈了这片死寂之地;我们于此极少恪尽职守,我们所爱所侍奉的也全然不只是上帝。①

阿伯拉尔深知信仰的重要,信仰让人追求美德,但他带爱洛伊斯私奔不算美德。他的理性在爱情面前节节败退。他在这封信中表达了充盈内心的爱,他放心不下心爱的爱洛伊斯,对爱洛伊斯依然充满爱意,但他同时也想一心一意侍奉上帝。他说:"唯可叹者,此事人所不免,因诱惑实源于人之自身;我们尚未完全从前一诱惑中脱身,便有继者相逼。这便是亚当后人的命运,他们总会有痛苦折磨,因其丧失了原初的幸福……唯祈求上帝相助,我们才能更为稳妥地达到目的。"② 他认为人是弱小的,两个相爱的人也是弱小的,最终只能靠上帝拯救。他发现爱情其实是一种诱惑,只要把心从上帝这里拿开,欲望就再一次被诱惑,没有止境。两个人爱而不得,只会更加痛苦。所以他祈求上帝的帮助,在给爱洛伊斯的最后一封信中说:

别了,爱洛伊斯,这是你亲爱的阿伯拉尔给你的最后的忠告;让我最后一次劝你遵从《福音书》中的戒律。你的心,曾如此为我的爱所感动,现在上天要它听从我对宗教之热诚的指导。愿一直萦绕在你心中的爱你的阿伯拉尔的形象,即

---

① [法]皮埃尔·阿伯拉尔等著,葛海滨译:《绝·情书:阿伯拉尔与爱洛伊斯书信集》,第69页。
② 同上,第138-139页。

时变成真心忏悔的阿伯拉尔；愿你为你自己的救赎，流下与你以前为我们的不幸流下的同样多的泪水。①

这个"别了"，我们很多人都经历过，相爱的人离别总是会痛，但有时候继续下去只会更痛。人生就是不停地与爱的人告别，最终与爱情告别、与世界告别。阿伯拉尔不想再爱了，太痛了，这个身心都受到戕害的人不想再因为相爱而为世人所不容，他看清了爱欲的本质，但他爱这欲望。如果不能克制，他们的爱只会历久弥深。但是他们永远无法再完整地爱、充分地爱、自由地爱，他们将面临更多的苦难和不幸。所以，阿伯拉尔选择放下，放下是最后的拯救。他一心侍奉上帝只是为了求得内心的平静，其实并不是真的多么信仰上帝。他们俩活在宗教统治的时代，但实际上他们更信仰的是爱情。这是他们的真实可爱之处。阿伯拉尔断绝了与爱洛伊斯的联系，并不完全是因为宗教信仰，而是对痛苦的斩断。

阿伯拉尔放手了，不想再消耗彼此的感情，在那个时代他们没有希望。他由衷地希望爱洛伊斯也能放下，忘记爱人，忘记过往，在忏悔中获得救赎。他最后的"绝情"实际上出于无法割舍的深爱，放下也是为了减轻对方的痛苦。阿伯拉尔1142年去世，爱洛伊斯1164年去世，他们最终葬在了一起。如果他们生活在今天，一定会离开修道院，恩爱地度过余生。

---

① ［法］皮埃尔·阿伯拉尔等著，葛海滨译：《绝·情书：阿伯拉尔与爱洛伊斯书信集》，第147页。

第八篇 危难之爱

第三十八讲　爱情与死亡的关系

危难之爱是在危险与灾难中迸发出的一种特殊的爱情。两个本来平凡相爱的人因为一场灾难而升华了他们的爱情，在生死关头，感受到爱情的意义，至少能让双方多爱几年，比如《倾城之恋》中的爱情。为什么在面对死亡的那一刻想要拥抱爱的人？爱情的意义是否真的可以到达"生可以死，死可以生"的境界？死亡和爱情的关系是什么？死亡意味着什么？本讲从多个角度去理解爱情与死亡的关系。第一个要讲的当然是海德格尔，20世纪讲死亡最深刻的哲学家。海德格尔说：

> 一向本己的此在实际上总已经死着，这就是说，总已经在一种向死存在中存在着。然而此在把这一实际情况对自己掩蔽起来了——因为它把死亡改铸成日常摆到他人那

里的死亡事件，这类事件有时倒令我们更清楚地担保"人自己"确乎还"活着"。然而，凭借在死面前的沉沦逃遁，此在的日常状态倒证明了：连常人本身也一向已经被规定为向死存在了。①

"此在"一直在死着，还在死着也就是在活着，活着意味着所有可能性，死则是一切可能性的消失。人需要面向死亡，呼唤良知，对此生做出筹划、选择。但在人的实际生活中，死亡又是被日常遮蔽的，醉生梦死是一般人的常态。爱情是一种面对死亡的方式，它让人心跳加速，心有牵念，日子变得不同，有活着的感觉。只有你清楚死亡这件事儿，才会认真地去筹划自己的人生，"常人"浑浑噩噩，没有自己的思考，随波逐流，只有死亡会让我们停下来思考自己的本来面目，要成为什么样的人。

爱情与死亡都是人生最极致的体验，都是灵魂上的事，不同于世俗中对功名利禄的追求。灵魂从事的是爱与信仰的事。在人面向死亡而走过的一生中，灵魂远比物质重要。但是人生大部分的时间都在伺候身体的日常琐碎中度过，满足身体的各种需求，没有时间专注于灵魂，这样到了死亡的时候就会恐惧，因为拼命赚来的一切都要撒手。人活着的时候就应该思考死亡，

---

① ［德］马丁·海德格尔著，陈嘉映、王庆节合译，熊伟校，陈嘉映修订：《存在与时间（修订译本）》，第292页。

第三十八讲　爱情与死亡的关系

为死亡做好准备。真正的爱情不反物质，不轻视肉体，但一定会超越这些而达到更高的美。爱情对这种恐惧起到了慰藉的作用。死亡哲学中的"剥夺理论"认为，人恐惧的不仅是死亡的过程、死后亲人的痛苦，还有生时各种美好体验的失去，包括爱的体验。帕特里克·聚斯金德说：

> 对美丽和善良的事物、幸福、完美的渴望——这些统统是神圣的标志，恋爱的人在恋人身上看得到这种标志的痕迹——最终甚至是不朽。爱神是那种"在美丽的事物中孕育和诞生的迫切的爱"……而这种"孕育和诞生"，想必也有肉体和兽性的一面，但更多的还是精神的、教育的、艺术的、政治的、哲学的。[1]

对美好爱情的追求不只有动物的本能、情感需要，也是人们渴望的神圣特质。它不再只是生物本能的繁衍，而是让生命具有了文化的含义。爱情是有意义、有价值的人生经历，它的价值甚至可以高到与生命等同，即汤显祖在《牡丹亭》题辞中说的："情不知所起，一往而深。生者可以死，死可以生。生而不可与死，死而不可复生者，皆非情之至也。"[2]《牡丹亭》中的

---

[1] ［德］帕特里克·聚斯金德著，沈锡良译：《论爱与死亡》，上海：上海译文出版社，2019，第9页。
[2] ［明］汤显祖著，［清］陈同、谈则、钱宜评点，李保民点校：《牡丹亭》，上海：上海古籍出版社，2016，第1页。

富家小姐杜丽娘与书生柳梦梅相爱,伤情而死,灵魂依旧在现实中寻找柳梦梅。以杜丽娘的父亲杜宝为代表的父权压制了杜丽娘追求自由的心,导致她忧郁而死。杜丽娘心中没有灭掉对爱的信念,为了复生,与父亲一直斗争到底,最后人鬼相恋,死而复生。就像《梁山伯与祝英台》中的死后化蝶,生不能得到的爱情,死后也要兑现。这都可以说是中国古典爱情的代表,它们都将爱情与死亡紧密联系在一起。

印度的哲人克里希那穆提认为,死是生的一部分,所有的过去和经验统统死去,人才能去爱。放下各种贪欲,人才能去爱。"是头脑紧握不放,去嫉妒、拥有、毁灭。我们的生活受身体中枢和头脑所支配。我们不会止于付出爱,我们也渴望着被爱。我们付出是为了得到回报,这种付出是头脑,而不是内心的慷慨行为。"[1] 其实"大脑"(mind)与"内心"(heart)是两回事,大脑是计算性地考虑问题,总在计算回报。所以,我们无法用大脑去爱,只能用内心去爱。"内心"是"灵魂"(soul)的声音。内心不能被大脑腐蚀。只有头脑静下来,停止计算,我们才能摆脱束缚,自由去爱。克里希那穆提说:

> 如果你用和别人、和印象的"关系"来填补空虚,那么就会产生依赖和害怕失去的恐惧,然后侵略、占有、嫉

---

[1] [印度]克里希那穆提著,常霜林译:《关系之镜:两性的真爱》,北京:九州出版社,2010,第176页。

妒，整个情绪就会随之而来。所以人不禁要自问：空虚可以经由社会活动、好的工作、到修道院静修、训练自己去觉察，从而得到填满吗？这真是荒谬。①

如果忙于占有与争夺，就必然会产生嫉妒与侵略，社会环境非常不友好，人与人之间充满敌意，这些都源于内心的空虚。空虚的心病只能心药来治，靠认识自己的心，自己去领悟，而无法靠外在的工作甚至心理辅导来解决。读书是认识自己内心状态的方式之一。只有去掉这些自我中心、功利之心，人才能解除庄子所谓的"倒悬"，把自己正过来，才能正常地去爱别人。克里希那穆提说：

> 美，不是狡猾心灵的表现，但是当心灵完全静默下来的时候，就会有了解的美。下雨的时候，你能听到雨滴急速拍打的声音。你可以用耳朵听到它，你也可以在那样的沉静中听到它。如果你能用完全沉默的心灵听到它，那么它的美是不能用文字表达或画在画布上的，因为那种美是超乎自我表现的。显然，爱是一种祝福，而不是快乐。②

爱只是美好，只是祝福。这样的爱情才是认真对待死亡的态度。贪婪不是在应对死亡，而是在加速死亡。当人以自我为

---

① ［印度］克里希那穆提著，罗若蘋译：《爱与寂寞》，第157页。
② 同上，第160页。

中心，迷失于我的野心、资本、成就时，那一定是不美的，脸上会写满紧张、不安与愁苦。大家看历代佛像的表情都非常欢喜、淡然，因为佛家的"空"观让人放下一切对立，放下分别心，让生命舒展、自在。当我们能放下这些内心杂乱的东西，爱就滋生出来了，我们自己是美的，看别人才是美的。

盖瑞·查普曼说："感觉被爱是人类最重要的情绪需求。为了爱，我们可以攀登山岭，横渡海洋，穿越沙漠，甚至忍受说不尽的困苦。一旦没有了爱，山岭无法攀登，海洋无法横渡，沙漠无法忍受，而且人生中的困苦更是无力克服。"[1] 爱情给生命以热情，是生命的最重要的动力。爱情是"生"的能量，是人面对死亡的一种重要方式。它让人更想活，也让人在死亡面前不显得那么弱小与无助。

---

[1] ［美］盖瑞·查普曼著，王云良译：《爱的五种语言：创造完美的两性沟通》，北京：中国轻工业出版社，2006，第10页。

第三十九讲　以命赌爱：张爱玲的《色戒》

在"依附之爱"中我们讲过了张爱玲。小说《色戒》与《倾城之恋》都是张爱玲的代表作，也都被拍成了电影。这两部小说的背景都是战争，战争是最典型的一种危难。电影《色戒》拍得非常好，只是对"性"的表现比原著中多得多。在张爱玲的爱情观里，爱上一个人不需要太多的理由，为一个男人付出，卑躬屈膝也罢，献出生命也罢，在张爱玲这里都像是一种宿命。这当然与她所处的动荡的时代有关，与当时的女性地位普遍比较低也有关，但最关键的是她自己的经历。张爱玲小说中的王佳芝更为特别，她为爱情付出了生命的代价，并背叛了崇高的政治任务。

《色戒》开头对王佳芝的描述很细腻，她一出场就已经不是

一个稚嫩的大学生了,而是性感、妖娆、精致、讲着一口地道上海话的麦太太了:

> 酷烈的光与影更托出佳芝的胸前丘壑,一张脸也经得起无情的当头照射。稍嫌尖窄的额,发脚也参差不齐,不知道怎么倒给那秀丽的六角脸更添了几分秀气。脸上淡妆,只有两片精工雕琢的薄嘴唇涂得亮汪汪的,娇红欲滴。云鬟蓬松往上扫,后发齐肩,光着手臂,电蓝水渍纹缎齐膝旗袍,小圆角衣领只半寸高,像洋服一样。[1]

这是成熟的王佳芝,她的"色"与易先生的"戒"且得有一番较量,明里暗里,真真假假。和王佳芝一起打麻将的有易太太,她两年前就与王佳芝认识,易先生跟随汪精卫做事,是亲日的汉奸。王佳芝隐藏身份,通过几年的时间精心伪装,混入了易先生家,打入了敌人的内部。易先生站在易太太后面看牌,但心思都在王佳芝身上。张爱玲的语言非常简省,只写了一句:"大家算胡了,易先生乘乱里向佳芝把下颔朝门口略偏了偏。"[2] 这符合汉奸的表达方式,而王佳芝也在加紧找机会,眼看着再不下手就要被易太太发现了。她给邝裕民打电话,透露

---

[1] 张爱玲著:《色,戒》,北京:北京十月文艺出版社,2007,第271页。按:小说原名用的是《色,戒》,为了与后面的电影名称表述一致,这里都用《色戒》,特说明。

[2] 同上,第273页。

第三十九讲 以命赌爱：张爱玲的《色戒》

易先生的行踪，当这场暗杀计划布置完毕，"她的手冰冷，对乡音感到一丝温暖与依恋"①。王佳芝需要温暖，需要爱，邝裕民没有给她这些，梁润生也没有给她。张爱玲对王佳芝的心理有独到的描述：

> 他是实在诱惑太多，顾不过来，一个眼不见，就会丢在脑后。还非得盯着他，简直需要提溜着两只乳房在他眼前晃。
>
> "两年前也还没有这样嚜。"他扪着吻着她的时候轻声说。
>
> 他头偎在她胸前，没看见她脸上一红。
>
> 就连现在想起来，也还像给针扎了一下，马上看见那些人可憎的眼光打量着她，带着点会心的微笑，连邝裕民在内。只有梁润生伴伴不睬，装作没注意她这两年胸部越来越高。②

王佳芝的身体意识慢慢萌发，性意识开始自觉。她懂得如何把易先生吸引住，色是易先生难以抵抗的。易先生很懂身体，他不是发泄一下就算了。他竟发现了王佳芝身体的微妙变化，但是又不直接表达，让王佳芝听了脸红了一下。"害羞"是爱的

---

① 张爱玲著：《色，戒》，第 275 页。
② 同上，第 276 页。

最重要的表现，如果心中只想色诱，何来害羞？如果易先生只为了一时的快感，又怎么会留意她的身体变化？她自己想到这一切时，又会看到那些让她色诱的人满意的微笑，包括她喜欢过的邝裕民。这一点非常讽刺，说明王佳芝对这样的色诱角色非常不满，内心充满矛盾。她长得最漂亮，又是学校剧团的当家花旦，所以"美人计"选上了她。梁润生性经验丰富，她的第一次就稀里糊涂给了这个猥琐的男人，她怎能不委屈？但是为了一个伟大的行刺目标，这牺牲又算什么？在王佳芝的内心这两种情感是矛盾的，一方面是委屈与耻辱，一方面是行刺汉奸的伟大任务。"既然有牺牲的决心，就不能说不甘心便宜了他。"[1] 事实上，她就是不甘心，就是觉得便宜了他。这是一个真实的在政治中献祭自己的女孩子的心灵成长史。

　　王佳芝的不甘心、不情愿是一点一点写出来的，她是一点一点连身体带灵魂地觉醒了的。"她与梁润生之间早就已经很僵。大家都知道她是懊悔了，也都躲着她，在一起商量的时候都不正眼看她。"[2] 这些同学知道她后悔了，并没有给她安慰，没有给她停下来的"指示"，她就这样在冷漠与无助中咬着牙坚持。王佳芝觉得自己很傻，她甚至觉得大家起哄把她捧出来，让她出马去当这个"美人"，是有人"别具用心"。她对这个组

---

[1] 张爱玲著：《色，戒》，第279页。
[2] 同上注。

第三十九讲 以命赌爱：张爱玲的《色戒》

织没有信心。易先生喜欢她，她"每次跟老易在一起都像洗了个热水澡，把积郁都冲掉了"①，这积郁包括了她的犹豫、不甘、委屈、被冷落。易先生为她定了戒指，反复说要好一点的，最后决定给她定了个6克拉的钻戒。对王佳芝来说，一边是冷漠的同学，一边是自己爱上的刺杀对象，她犹豫了。一切违背人性的胜利都不是真正的胜利，张爱玲想让我们看到的不是她最后刺杀成功。小说的重点不在价值判断上，而在对一个女性的心路历程的表现上。

难道她有点爱上了老易？她不信，但是也无法斩钉截铁地说不是，因为没恋爱过，不知道怎么样就算是爱上了。从十五六岁起她就只顾忙着抵挡各方面来的攻势，这样的女孩子不太容易坠入爱河，抵抗力太强了。有一阵子她以为她可能会喜欢邝裕民，结果后来恨他，恨他跟那些别人一样。②

她漂亮，十三四岁就有男孩子追了，懂得很多抵挡的技巧。她一直说"不"，还没有说过"是"，到易先生这里，没话说了。她虽然不能确定与易先生的是不是真正的爱情，但她可以肯定的是她接触过的男人中邝裕民让她失望，梁润生让她讨厌。还没有恋爱过，就被剥夺了性，这对自己是不是一种身心的伤害？

---

① 张爱玲著：《色，戒》，第280页。
② 同上，第287页。

所以她顾不了那么多了,她要凭自己的感觉活一回,这一次她相信的不是组织,不是曾经喜欢的邝裕民,而是她自己的感觉。买戒指是刺杀易先生的最后一个机会,但是她动摇了:

> 陪欢场女子买东西,他是老手了,只一旁随侍,总使人不注意他。此刻的微笑也丝毫不带讽刺性,不过有点悲哀。他的侧影迎着台灯,目光下视,睫毛像米色的蛾翅,歇落在瘦瘦的面颊上,在她看来是一种温柔怜惜的神气。
>
> 这个人是真爱我的,她突然想,心下轰然一声,若有所失。①

这"轰然一声"的悲哀是因为动了真心。这"轰然一声"有很多意味:为什么要刺杀一个自己爱上的人呢?在这个瞬间,她因为这一点心动而忘了别人给她规划的伟大任务,这本可能是她一生中的高光时刻。于是她做出了让所有人意想不到的选择:"快走——",放走了他们密谋多年的刺杀对象。王佳芝的逃生之路被封锁,她明明是极有可能杀掉易先生的,但是,他们之间有了爱。

王佳芝的爱其实也是一种"叛逆之爱",甚至可以说是负气之爱。她肩负着暗杀汉奸的使命,这不是她一开始就心甘情愿

---

① 张爱玲著:《色,戒》,第287页。

的，主要是走投无路。在爱情上，对她最大的刺激是邝裕民，王佳芝是因为喜欢邝裕民才加入了这个刺杀计划的，但这几个学生没有任何经验，没有正规训练，完全靠邝裕民的理想支撑着。以易先生的经验，也许早就怀疑她了，对她早有防备。王佳芝对这场刺杀也许根本没有足够的信心，而邝裕民不是为了爱情，不是为了刺杀成功后带她远走高飞，只是为了"干一票大的"，他热血沸腾，王佳芝苦苦煎熬。王佳芝只是帮他实现伟大计划的人。两个青年人本来应该沿着恋爱的路走下去的，却被乱世打乱了。

她喜欢的邝裕民眼睁睁地看着她献身，和自己讨厌的男人进行性练习，仅仅为了取得易先生的信任。而易先生是个活生生的人，在性爱中是无比真实的。她没想到演着演着麦太太就动了真情。但是对于易先生来说，自保永远比这个女人的爱要重要，"得一知己，死而无憾。他觉得她的影子会永远依傍他，安慰他。虽然她恨他，她最后对他的感情强烈到什么其他感情都不相干了，只是有爱的感情。他们是原始的猎人与猎物的关系，虎与伥的关系，最终极的占有。她这才生是他的人，死是他的鬼"[1]。危难之际，一个选择了爱，一个选择了自保。这种"生是他的人，死是他的鬼"的爱情估计在张爱玲的心里是冒着

---

[1] 张爱玲著:《色，戒》，第291页。

寒光的，她写下这句话时，也许是恶狠狠的。她笔下的女性多是爱情或婚姻中的牺牲者、弱者，她对此有控诉，也有认命。

小说比电影的描写更细腻，但电影比小说的表现力更强，尤其在性爱上。我当时在香港看了原版电影，李安导演与两位主演都很了不起。易先生与王佳芝的性是一场彼此燃烧的血与火的斗争，彼此都知道对方的心思，三场表现性的重头戏层次感很强，逐渐递进，推动情节。第一场易先生是以性虐的方式与王佳芝发生关系，符合他常年活在黑暗中的凶残又谨慎的本性，也符合他极端的控制欲。他习惯在控制中获得安全感，他害怕黑暗，因为黑暗令他感到不安，更因为在黑暗中他做了太多凶残的事，这令他自己感到恐惧；第二场戏中，易先生依然是以控制为主；第三场戏中，他们的性中有征服，有怀疑，但也有了感情，非常复杂。所以王佳芝说易先生不仅钻进她的身体，也钻进她的心里，让她流血、受伤他才罢休。王佳芝用尽自己的全部力气，于身于心，也往易先生的心里钻，就在这个过程中，爱产生了。身体的相融是其他替代不了的，这种由身体产生的爱也是刻骨铭心的。

在日本茶馆的那场戏最经典，也最触动人心。王佳芝以为易先生带她来这里不过是像对待妓女一样对待她。但是易先生说自己比她更知道怎样做妓女。易先生也有自己的无奈，人在江湖，身不由己。王佳芝唱了一首《天涯歌女》："天涯呀海角，觅呀觅知音。小妹妹唱歌郎奏琴,郎呀咱们俩是一条心……"她的歌声真的把易先生感动了,他们其实都是没有家的天涯歌女,因为他们主宰不了自己的命运。只不过易先生选择了死本能,走向了恶;王佳芝选择了生本能,走向了爱。他们未尝不渴望能像普通人一样郎情妾意地爱着,一直迸发原始的毫无戒备的性,甚至相伴到老。但是那个时代的"危难"不允许,乱世中哪有安稳的爱情。

或许看懂了《色戒》才能理解张爱玲,才能体会人在他乡、心无归处的天涯之叹。其实人若没有爱与性,没有知音,便都是"天涯歌女"。人总在担心、计较、计算、谋划,心便一直在流浪,总在没有家的孤独中。爱的结局又常常是悲剧,因为人有两张皮,一张要在现实中绷紧神经地努力,一张要藏得无限深,只有黑夜知道,在爱情中,你的"对手"用的是哪张皮,谁也不知道,更决定不了。王佳芝与易先生在这个特定的历史节点上特定的身份下不幸地相遇了,结局只能是你死我活。如果是在和平的年代,这两个人或许也能浓情蜜意地做一对相爱的人。

尽管王佳芝还无法弄清楚这个复杂的大历史下这个冒天下之大不韪的举动到底意味着什么,但当她取下缝在衣领里的用于自杀的毒药时,就已经想好了。她愿意为自己的选择付出代价,这件事她没有不甘心。当邝裕民与她最后一次接头,在未来生死未卜之际吻了她时,她平静地说:"三年前你可以的,为什么不?"这时候连平静都不足以形容她,应该是心如死灰吧。她的内心一刻都无法平静,在烈火的炙烤下挣扎,直到最后的死亡。故事的结局无非两个:要么易先生死,要么她与同学们死。她最后用命赌了一把,赌自己的爱,赌自己能逃走,甚至赌易先生能放过她,但是,她输了。

王佳芝死前到底是恨邝裕民,恨易先生,恨自己,还是更恨这个战乱的时代?也许都不恨,她知道自己就算杀了易先生,也不会快乐,因为还会有一个又一个易先生等着她去刺杀,她还有一个又一个神圣的任务要去执行。如果当初和她做性练习的不是梁润生,而是邝裕民,他们假夫妻真做,或许她最后就不会做这个决定了。小说中没有写她死前的心理,不同的读者有不同的答案。王佳芝从头到尾的选择都是被动的,只有她让易先生逃跑这一点是主动的。她的自我意识苏醒了,尽管这个选择在外人看于政治,于道德,于友情,甚至于爱情都是错的。对王佳芝来说,她的身体不撒谎,凭着自己的心做一次选择,其他的就交给历史去评判吧。

结尾王佳芝空空的床上留下了易先生坐过的褶皱。王佳芝的死让他的灵魂更加空虚与飘浮,想要找到一点活着的感觉更难了,尽管以后可能还会有男欢女爱,尽管还要披着这张特务的皮继续做事,但也只是行尸走肉了。王佳芝最后放他逃走,付出了生命的代价,这不是爱,还能是什么?王佳芝救了他,他枪毙了王佳芝。枪毙在他这里只是必须走的一个流程而已,并不代表他的内心选择。易先生因为王佳芝才有了活着的感觉,这下他的心死了。《色戒》其实拍的是我们所有人,它让我们经常问一下自己:躲在一张虚假的皮下能感到自己活着吗?

第四十讲　危难之爱：张爱玲的《倾城之恋》

张爱玲的第二个代表作是《倾城之恋》，发表于1943年。危难，成全了这场爱情。危难让两个原本都不怎么爱的人结合到了一起。《倾城之恋》的故事不复杂：想要婚姻的白流苏，与逢场作戏的范柳原相遇，一场战争成全了他们的爱情，男方最终求婚。小说写的像胡琴，咿咿呀呀的，非常细腻，平平淡淡，却又值得回味。

白流苏出生于旧式大户人家，排行第六，有过一段包办婚姻，丈夫是个败家子，家暴，婚后生活很不幸福。她勇敢地选择了离婚，然后回到白公馆，在娘家生活，七八年过去了，前夫生病去世。白家的人都不待见她，哥哥们把她的钱败光，嫂子们容不下她，每天给她气受。四哥是个封建卫道士，四嫂天

第四十讲 危难之爱：张爱玲的《倾城之恋》

天指桑骂槐，母亲至多打个圆场，也不真帮她。她受够了排挤与冷眼，眼看着青春快要熬完了，实在不想再在白公馆重复这痛苦无望的生活了。这时候的流苏28岁，她照镜子看自己：

> 还好，她还不怎么老。她那一类的娇小的身躯是最不显老的一种，永远是纤瘦的腰，孩子似的萌芽的乳。她的脸，从前是白得像磁，现在由磁变为玉——半透明的轻青的玉。上颔起初是圆的，近年来渐渐的尖了，越显得那小小的脸，小得可爱。脸庞原是相当的窄，可是眉心很宽。一双娇滴滴，滴滴娇的清水眼。①

这样身形外貌的女子似乎很容易被强势的男人喜欢，因为能唤起男人的保护欲。这张脸上的青春是快要用完的最后的青春，所以她决定跟着徐太太去香港碰碰运气。她管徐太太叫"婶子"，这位婶子本是来给她七妹做媒的，介绍的对象正是从英国回上海的范柳原，徐太太的丈夫与范柳原在生意上有接触，所以想借着做媒拉近关系。范柳原32岁，父母双亡，在英国长大。父亲是华侨，已有太太，在伦敦结识了一个交际花，秘密结婚，生下的他。这位花花公子有风度，不差钱，眼光高，所以活成了"钻石王老五"。阴差阳错的是七小姐这个亲没成，范柳原回香港去了。徐太太同情流苏在白家的处境，想带她去香

---

① 张爱玲：《倾城之恋》，见《色，戒》，第119页。

港找个男人，于是流苏离开了家。范柳原到码头接的徐太太与流苏，接到后对流苏说的第一句话是："我在这儿等着你呢。"①流苏"一颗心依旧不免跳得厉害"②，虽知对方不过逢场作戏，但也动了心。他们之间的对话也很特别。

> 流苏笑道："怎么不说话呀？"柳原笑道："可以当着人的话，我完全说完了。"流苏噗嗤一笑道："鬼鬼祟祟的有什么背人的话？"柳原道："有些傻话，不但要背着人说，还得背着自己。让自己听见了也难为情的。譬如说，我爱你，我一辈子爱你。"流苏别过头去，轻轻啐了一声道："偏这些废话！"柳原道："不说话又怪我不说话了，说话，又嫌唠叨！"③

两个人都在顾左右而言他，又在调侃中直戳对方的心思，互相试探，话中有话。范柳原始终不想对流苏说什么"我爱你"这类的话，只是交往一下试试，暧昧一下就好，不能把话说死。所以，流苏不以为然，但面对他自我保护的"狡猾"也只能打趣。关于什么是"中国女人"的讨论，其实是流苏在试探范柳原是否喜欢自己。这段心理战打得非常精彩。

> 柳原道："一般的男人，喜欢把好女人教坏了，又喜欢

---

① 张爱玲：《倾城之恋》，见《色，戒》，第126页。
② 同上注。
③ 同上，第127页。

第四十讲 危难之爱：张爱玲的《倾城之恋》

感化坏的女人……"流苏瞟了他一眼道："你以为你跟别人不同吗？我看你也是一样的自私。"柳原笑道："怎样自私？"流苏心里想："你最高的理想是一个冰清玉洁而又富于挑逗性的女人。冰清玉洁，是对于他人。挑逗，是对于你自己。如果我是一个彻底的好女人，你根本就不会注意到我！"她向他偏着头笑道："你要我在旁人面前做一个好女人，在你面前做一个坏女人"。①

男人喜欢女人有坏的一面，这样才有冒险感与刺激性。男人不喜欢完美的女人，那是女神，只能供着。男人还喜欢感化"坏女人"，这样有"救风尘"的成就感与满足感。男人即使爱上了风尘女子，最后娶的也是良家妇女。所以流苏一下子就说破了范柳原：什么都想要，不是自私是什么？既纯洁又风流的女人，大概男人都喜欢，纯洁满足男人独占的欲望，风流又具有挑逗性，可以满足男人的征服欲。流苏更直接地说，男人希望女人在外人面前是好女人，这样能给足他们面子；但在男人面前又要像个坏女人，让他们有刺激感，有情有趣。没有障碍、没有阻拦的爱情，男人很快就会失去兴趣。相反，要越过重重障碍，克服重重阻拦，才能激发男人的斗志。

范柳原自然是一下子就听懂了，于是打圆场说流苏是"中

---

① 张爱玲：《倾城之恋》，见《色，戒》，第128页。

国味"的女人。无论外形上的娇小玲珑,还是内心的敏感多思,还是说话的婉转聪明,白流苏确实都是中国味的女人。流苏当然也是给台阶就下,连忙说自己不过是个"过时"的人,这不仅表明了自己是传统大家族的女人,也表明了自己是离过婚的女人,言下之意自己有自知之明,但也还没有过气,毕竟还年轻,且有勇气来香港。范柳原也是个会聊天的,立刻接话说"中国女人"是不过时的,言下之意,对流苏还是有兴趣的。这场高手过招,彼此内心都探了个虚实,可以说,白流苏小胜。

他俩的较量还表现在精神与肉体的张力上,白流苏自然看出范柳原不是"登徒子"之辈,不是完全冲着色相去的,他精神上很空虚。她认为范柳原是喜欢精神恋爱的,精神恋爱终归要走向婚姻,但肉体恋爱会停顿在某个阶段,很少有结婚的希望,她怕就怕这样的男人玩玩就算。所以她自我安慰:还不如谈谈精神恋爱,尽管精神恋爱中很多话她可能听不懂,但之后精神总要落地的,"总还是结婚、找房子、置家具、雇佣人——那些事上,女人可比男人在行得多"[①]。女人在管家上比男人在行得多,要等这精神落地了,就到她发挥的主场了。

范柳原说自己很渺小,对于"执子之手,与子偕老"这样一生一世在一起的事,自己无法做主。流苏急了,流苏的厉害

---

① 张爱玲:《倾城之恋》,见《色,戒》,第132页。

第四十讲　危难之爱：张爱玲的《倾城之恋》

就在于关键时刻能一针见血。她说："你干脆说不结婚，不就完了"①，流苏要的是婚姻，范柳原一开始就不是奔着婚姻去的。范柳原的话更直接："我不至于那么糊涂，我犯不着花了钱娶一个对我毫无感情的人来管束我。那太不公平了。对于你那也不公平。噢，也许你不在乎。根本你以为婚姻就是长期的卖淫——"② 范柳原一点也不糊涂，他说的是如果对方对自己没有真爱，就没必要又付出钞票又付出自由。这其实是在点流苏：你得真的爱我，我才有可能娶你。后面的话则像是激将法，如果没有爱情，婚姻中的两个人不就像是妓女与嫖客的关系吗？这次过招，算是打平了。

范柳原的态度一直是淡淡的，始终没有一次打实的话。流苏于是打道回府，决定回上海，以退为进，试试范柳原的反应。回去的日子当然更不好过了，难免被议论纷纷，所幸过了几个月，范柳原果然从香港拍来电报："乞来港。船票已由通济隆办妥。"③ 这一回合，白流苏赢了。范柳原在码头接她时，细雨迷蒙，他说流苏的绿色玻璃雨衣像个"药瓶"，又加一句："你就是医我的药。"④ 这南方的烟雨，这雨衣，这对话，是美的。

他们一同看了房子，家具安置好了，范柳原就去英国了。

---

① 张爱玲：《倾城之恋》，见《色，戒》，第137页。
② 同上注。
③ 同上，第139页。
④ 同上，第140页。

范柳原仍然没有求婚，流苏守着空房子，心也是空的。然后，战争爆发，飞机在头顶轰炸，死亡就在眼前，这时候的爱情不一样了，没有过招的闲情了。流苏想："她若是受了伤，为了怕拖累他，也只有横了心求死。就是死了，也没有孤身一个人死得干净爽利。她料着柳原也是这般想。别的她不知道，在这一刹那，她只有他，他也只有她。"① 他们都有了牵挂，不是自己孤身一人死了就算了的。在危难之际，能相互依靠的无疑就是最爱的人了，在死亡面前，再也没有什么可怀疑的了。

在这动荡的世界里，钱财、地产、天长地久的一切，全不可靠了。靠得住的只有她腔子里的这口气，还有睡在她身边的这个人。她突然爬到柳原身边，隔着他的棉被，拥抱着他。他从被窝里伸出手来握住她的手。他们把彼此看得透明透亮。仅仅是一刹那的彻底的谅解，然而这一刹那够他们在一起和谐地活个十年八年。②

他们共同度过了危难之际、生死关头，白流苏道出了很多平凡人的心声，只有身边这个人和自己的"这口气"是靠得住的。她隔着被子拥抱了柳原，柳原也握住了她的手，在兵荒马乱的年代，有人与你一起躲子弹，一起暖被窝，这不是爱情又

---

① 张爱玲：《倾城之恋》，见《色，戒》，第145页。
② 同上，第147页。

第四十讲 危难之爱：张爱玲的《倾城之恋》

能是什么？这一幕，是美的。

香港的陷落成全了她。但是在这不可理喻的世界里，谁知道什么是因，什么是果？谁知道呢？也许就因为要成全她，一个大都市颠覆了。成千上万的人死去，成千上万的人痛苦着，跟着是惊天动地的大改革……传奇里的倾国倾城的人，大抵如此。①

他们结婚了。在历史上，就是大唐倾国倾城的杨贵妃也在兵荒马乱中死了，像白流苏这样的平凡女人能活着，并守住爱的人，已是幸运。在动乱的时代里个体都是渺小的，什么也握不住，因此爱情也更显得珍贵。这是危难带来的体悟。白流苏的命运就像《倾城之恋》开篇说的："胡琴咿咿呀呀拉着，在万盏灯的夜晚，拉过来又拉过去，说不尽的苍凉的故事——不问也罢！"② 爱情就是这苍凉中的温暖灯火，就是这点温暖也需要危难来成全。张爱玲写的爱情多是苍凉、悲情的，就像"四爷"拉的胡琴的声音。

---

① 张爱玲：《倾城之恋》，见《色，戒》，第149页。
② 同上，第113页。

第九篇　控制之爱

第四十一讲　弗洛姆：生本能与死本能

　　控制之爱是恋爱中的一方控制对方的行为，包括使用暴力的方式，最严重的是控制对方的生命。这是爱情中最危险的一种，严重的甚至会导致犯罪。这一讲会分析为什么爱情中有控制，有恶，通过虐恋、PUA的案例讲解这些控制背后的心理，让人了解人性之恶，从而避开爱情中的各种陷阱与危险。我们先从弗洛姆的人性论讲起。

　　弗洛姆指出，人有两种本能——生本能与死本能。"生本能"是人的行善的本能，表现为"发展综合征"，比如爱生、爱他人、独立等；"死本能"的是人的行恶的本能，表现为"退化综合征"，比如恋死、极端自恋、乱伦等。生本能是对生命的热爱，是人类在宇宙中存活下来的原因。这种"爱生倾向"是人性中最重要的方面。

  爱生倾向也不是单一特征所构成的，它表明了一种完整的倾向和整个存在的方式，体现在一个人的生理过程、情感、思维和各种姿态中。总之，它体现在一个完整的人中。这种爱生倾向的最基本形式表现在一切活生生的有机会的生存倾向中……生存、维持自身的存在是一切有生命的实体固有的特性。①

"爱生"是积极的价值观、阳光的性格的体现，也是完整的人格的体现。一个人格完整的人是朝着更久地存活、让生命不断延续的方向发展的。当我们看到一个孩子出生时，人们都会感到说不出的喜悦，一个小婴儿呱呱落地，无论长得美与丑，看到的人都会觉得可爱，这是爱生的本能。网上报道过一个被遗弃的婴儿，软萌可爱，眼睛非常明亮，很多热心网友都留言说想要收养。这就是"爱生"的本能带来的同情感。如果这个世界上的人都不想生育了，世界上的老人越来越多，孩子越来越少，每天我们看到的多是死亡的数字，很少有出生的数字，这个世界将是何等的恐怖与荒凉。我们弘扬"生本能"，弘扬"生生不息"的精神，鼓励在美好的爱情中创生，这可以带给世

---

① ［美］埃里希·弗洛姆著，向恩译：《人心：善恶天性》，北京：世界图书出版有限公司北京分公司，2018，第41页。

界阳光与希望。

"爱生"是一种"创造型"的性格倾向，这样的人热爱生命，热爱新鲜事物，对世界充满好奇，喜欢冒险，不喜欢机械的生活。"这种人看到的是整体，而不是部分，是结构而不是结果。他要用爱情，用自己的行动和理智去改变和影响别人，而不是用暴力、肢解事物的办法，用官僚主义的操纵人、把人看成物的办法来影响别人。他们充分享受人生的一切乐趣，不仅仅是兴奋。"① 这样的人格是完整的、阳光的、充满正能量的，人类的发展是由这样的人格推动的。死本能是一种破坏能力，每个人都有不同程度的破坏能力。生本能是人的第一潜能，死本能是人的第二潜能，我们始终需要用生本能去克服死本能。弗洛姆说：

> 爱欲和毁灭的欲望，对生与死的爱恋确实是人本身存在的最基本矛盾。但是，这种矛盾并不是生物学意义上所说的人固有的两种经常处于互相的冲突之中的本能，直到死本能占上风，而是初始的和最基本的生的倾向之间的矛盾。这一矛盾保存在生命之中，只有当人未能达到生的目的时，才显现出来。②

---

① ［美］埃里希·弗洛姆著，向恩译：《人心：善恶天性》，第44页。
② 同上，第48-49页。

死本能的表现有很多，轻微的表现是喜欢黑暗，喜欢洞穴，会梦到凶杀、鲜血、尸体等，这种人刻板固执、极其严肃、面无表情、对什么都不满意、急躁、喜欢攻击别人、嫉妒心强等；严重的表现为冷漠、易怒、偏执、凶残、暴力、掌控欲强、复仇心强等；更严重的会自虐、虐待他人、恋尸、迷恋自杀。还有一些日常的表现，如暴饮暴食、囤物癖、自我贬低等，这些都显示了占有欲强、心思重、自我认同缺乏等心理。这样的人有了孩子之后，也会压制孩子的乐趣和正常的成长。热爱生命的人会散发着感染力、正能量，自然会吸引别人，他们的面部表情是放松、舒展、温暖和友好的。我们要和热爱生命的人交朋友、谈恋爱，如果没有能力去帮助死本能占上风的人，就尽可能远离。

孔子说："君子坦荡荡，小人长戚戚"（《论语·述而》），君子心胸宽广，小人局促忧愁。"坦荡荡"意味着真诚、敢作敢当、豁达开朗等"爱生"的特点。小人常是悲悲戚戚的，因为内心狭隘、忧心忡忡。君子与小人其实并不是道德上的区分，而是人格特点上的区分。这些死本能占上风的病态人格与社会环境、家庭环境都有关系，如果不学习，不了解自己的问题并接受专业的治疗，就很难治愈。弗洛姆认为，死本能占上风的人不是把别人当作个体生命来看待，而是当作"物"来看待，所以会任意对待他人，而人的"物化"是工业时代的普遍问题。

第四十一讲 弗洛姆：生本能与死本能

理智化、定量化、抽象化、官僚化、物化——正是当代工业社会的特点。当这些特点被运用于人而不是物的时候，它们就成了机械的原则，而不是生命的原则。生活在这种制度中的人对生活毫不关心，却深深地迷恋死亡，但他们自己并没有意识到这一点，他们把刺激与兴奋误认为生活的享乐……①

越是迷恋机械、依赖机械，人对身边的人的关心就越少，"生本能"就越容易被"死本能"替代，阳气慢慢被阴气吞噬。沉迷游戏、网络、虚拟世界的人，更容易被"死本能"控制，除非本身有很强的能驾驭机械、电子、人工智能世界的能量。现代人日常生活中的一个典型场景是一家人坐在一起，各刷各的手机，彼此没有交流。他们宁愿关心网络世界的一条与自己毫不相关的新闻，也不想关心身边亲人的内心。当一个庞大的群体都去关注与自己毫无关系的事时，这个社会是危险的，因为组成它的人群内心是空虚的。工业化时代是机械化的时代，与机器相处久了的人也会变得像机器一样冷漠。道家维护的是"自然的原则"，儒家维护的是"道德的原则"，这些都比机械的原则要好。《老子》说："道者同于道，德者同于德。"（第二十三章）你喜好什么，你就会变得与什么一样。你好道，就会简

---

① ［美］埃里希·弗洛姆著，向恩译：《人心：善恶天性》，第61页。

单、自然、从容、不重名利、自由自在。

庄子也是自觉地反对机械的滥用的。《庄子·天地》曰："有机械者必有机事，有机事者必有机心。机心存于胸中，则纯白不备；纯白不备，则神生不定；神生不定者，道之所不载也。"有了机械，与机械相关的事情就多了。机械没有解放人的双手，而是增加了人的繁忙程度，就像有了手机，你的事情不是变少了，而是更多了，手机上总有处理不完的事，看不完的信息，人的大部分时间都是在与手机相处，怎么能提高爱别人的能力呢？更严重的还不是事情变多了，而是"机心"产生了，机心是投机取巧之心、只看效率的心、计算的心，并且产生了"计算式的思维"。纯粹、明净、清醒的心不见了，人离道就远了，这就是"物化"的危险。我们需要拿出更多的时间来阅读和陪伴家人，而不是陪伴手机。

弗洛姆指出，死本能主要的体现是暴力行为，弗洛姆归纳了四种死本能导致的暴力行为。[①] 第一是娱乐型暴力行为。这种行为是指参加或观看暴力活动，以娱乐为目的，如拳击、击剑、摔跤、斗牛和打一些充满暴力画面的游戏，以达到放松。这种相对正常的，不带病态性的暴力行为，目的在于欣赏或显示某种技能。但即便这样也应该避免过度，比如打游戏时，打打杀

---

① ［美］埃里希·弗洛姆著，向恩译：《人心：善恶天性》，第11-20页。按：笔者做了概括与引申。

杀的画面很多,有的玩家会代入角色,体验杀人的快感。在虚拟世界杀人如麻,在现实世界也会受影响,尤其是未成年人,他们会不自觉地把虚拟世界当作现实世界。校园霸凌、青少年犯罪中体现出的冷漠无情,很大程度上是因为他们对虚拟世界的暴力习以为常,对现实中的人情体会得很少。父母与学校没有教给他们如何面对自身,如何对待与他人的冲突与矛盾。当然,这与自我中心、父母过度宠爱等都有关系。媒体应该多引导健康的娱乐,而不是助长这类游戏进入市场侵害孩子们的心灵。

第二是反应型暴力行为。这一类行为的目的是捍卫自身或他人的生命、自由尊严和财产,它根源于恐惧。恐惧可能是实际存在的,也可能是想象出来的;可能是被意识到的,也可能是没有被意识到的,如过激杀人,都是为了捍卫自己的生命,但是由于过度恐惧,在产生过失的时候会转而伤害别人。这种人往往是具有"被害妄想症"的。由于内心恐惧而觉得别人想加害自己,无论什么人对自己好,都怀疑这种好是有目的的,是想要迫害自己。

第三是报复型暴力行为。如果一个软弱无能和丧失生活能力的人被创伤击垮,那么他可能会采取一种办法来恢复自己的尊严,就是报复社会。常言道,"宁可得罪君子,不要得罪小人",不要把自己降低到小人的层次而与之对抗。这类人的自尊心极其敏感，在生活中被人看不起，觉得没有尊严，需要警惕这种"沉默型"的人格。

第四是补偿型暴力行为。一个人出于软弱、痛苦、无能等种种原因不能行动的话，那么，这个人必然是痛苦的。补偿的方式有两种：一是服从有权有势的人或团体，并与他们保持一致。通过象征性地加入他人生活的行列，成为他们的一部分，在团体中找到自我的价值感。二是运用人的破坏能力，不能创造价值，就去毁灭价值。自己过得不好，就不让别人过得好。前者是跟有权有势的人结合，去找一种虚假的满足感。他觉得虽然无能为力，但是团体的力量可以给自己壮胆，在这个团体上做一个虚假的依附，找到自我的价值感。后者是没有建构的能力，就去破坏别人，比如嫉妒、自卑、敏感又没有能力的人。

死本能带来的暴力在爱情中常常体现为"虐恋"，即建立在肉体或精神虐待之上的恋爱关系，严重的会走向犯罪。在虐恋中，被虐待的大多数是女性。如何看待"虐恋"现象？有三个角度。

第一，从心理学的角度来看，以弗洛伊德为代表，他认为男性具有"施虐"心理，女性具有"受虐"心理，这是女性的固有特征，当然不排除也有少数男性具有受虐心理。他的门徒海伦·多伊奇甚至认为女性是天生自虐、自恋和被动的，女性只有在被男性征服的情况下才能感觉到性兴奋，这个过程使她变得自虐。我认为弗洛伊德是站在男性的视角说的，在性活动中女性占主导位置的情况越来越多，没有什么客观的事实能证明女性天生就有自虐或受虐倾向。至多可以说，女性在爱情中可能更容易受伤，女性在身体上相对弱小，她们一般没有能力反抗。

第二，从女权主义与女性主义的角度来看，总体上是批判弗洛伊德的立场的。李银河在《女性主义》中指出，激进女性主义认为性自由所要求的是伴侣之间的性平等，双方既是主体，又是客体。她们反对男权主义的性实践，例如虐恋、猎艳式的临时性关系以及阳刚阴柔角色的划分等。她们是反男权的，不允许男性任意对待女性的身体，把女性物化。李银河指出："如果女性的受虐倾向是天生的，那么男性统治的社会结构就有了心理学的基础。女权主义认为，虐待狂是仇视女性的男权文化的必然表现，是利用女性最深处的性欲来强化男性的统治，使这一统治看上去是自然的。"[①] 我认为，性虐待产生的原因之一是不能察觉与控制自己的死本能，因为自己的恐惧、自卑、压力大或工作、生活上的不顺心而对弱势的一方实施控制、暴力。即便有些女性能接受被虐待的角色，也是被动的或没有觉醒的。

---

① 李银河著：《中国女性的感情与性》，呼和浩特：内蒙古大学出版社，2009，第149页。

综上所述,我们要调动我们的生本能,从创造性的生活中获得意义,把爱自己作为重要的事情去对待,警惕一切来自自己或他人的死本能的干扰。一个爱自己的人才能爱世界,一个爱世界的人才能更好地爱自己。我们要充分觉察到自己的负面情绪与负面想法,自觉地观照它,第一时间处理它,要意识到这些阴暗心理与消极想法实际上是"死本能"的表现,具有伤害性甚至摧毁性。作为一个成年人,我们有义务去面对它、克服它、转化它,否则不会有健康的爱情。

第四十二讲 道家的死亡观与"不控制"论

中国道家哲学对待死亡的观点与西方不同。道家的死亡观决定了道家对待人与人之关系的看法。道家的死亡观即"生死观",道家强调生死一体。因此,面对死亡不会觉得恐惧,爱情也不是对死亡的安慰,而只是生的过程中的自然的情感经历。道家所持的是自然死亡观,一切顺其自然就好,死亡不是一件沉重的事。我们可以参考庄子的生死观。《庄子·大宗师》曰:"死生,命也,其有夜旦之常,天也。……夫大块载我以形,劳我以生,佚我以老,息我以死。故善吾生者,乃所以善吾死也。"人有生就有死,这是人的普遍命运,是天道的法则,生死是天命。造物主赋予我形体,让我活着的时候辛苦劳作,老了的时候清闲下来,死了之后安息。

大自然安排好了人的生死过程。善待生，也就是善待死。所以，庄子活着的时候尽可能自由洒脱，快要死的时候也能坦然无畏。《庄子·列御寇》记载：

> 庄子将死，弟子欲厚葬之。庄子曰："吾以天地为棺椁，以日月为连璧，星辰为珠玑，万物为赍送。吾葬具岂不备邪？何以加此！"弟子曰："吾恐乌鸢之食夫子也。"庄子曰："在上为乌鸢食，在下为蝼蚁食，夺彼与此，何其偏也！"

这与孔子的"未知生，焉知死"（《论语·先进》）的态度颇为相近。畏惧死亡是没有必要的，关键是让生命过程顺其自然，活得快乐。庄子本人就是参透生死的代表。庄子快要死了，弟子们打算厚葬他。庄子却认为大自然与自己一体的，日月星辰都是自己的陪伴，何其富足，哪里还需要陪葬品。尸体无论是被乌鸢吃，还是被蝼蚁吃，都是回归大自然，变成大自然中的一部分而已，又何必计较葬在哪里。

这也是《庄子·大宗师》中讲的"真人"境界。真人顺其自然，从容不迫，像孟孙氏一样"不知所以生，不知所以死；不知就先，不知就后"，死后如梦中的世界，"梦为鸟而厉乎天，梦为鱼而没于渊"，无论变成了鸟，还是变成了鱼，该飞就飞，该游就游。如果说这些是"乐天"的精神，那么，庄子最后讲的子舆看望子桑的故事就是"安命"的体现。人一生的遭遇不是父

第四十二讲 道家的死亡观与"不控制"论

母所赐,不是上天所赐,而是一个谁也预测不了的随机过程,真的明白了这一点,就会安然接受。一切自然变化都是"命",人投身于大化之中,安于大化流行,是"真"。正是因为有这样在道的视野下观照生命的洒脱,道家在人际关系上主张"不控制",《老子》中多次讲到。

《老子》第二章:"是以圣人处无为之事,行不言之教,万物作焉而不辞,生而不有,为而不恃,功成而弗居。"

《老子》第十章:"生而不有,为而不恃,长而不宰,是谓玄德。"

《老子》第五十一章:"生而不有,为而不恃,长而不宰,是谓玄德。"

"生而不有,为而不恃"在《老子》中出现了三次。圣人不会干涉百姓的生活,而是用最少的作为来对待百姓,尽可能少颁布政教法令,让老百姓保持单纯的本性。万物兴作,圣人却不觉得是自己让万物开始的,他们创造了一些东西,也不会占有,有所作为也不会自恃有功劳,做成了事情也不会居功自傲。道创生了万物,却不会站出来说你们都是我创造的。圣人遵道而行,这是真正的德行。道家洋溢着生命的乐观之情,在充满无常与苦难的人生中给人以安慰与鼓舞,让人在自由舒展中体会生的快乐,如婴儿般元气满满。这些都是"生本能"的彰显。"死亡"不是一个问题,"死本能"完全不是"生本能"的对手,道家的无为、守静、养生都是让人守住自己的能量，不要内耗。正因为有这样超脱的死亡观，才有我们之前讲的在爱情上超脱的"无情"论、"相忘于江湖"论。

《庄子·德充符》打破了注重形貌的世俗观念，强调人的内在德性的重要，通过一些残疾人、畸形人的故事说明人的德行境界，散发着人性的光辉。庄子所说的"德"与老子的"德"相通。德者，得也，即得宇宙精神之多少，得"道"之多少，而不是儒家意义上的伦理道德之德。如陈鼓应先生所说："有'德'的人，生命自然流露出一种精神力量吸引着人。"[1] 庄子提出的"德"与《齐物论》中的"天地与我并生，而万物与我为一"的精神境界也是一致的。做到了"与天为一"，反而表现得像无德一样。

庄子所说的"无情"不是没有情感，而是不要因为感情而伤身。人皆有世俗之情，但圣人与俗人的区别就在于，圣人将这"情"炼到了不损害身心的地步。对此，王博说："庄子一再强调着无情就是不以好恶内伤其身，也就是不以之伤害自己的生命。这不仅是指所谓的'阴阳之患'，更重要的，在庄子看来，好恶就意味着生命会被所好所恶的外物牵引和支配，因此

---

[1] 陈鼓应注译：《庄子今注今译（最新修订重排版 上册）》，北京：中华书局，2011，第158页。

成为外物的附庸，也就是被置于容易受到伤害的位置上。"①《庄子·大宗师》给出了非常洒脱的情感方式："相忘于江湖"。用在对待爱情上，两个人的爱不够，非常艰难地生活在一起，都不自由，还不如"相忘于江湖"，各得自由，这样的爱情才是无伤的。

庄子的"无情"论奠定了中国人对待感情的超然的一面。生死乃自然之事，在儒家看来即"天命"，天命不可违，所以安命就好。在死亡的问题上，儒道都不存在生、死的二元对立。庄子主张"善吾生者，乃所以善吾死也"，善待我的生也就是善待我的死。生的过程即死的过程，死亡不是一个终点，而是从出生就开始的一段旅程。所以，每一天，每一分钟，我们都在与生命告别。在道家的视野中，与死亡相关的是整个生的过程，而不是爱到极致才感受到的生命的意义，爱情是死亡过程中的一个点缀，一个安慰，而不是生命的全部意义，所以，道家式的人永远不会殉情。

---

① 王博著：《庄子哲学》，北京：北京大学出版社，2004，第70页。

第四十三讲 林奕含的《房思琪的初恋乐园》

控制之爱是一方对另一方实行肉体或精神控制与虐待的爱情，也包括彼此之间的控制与虐待。这种爱是一个反面教材，成年人很多是自愿选择控制之爱的，比如之前讲的"恋爱依赖症"者，为了得到对方的关注，宁愿被控制与虐待。但对于未成年人来说，它可能会导致悲剧，严重的会导致犯罪。我们选取的文学作品是《房思琪的初恋乐园》，是台湾地区作家林奕含根据自己真实的经历改编而成。

这本书讲的是一个被老师诱奸的 13 岁女孩房思琪的故事。李国华用文学的语言对她进行 PUA，让她顺从，不敢向外透露，不敢反抗，长达 5 年之久。房思琪最后住进了精神病院，她的闺蜜怡婷发现了她的日记，与伊纹姐姐一起控告凶手李国

第四十三讲 林奕含的《房思琪的初恋乐园》

华,但是没有证据,凶手最终逍遥法外。现实中的林奕含16岁被诱奸,上大学后得了抑郁症。她尝试在网上发帖揭发诱奸她的老师,却遭到网暴。她痛苦地写下这篇小说,引起了广泛关注,但她无法对抗抑郁症,最终自杀身亡。因证据缺乏,迫害她的人没有受到任何法律的制裁。

房思琪第一次面对老师李国华的性骚扰时,应该说"不"的,但她说了"抱歉"。她不知道老师嘴里的"爱"是一种PUA,在遇到困难时无法求助父母,依据自己错误的想法越陷越深。从被PUA走向自我PUA,归罪于自己,是"创伤后症候群"的典型特征。小说描写的痛苦的一幕,是她创伤的起点。

> 我说了五个字:"不行,我不会。"……他说:"这是老师爱你的方式,你懂吗?"……想了这几天,我想出唯一的解决之道了,我不能只喜欢老师,我要爱上他。你爱的人要对你做什么都可以,不是吗?思想是一种多么伟大的东西!我是从前的我的赝品。我要爱老师,否则我太痛苦了。[1]

对于亲历这件事的林奕含来说,她小的时候被剥夺了自尊心,没有说"不"的能力,直到一步步越陷越深,无法回头,

---

[1] 林奕含著:《房思琪的初恋乐园》,北京:北京联合出版社,2018,第24页。

这个记忆点是她无法抹去的耻辱，包括委屈、愤恨，如同噩梦一样折磨了她多年。作为老师的李国华让学生爱上的是文学，欺骗学生的也是文学，文学本应该是美的，但可惜，它成了一个中年男人对年幼的女学生下手的工具。这种说与做完全分裂的人，穿着美丽的文学外衣残害着不谙世事的学生。房思琪的失望不只是对人的失望，也包括对社会的失望，对文学与书写者的失望。李国华的PUA是一个年幼的学生完全逃不出来的天网。小说这样描述：

> 李国华对着天花板说："这是老师爱你的方式，你懂吗？你不要生我的气，你是读过书的人，应该知道美丽是不属于它自己的。你那么美，但总也不可能属于全部的人，那只好属于我了。你知道吗？你是我的。你喜欢老师，老师喜欢你，我们没有做不对的事情……你不可以生我的气。你不知道我花了多大的勇气才走到这一步。"[1]

爱只是这个男人诱奸女学生的幌子，背后其实是占有欲、暴力、虐待。但是房思琪的父母作为高知没有给她及时的性教育，没有与孩子交流内心，也没有给孩子讲出真相的机会。李国华把诱奸说成是充满勇气的爱。房思琪是疑惑的，她没有分辨能力，听了李国华的话反而产生罪恶感，所以强迫自己不断

---

[1] 林奕含著：《房思琪的初恋乐园》，第58页。

第四十三讲　林奕含的《房思琪的初恋乐园》

心理暗示：必须爱上老师，因为爱的人无论对自己做了什么都是可以的。李国华还诱奸了"饼干""郭晓奇"等女孩并实施暴力，背后是补习圈老师诱奸未成年人的罪恶的产业链，由女老师"蔡良"负责把女生带到他的小公寓，让他实施诱奸。房思琪所经历的既不是"初恋"，也不是"乐园"，而是一个年幼女学生的地狱：

> 从此二十多年，李国华发现世界有的是漂亮的女生拥护他，爱戴他。他发现社会对性的禁忌感太方便了，强暴一个女生，全世界都觉得是她自己的错，连她都觉得是自己的错。罪恶感又会把她赶回他身边。罪恶感是古老而血统纯正的牧羊犬。[1]

作家蔡宜文在书评中说："任何关于性的暴力，都是整个社会一起完成的。"[2]"强暴是社会性的谋杀。"[3]我们从林奕含的经历中完全可以看到这一点，没有人去同情她，没有人替她出头，要求凶手付出代价，直到她死后，父母才承认房思琪就是林奕含。当怡婷看到在精神病院的房思琪的日记时，她非常崩溃，完全不知道自己的闺蜜经历了如此大的创伤，她去找李国华"算账"，结果也只是受尽侮辱后被轰出去了。伊纹说：

---

[1] 林奕含著：《房思琪的初恋乐园》，第81页。
[2] 同上，第241页。
[3] 同上，第242页。

> 你也可以选择经历所有思琪曾经感受过的痛楚，学习所有她为了抵御这些痛楚付出的努力，从你们出生相处的时光，到你从日记里读来的时光。你要替思琪上大学，念研究所，谈恋爱，生小孩，也许会被退学，也许会离婚，也许会死胎。但是，思琪连那种最庸俗、呆钝、刻板的人生都没有办法经历。①

房思琪的痛苦在于她什么都还没有经历，她的世界就被弄得污秽不堪，她所有美好的念想全部被摧毁，她没有经历正常人正常的生活，她的人生在13岁时就被"拦腰折断"。平凡的生活是她多么渴望的，但是没了。她面对追她的人时觉得自己配不上，觉得爱情根本就无法发生在她的身上。她小小年纪遭遇了人性中最肮脏的一面，无法修改，无法抹去记忆，写书对自己更是二次伤害。但她要把这个经验教训写下来，将迫害者的罪恶公布天下，让更多女孩和她们的家长警惕这样的悲剧再次发生。尽管伤害她的人没有受到法律的惩罚，但受到了舆论的惩罚；虽然他还活着，但不能再祸害其他人。这是林奕含用命换来的一点点结果。小说中伊纹劝说怡婷：

> 你可以把一切写下来，但是，写，不是为了救赎，不是升华，不是净化。虽然你才十八岁，虽然你有选择，但

---

① 林奕含著：《房思琪的初恋乐园》，第220页。

第四十三讲 林奕含的《房思琪的初恋乐园》

是如果你永远感到愤怒,那不是你不够仁慈,不够善良,不富同理心,什么人都有点理由,连奸污别人的人都有心理学、社会学上的理由,世界上只有被奸污是不需要理由的……怡婷,我请你永远不要否认你是幸存者,你是双胞胎里活下来的那一个。①

每一个没有经历"房思琪式遭遇"的人其实都是幸存者。怡婷与房思琪就像一对双胞胎一样,死了一个,活了一个,怡婷能顺其自然地成长已经是万分幸运。年幼的心灵受到的伤害难以治愈,林奕含根据切身的经历,以莫大的勇气写下这充满屈辱的短暂一生,是为了给所有活着的人以启发与警醒,让这样的悲剧能少一点。

李银河评价这本书说:"从社会学角度看,这部小说涉及了儿童性侵和家庭暴力这两大社会问题。"② 李国华的罪恶是性侵,这是看得见的罪恶。房思琪的父母身上是隐藏的家庭冷暴力,这是看不见的伤害。这些都值得全社会去反思。戴锦华评价这本书说:"关于女人,关于生命启航处的坠毁,关于个体面对机器时的无力。绝望、虚妄抑或希望?阅读一份记录,或开启一封遗嘱?"③ 这确实成了一份"遗嘱",因为她无能为力,在教育

---

① 林奕含著:《房思琪的初恋乐园》,第 221 页。
② 同上,推荐语,第 1 页。
③ 同上,推荐语,第 1-2 页。

的体制中她是无力反抗的学生,在家庭中她是没有话语权的孩子,在社会中她是不敢暴露自己经历的未成年人。她一直蜷缩在阴暗的角落,非常无助。这部小说及其背后真实的社会事件,这个畸形的关系是如何形成的,或者说作恶者的 PUA 是如何一步步达成的?

首先,面对李国华的性骚扰,房思琪说"不会",并认为"不会"就应该道歉。她无法从老师自我塑造的文学导师的虚假光环中反应过来,对成年人的世界不了解,对男人的世界不了解,对人性不了解;学生所受到的长期的驯化是必须服从老师,这种驯化造成了学生的懦弱。

其次,房思琪面对李国华的性侵,没有办法求助父母,父母作为她的监护人,没有给过她性教育,也没有给她诉说自己的机会。世俗的观点深入人心,让她觉得自己脏了,不值得别人爱了。她认定自己与李国华是爱情,慢慢麻痹自己,形成长达多年的畸形关系。

最后,李国华的 PUA 除了用文学语言,还在价值观上颠倒黑白,在感情上博同情,把自己塑造为"一个人对抗全部世俗"的人,把自己的诱奸合理化。他让房思琪在道义上认为对方因为爱她也付出了很多,从而在心理上暗示自己以后要"主动",甚至让她觉得自己能成为老师的"情人",有一种"邪恶的自信"。她稀里糊涂地从被动变成顺从,从顺从变成主动。

第四十三讲　林奕含的《房思琪的初恋乐园》

2017年，没有证据的"不完美受害人"林奕含非常绝望，自杀身亡，年仅26岁。林奕含自杀的根本原因在于从被性骚扰、诱奸、暴力到信仰的彻底崩塌。她在自杀前不久的访谈中说："不是她们辜负了文学，而是文学辜负了她们"。让她崩溃的是对文学、文字以及人性的失望。她的老师讲的是文学，她认为文学是美好的，热爱文学的人不应该这样。这部用生命写成的小说和小说背后的事件无疑为女生提出了警示：拒绝任何PUA，无论反抗是否成功，都要永远保持自己说"不"的勇气。

巴塔耶说："单纯的性行为不同于情色；前者蕴含于动物的生命中，而只有人的生命呈现了情色一词所恰当地描述的那种或许是由一个'恶魔的'方面定义的活动。"[①] 李国华这样的人，他的身上没有"性"，只有"情色"，这是与死本能相连的"恶魔"行径，也是整个社会在保护未成年上的失败，是全社会犯的"罪"。巴塔耶说："如果恶魔最终只是我们自身的疯狂，如果我们流泪，如果我们在悲痛中久久啜泣……我们怎会觉察不到，一种与这新生的情色有关的，对死亡的忧虑和恐惧？"[②] 面对死亡的方式有两种，一种是善的行为，一种是恶的行为。健康的爱是用善去让生命更美好，罪恶的爱是用恶去摧毁别人的

[①] ［法］乔治·巴塔耶著，尉光吉译：《爱神之泪》，南京：南京大学出版社，2020，第3页。

[②] 同上，第5页。

价值，从而克服自己对死亡的恐惧。生本能与死本能紧密相连，不可不慎。"林奕含事件"敲响的是当代社会的警钟，我们要从每一个悲剧性的个案中发现人性之"恶"，整个社会都应该自省与监督，对弱者尤其未成年人进行有力的保护。

至此，我们讲完了九种爱情，当然对这九种类型的划分并不严格，而是为了写作的方便。每个人的爱情都是独特的，都是别人无法完全理解的。可以说，有多少个人就有多少种爱情，除了这九种，还有很多没有讨论的，比如"不伦之爱""暗恋之爱""第四爱""跨性别爱""黄昏恋"等。笔者的知识与眼界还不足以穷尽如此丰富的爱情种类，所以只选择了我个人认为更具有代表性的九种，尽可能地展现爱情中的两性关系、两性心理、相爱模式以及带给我们的启发。爱情现象是复杂的，这九种类型之间是有重叠的，比如"滋养之爱"中包含着"精神之爱"；"依附之爱"中多少都有一些"控制之爱"；"精神之爱"同时也是"自由之爱"与"滋养之爱"；"危难之爱"中也常常包含"叛逆之爱"。爱情是动态的，这九种类型之间常常是流动与转化着的，比如刚开始是"依附之爱"，当其中一方更强大时就转变成了"滋养之爱"；刚开始是"危难之爱"，走到一起之后也可能变成"依附之爱"或"控制之爱"。爱情因人而异，但又有共性，这场奇妙的旅行值得我们去体验。

下编 爱情之问[①]

[①] 本篇所选的问题来源：一是 2022—2023 秋季学期我的"爱情哲学"课上的学生；二是在线上或线下的讲座中经常被问及的问题。在此一并感谢，这里作简要的回答，仅代表我个人的观点与立场。

第四十四讲 爱情的本质是什么

我认为爱情的本质是精神的互渗与彼我的融合，包括精神上的分享、对话、共同成长、相互滋养。当精神上达到共鸣时，感情才能产生，性才能愉悦。爱情消失的重要标志就是"没话说了"，其实就是没有精神交流了，虽然日子可以正常过，性生活也可以正常进行，但没有精神交流，爱情也就死了。婚姻不是爱情的坟墓，精神枯竭才是爱情的坟墓。爱情从本质上讲应该是一种精神活动与精神需求。精神是需要有对话者的，需要两个人共同追求，直到彼我最大限度地融合，成为彼此最亲密的人。

精神不是抽象的，它是具体、真实的，包括你的全部内心世界——孤独、痛苦、快乐、彷徨、焦虑、梦想、思念、愧疚、遗憾等，也包括你的世界观、价值观、人生观，你对所有事情的看法、思考、评价，还有你生活的目标、对生活的要求、对生活方式的选择等。精神上的对话是我们所有人在爱情中都渴望的。爱情本质上是双方能相互倾听、相互理解，在精神上互相欣赏，在精神上共同成长，让彼此的精神生活与情感生活质量更高。两个人的精神是独立的，又是彼此融合的。这样的婚姻也才能长久，也才有趣。克尔凯郭尔说："只有当世俗生活中与我有着最亲密关系的那个人在精神意义上也与我很亲密时，只有那时，我的婚姻才是道德的，因而，在审美上也是美好的。"[①] 精神上的亲密是难得的，两个人有精神交流，在精神上能相互理解与支持，这样的婚姻才是美好的。

精神的成长是动态的，有的人成长得慢，有的人起步得晚，但只要都看重对方，就会彼此鼓励，共同成长。即便精神的丰富程度不同，精神世界的面貌不同，但只要能平等对话，就会让爱增加，彼此获得滋养。精神的平等需要人格的平等，人格的平等首先需要人格的健全。如果一方的人格是自卑的，就不会做到真诚、坦率，也不愿意去了解对方的精神世界。这样的爱情与婚姻就会让人委屈、压抑，因为精神无法沟通而带来无尽的内耗。精神不是钱能买来的，也不是性能解决的，自卑的

---

① ［丹麦］索伦·克尔凯郭尔著，阎嘉译：《婚姻的审美效力》，北京：外语教学与研究出版社，2020，第174页。

人不会愿意交流精神，精神富有的人无法接济精神赤贫的人。

  人的精神是需要不断成长的。即便一开始精神是能沟通的，如果一方不再追求精神，两个人也就不再"同频"了。相爱的人随着岁月的变迁和各自的独立，性与情感依赖方面很容易减退，对伴侣的需求越来越少，但是只要活着，在感受这个世界，就时刻有精神的流动，就始终需要对话者。学哲学的人可能会与柏拉图、尼采、康德、老子、庄子等哲人对话，在精神上得到满足，但它还是不能代替与伴侣的活生生的对话，所以学哲学的人照样是孤独的。好的爱人首先是"知音"。那些将爱情的美好一直带到生命最后的人多是源于精神上的相通、理解与支撑。只有精神相互吸引、共同成长能让爱情更牢固。

  注重精神的人不会太计较物质上的得失，会放心地去爱，进入对方，照见自己，没有占有心，没有嫉妒心，没有自私与贪婪，拿出自己最大的善意与完全的信任。爱情最初可能是孤独的幻想，最终可能是悲伤的离别，但在最初与最终之间，自己能够被看见。没有爱情的人生是有缺憾的，如李银河所说，"爱是最美好的生存状态"[①]，当我们对爱情的憧憬被某个人出现的那个瞬间证实时，美好便降临了。在人类的历史上，无论古今中外，爱情都从未缺席，它即使不发生在你的身上，也正发

---

 ① 李银河著：《一生所寻不过爱与自由》，第98页。

生在别人的身上。即使爱情没有在你的生命中实际发生，也不等于它就不存在。当你去读爱情小说，看爱情片，爱上虚拟世界的人物，哪怕去嗑CP时，你的爱情都是在的，不同的只是爱的方式。

生命只是一个或长或短的过程，爱情是这个生命过程中开出的绚烂花朵，虽然它有的时候带刺，有的时候有毒，但它依然有独特的芬芳。爱情是脆弱的，是人这一生中最没有功利的礼物，爱情也是我们生命的动力，一个未知的旅程。在这个旅程中，你收获的是你的体验，绽开你人生的可能性。你有什么样的精神，就决定你是个什么样的人，会爱上什么样的人，会以什么样的方式过这一生。

第四十五讲　如何保持精神的追求

今天我们亟须把自己从生活的琐碎中拯救出来，从信息的碎片中逃离出来，从刷手机的"瘾"中走出来，否则，无法追求精神，也无法去爱。克尔凯郭尔说："需要一个伟大的灵魂把他的灵魂从琐事中拯救出来，但只要他愿意就能做到，因为只要有意造就伟大的灵魂，那个人就会去爱，就愿意去爱。"① 精神成就伟大的灵魂，但这是一个物质鼎盛而精神萎缩的时代，精神追求可能已经被挤压到了最边缘的位置。保持对精神的追求，是去爱的前提。读书是获得精神、培养精神的最重要的方式，也是成本最小的一项活动。热爱读书，有自己独特的精神

---

① ［丹麦］索伦·克尔凯郭尔著，阎嘉译：《婚姻的审美效力》，第99页。

世界，即便被身边很多人看作"傻子"也没关系，追求精神的人不用在乎别人怎么说。

认清楚自己，知道这是我需要的、想要的，这个很重要。我想要过这种生活跟别人没关系。对你的价值观要坚定、自信，你完全可以追历史上的那些智慧的人，孔子、孟子、老子、庄子、释迦牟尼、苏格拉底、柏拉图、尼采、康德……把他们当作耀眼的明星。追求精神会带给人内心的充实、深刻的人生意义和真正的快乐。追求精神不代表在现实中失败，不代表物质一定贫穷，精神虽然不能直接转化为物质，但可以转化为能力。精神追求可以为自己建立一个丰富强大的、多姿多彩的内心世界，它就像我们生活的后花园，给你智慧，给你安慰，给你调整的空间、喘息的余地，让你有能力去获得更好的生活，追求精神是一种无用之大用。

精神是任何人都夺不走的，它是我们在现实世界中的立身之本，精神丰富美好的人不会成为"空心人"，相反，精神可以转化为一种创造力，让你更加自信，创造更多有价值的东西。追求精神才能获得真正的幸福。追求精神不是要成为哲学大师、大思想家，而是让我们过幸福的生活。幸福是人最高的追求。如果你的精神和思想不能带来幸福，那只是一种脆弱的精神或一种精神洁癖，真正的精神是厚重的、有包容力的，能给人带来福祉的。

第四十五讲　如何保持精神的追求

　　读书，是充实我们精神的最重要的方式。读书，尤其是读经典，会帮助我们去提高智慧，判断人性，从而经营出更好的感情，同时也会增加对爱情的信念。追求精神最简单的方法就是读书，我们需要多读书，读好书，读经典，读能解决真实问题的书。读书让人精神丰富。爱情的美好其实最初常常是从书本与影视中读到与看到的，从《诗经》《红楼梦》《罗密欧与朱丽叶》《巴黎圣母院》到《泰坦尼克号》……经典的爱情作品实在是太多了，爱情借助这些作品被保存下来，让人看到它、憧憬它、相信它、追求它，如果没有古今中外一代又一代人讲述着"爱情"，我们很难想象"爱情"会一直存在至今。

　　读书不只对爱情有益，对人生也大有好处。越是"快餐"的时代，越需要通过读书来稳住心神。人间有太多好书，读书的体验与思考会帮我们建立起一个丰富强大的精神世界，知道自己要选择什么样的人生，保持头脑清醒。读书也是超越平凡的一种方式，让你能在残酷或沉重的现实生活之中发现一些美好。人拼命努力，不就是想超越平凡吗？在充满压力、丑陋、无奈的现实生活中有个寄托，有个方向，有个希望，让人不消沉、不下沉。你把自己活得配得上爱情就好。阅读是最方便、最具有可持续性的精神成长的方式，你积蓄的精神永远长在你的身上，多落魄都不会失去，庄子、苏轼、曹雪芹再落魄，都一身诗意。这诗意是精神的内在涵养，无论多少钱也买不来，无论什么人也夺不去，这是做人的底气。

我对读书总结过三句话：第一，读书是定海神针；第二，读书是与自己相处；第三，读书是与时代保持距离。读书明理，学习明道，你才有定力去应对现实，建立一个强大的精神王国，成为自己的"定海神针"；读书的人时时处处都会反思自己，与自己对话，这是件快乐的事，会让你因为和很多伟大的灵魂对话而感到愉悦，也会带来自信与底气，所谓"腹有诗书气自华"；读书让人与时代保持距离，时代瞬息万变，各种光怪陆离，尤其媒体时代，各种造星运动都是资本操纵的产物。读书人不会随波逐流，不会因被外在的这些东西诱惑而迷失了自己，也不会有太多的焦虑。所以，做个读书人，做个有精神追求的人，这是非常值得的事。

第四十六讲 爱、性与婚姻的关系是什么

爱、性与婚姻的统一当然是理想的状态。爱是相互的理解，性是由爱滋生的身体亲密，婚姻是建立在理解与亲密基础上的契约。克尔凯郭尔说："诚实、坦率、开放、理解——这才是婚姻中的生活准则。如果没有这种理解，婚姻就是不美好的，实际上也是不道德的，因为如果没有这种理解，由爱情所联结起来的感官性的东西和精神性的东西就分离了。"① 爱、性、婚姻的合一是人努力追求的结果，而不是说本然就是合一的，这需要素养，还需要运气。

也有学者将爱、性与婚姻看作具有不同功能的三件事。熊

---

① ［丹麦］索伦·克尔凯郭尔著，阎嘉译：《婚姻的审美效力》，第174页。

哲宏说："性的功能是为快感而快感；爱情的功能是为幸福而幸福；婚姻的功能是为繁衍而繁衍。如果人们无视这三者的功能区分，或将三者的功能加以混淆与替代，那么两性的情感关系将会出现问题或危机。"[1] 这样的区分确实让很多人感到轻松，也不会执着于三者的完美统一。我认为三者虽然有不同的功能，但不意味着三者一定是各自"独立"的。爱、性与婚姻是相互关联的。性的功能不一定是为了快感，也可以是为了让爱更美好。与最爱的人发生的性尽管不一定是最具快感的，但一定是自己最渴求与最难忘的，这本身就是爱的意义。婚姻也不一定是为了繁衍，婚姻的功能要由相爱的两个人自己去定义，婚姻也可以是对爱情的承诺、对彼此的守护、对安全感的满足。爱也不一定是为了幸福，爱也可以是没有理由的，只是爱上了，即便这爱会带来痛苦，它也还是爱。

爱、性与婚姻三者合一是最理想的两性关系。将三者分开来看，是对不完美的两性关系的接受，当然也是需要的。"休谟相信人与人之间存在两种爱：性爱和婚姻之爱。休谟认为，性爱通常是极具诱惑力的，从本质上看，性爱在任何情况下都没

---

[1] 熊哲宏：《性、爱情与婚姻的功能独立性：关于爱情的模块理论》，见《我爱故我在：西方文学大师的爱情与爱情心理学》，北京：北京大学出版社，2011，第225页。

有任何错误。"① 当爱、性与婚姻不能合一时，要学会接受不完美，学会包容与妥协。即便一个人选择了爱的人，结婚之后这爱也会变化。三者从合一到分离也是正常的。对于失去了爱的婚姻，现代人还可以自由地选择离婚。伊娃·伊洛思说："离婚是退出一段制度化关系的积极选择"，"'不爱'最高的表现就是离婚"②。婚姻是一种制度，不是一种自然的存在。爱情是进入婚姻的重要原因，人有权利进入婚姻，也有权利退出婚姻，都是"积极的"选择。很多女性宁愿忍受家暴也不愿意离婚，就是害怕离婚了会遭到歧视，目前很多社区已经建立了援助组织，帮助婚姻中的受害人进行自我保护和打离婚官司，这是一种进步，是对爱、性与婚姻分裂的"善后"。所以，当爱、性、婚姻不能统一时也没有那么可怕，有很多应对的办法。即使在古代，夫妻不和睦也是允许离婚的，这是"和离"。

  《唐律》规定：如果夫妻不相安谐而和离者，允许离婚并不定罪。敦煌文书中有唐代三件放妻书，证明此种协议离婚是存在的。这些文书认为既然夫妻不和，必是前世冤家……离婚对双方来说都是情愿的。有意思的是，离婚书

---

① ［美］欧文·辛格著，冯艺远译：《爱情哲学：西方世界广受欢迎的爱情课》，北京：人民邮电出版社，2014，第150页。
② ［法］伊娃·易洛思著，叶晗译：《爱的终结：消极关系的社会学》，第313-314页。

里还有对妻子再嫁的祝词:"愿妻娘子相离之后,重梳蝉鬓,美裙娥媚,巧逞窈窕之姿,选聘高官之主。解怨释结,更莫相憎,一别两宽,各生欢喜。"①

唐代法律有对离婚自由的规定,不过要经过双方父母的同意。在现代离婚已经很常见,无论选择结婚还是离婚,都只是需要对自己的选择负责。中国的一夫一妻制是1950年提出来的,才70多年的历史,婚姻制度本身并不完美。选择与放弃婚姻都是个人的自由。日本作家渡边淳一很早就开始思考婚姻制度的问题,他认为"这种一夫一妻制从生物学角度来说是相当不合理的制度,至少是不利于男女双方维持激情和性欲的制度"②。他认为,爱与性都是超越婚姻的自然现象或本能冲动,它们本身不能通过婚姻来固定,婚姻是社会的产物。渡边淳一1995年写的《失乐园》就探讨了这个问题,男女主人公都来自无爱的婚姻,但他们之间的爱又是不道德的,最后只能在双双殉情的那一刻"紧紧抱在一起不分不离"③。爱与性中包含的人的动物性的特征与对自由的追求,对现代婚姻制度提出了挑战。

伊娃·伊洛思指出,20世纪40年代,人们报告的离婚原因

---

① 常建华著:《中国古代女性婚姻家庭》,第141页。
② [日]渡边淳一著,陆求实译:《男人这东西》,青岛:青岛出版社,2021,第262页。
③ [日]渡边淳一著,林少华译:《失乐园》,青岛:青岛出版社,2021,第402页。

更多是"客观的",比如酗酒、吸毒等。20世纪70年代开始,离婚的理由变得"更加抽象、更加关乎情感",并且更加主观——"渐行渐远""对我越来越冷淡""感觉不爱了"成了离婚的主要理由。[①] 中国的情况与此相似,在离婚的原因里更多出现的是"性格不合""情感破裂""彼此厌倦""不再相爱"等。也就是说,亲密感的破坏、爱与性得不到满足、个体的价值得不到重视、个体的幸福感受到重创,这些越来越成为现代人离婚的原因。

今天还存在一种随意的性关系,也是爱情哲学面临的一个新问题。伊娃·伊洛思将在性上非常随意、不用负责、频繁地抽身而退的性行为方式称为"不经心性爱"[②]。这种性方式多是通过专门的约会网站在完全陌生的人之间发生,完成性行为之后互相几乎不会留下姓名,像一笔你情我愿的交易。爱情变得越来越轻,对婚姻也无兴趣,"性"从爱中"分离"出来,变成纯粹受荷尔蒙和神经末梢控制的行为,身体变成了物质、对象,性的快感功能被强化。伊娃·伊洛思把原因归结为资本主义及其衍生出来的婚姻市场、身体商品化、视觉主义与消费主义的共同引诱。

---

① [法]伊娃·易洛思著,叶晗译:《爱的终结:消极关系的社会学》,第317页。
② 同上,第106页。

不经心性爱拥有一种抽象形式，类似卡尔·马克思和齐奥尔格·西美尔论述的货币。货币是抽象的，因为它使商品从属于各自的交易价值，从而可以互换。在不经心性爱里，人就像商品一样，变成了可以等价交换的东西，而人们的性高潮快感成了货币。也就是说，不经心性爱以性高潮为人们计价，并且使人可以互换，这样人就抽象得只剩下快感功能。①

作者的采访表明，很多男性会以自己的性伴侣数量为傲，认为性经验越多证明他的性功能与个人魅力越大。女性则表示因为在网上的匹配速度比较快，既然很难找到真爱，那就互相短暂地陪伴一下，只图一时快乐，谁都没有长久的打算。相对来说，女性的性更关乎感情，但是在"找不到真爱"的情况下，很多女性也愿意接受"不经心性爱"，甚至有人把"不经心性爱"作为"女权主义政治的一个标志"。② 其实背后的心理不一定是为了"自由""女权"，而只是对"不确定性"的一种反应，是资本之下的"爱情虚无主义"，这是某种失望与无奈下的选择，也是现代消费主义的狂欢，把性也当作商品，把性行为当作消费，使之与爱、婚姻彻底分离。这种现象的出现是需要我

---

① [法]伊娃·易洛思著，叶晗译：《爱的终结：消极关系的社会学》，第120页。
② 同上，第123页。

的认真思考的。

资本至上的现实确实为传统的爱情观与伦理、价值观带来了极大的挑战。今天所谓的"颜值焦虑""容貌焦虑""网红脸""科技脸""A4腰"等网络词汇都间接地显示了人们对一切都要变成资本的恐慌。审美标准为消费与流量服务,从而变得单一化与虚伪化。女性的身体与容貌无疑是最重要的消费对象。伊娃·伊洛思说:

> 现代女性的性则是处在市场中,她们的性化身体通过男性凝视被无止境地、持续地僭占。然而,正是由于要践行自由,女性才被要求展示她们的性。女性被要求把自己身体的性价值转化为一种审美的、符号的、经济的操演,这正是一种权力的行为。如果说女性的身体已经被如此广泛地性化和商品化了,那正是因为性化同时具有经济价值和符号价值:有吸引力的身体是消费文化的基石……①

在资本、市场、商品与流量的主导下,"爱"被简化为"性","性"被简化为"颜值",很多人感到的"颜值焦虑"就是掉到了这个坑里,把容貌交给市场去评估,一旦获得了差评,就意味着你要被市场、流量淘汰了,因为颜值被边缘化。这种

---

① [法]伊娃·易洛思著,叶晗译:《爱的终结:消极关系的社会学》,第178页。

对颜值的追求和正常的对美的追求是不同的,更多是用这种别人的"尺子"来衡量自己,会给自己造成巨大的压力,耗尽钱财与精力,最后发现用别人的尺子来衡量颜值没有尽头,总有新的审美标准与产品在引诱人去追逐,让人停不下来。

当我们看到爱、性、婚姻这复杂的关系时,我们会知道如何安放自己,选择适合自己的处理关系的方式。三者是分离还是合一,需要自己去选择和承担,重要的是本于自己的真心做出选择,并且对选择负责。爱情问题也是一个社会问题。爱情的美好能让人珍爱身体,不把身体当作商品,而是把爱、性与婚姻真正结合起来。

第四十七讲 现代女性的处境是什么

现代女性最大的变化是经济独立，女性与男性一样需要努力干事业，这就出现了一个问题：家庭的大后方谁来负责？女性同时兼顾事业与家庭，如何寻求二者之间的平衡？在传统的家庭模式中，女性没有工作与赚钱的压力。在现代社会中，女性进入家庭之后，既要努力工作，实现自我价值，又要生育、哺乳、带孩子、做家务，这种繁重的劳动至少要持续三年之久，有二胎的妈妈可能需要三到六年才能重获自由，这个漫长的时间段对很多女性都是一种煎熬，她们要么放弃事业上的晋升机会，要么放弃在家庭中的角色，把孩子交给老人和保姆带。但也不是所有的家庭都有老人愿意带，都能雇得起保姆，这也是女性产后抑郁症、离婚甚至选择独身、丁克的原因之一。

这几年网上将现代女性的处境概括为："为母式择偶，保姆式妻子，丧偶式育儿，守寡式婚姻"，虽然不代表所有女性的情况，但反映了女性在家庭中超负荷的付出与男性在婚姻、育儿中的缺席。现代的经济、思想都已经有了巨大的发展，但是中国的家庭分工里做家务与带孩子的主要还是女性，尤其在孩子比较小的时候。女性这部分的付出没有得到重视与补偿。因此，爱情对于现代女性的意义不再是传统意义上的稳固家庭、繁衍后代，而是一个关于男女平等、家庭幸福、女性赋权与自我价值实现的新课题。

鲁迅先生 1923 年写了《娜拉走后怎样》，一百多年过去了，今天仍然值得重读。鲁迅说："娜拉或者也实在只有两条路：不是堕落，就是回来。"[1] 第一种可能是她堕落成了妓女，因为她养活不了自己；第二种可能是她养活不了自己，又回来了。两种人生无疑都是悲剧。鲁迅说如果娜拉回来了，把她放进这个"笼子"，也有两种可能：一种是她被麻痹了，有吃有喝，已经不介意自己是否自由了，"忘却了飞翔，也诚然是无路可以走"[2]；第二种是鸟在笼子里面饿死了。这两种情况显然都不是好的结局，因为她们经济不独立。今天我们终于熬到大多女性经济独立了，但在工

---

[1] 鲁迅原著，李郦编著：《坟：鲁迅杂文精读》，上海：东方出版中心，2007，第72页。

[2] 同上，第72页。

作与家庭中并没有减少劳动，而是增加了劳动。

现代女性的觉醒在于已经不满足于"被圈养"的生活，而是要与男性一样参与社会，实现自己的自我价值与社会价值，自己给自己安全感。如何平衡事业与家庭，成了女性的主要问题。这需要男性的同步改变、成长与觉悟，能够投入更多的时间与精力在家庭琐事中，能够充分地理解与帮助女性；也需要社会制度的完善，为女性提供更好的生育孩子的条件，比如延长产假、在女性生育期间以及孩子3岁之前降低工作考核标准、提供经济补助、在工作单位增加哺乳的房间和带孩子的公共场所、允许女性在工作期间哺乳、保姆可以进入工作单位的专门场所带孩子，以免影响婴儿的母乳喂养和减少母亲的分离焦虑等。否则，中国虽然放开了三孩政策，愿意生多个孩子的仍然很少，愿意生一个孩子的都越来越少，丁克的观念将会越来越普遍，人口老龄化与出生率低的问题无法真正得到解决。

当然，面对这样的两难处境，女性需要增加自己的能量，增强自己的意志，努力去解决它，而不是轻易放弃，或走向另一个极端。家庭、孩子是我们获得幸福的重要方面。现代女性可以做任何有能力胜任的工作，可以任意选择结婚还是不结婚、生育还是不生育、离婚还是不离婚、再婚还是不再婚、结婚生子还是非婚生子、做试管婴儿还是不做试管婴儿、领养还是不领养……但爱的问题解决了吗？今天的女性不需要男性、不需要孩子也能活得幸福吗？如巴迪欧所问："她们会迷失方向吗？"① 当代全球资本主义环境下，女性主义呈现出了不同的样态，其诉求或终极目的究竟是什么？这也是需要思考的。我们需要的是两性的互相理解、共同进步，而不是互相对立，一方取消另一方的存在和意义。

在当代全球资本主义的环境下，巴迪欧认为有一个资产阶级的集权主义式的女性主义版本，"这种女性主义要求女人当法官、当军官、当银行家、当高级经理、当议员、当政府官员、当总统……她们认为这就是女性平等的标准，也是女人的社会价值。在这个意义上，女人就是无往而不胜的资本主义的常备军。"② 这也是一个提醒，当女性拿到了权力，她们同样要面临被"资本"利用和自身男权化的危险，关键的问题是如何避免成为被资本主义利用的女性权力。所以，我们既要看到今天女性兼顾事业与家庭的艰难，鼓励女性努力，敦促男性成长，要求制度完善，同时也要看到在这样的处境下辛苦努力的意义。既要看到女性主义、女权主义在很多方面对女性发展的推动，对女性力量崛起的贡献，也要深知女性追求的终极幸福是什么。

---

① ［法］阿兰·巴迪欧著，蓝江译：《何为真正生活》，北京：中国人民大学出版社，2019，第75页。
② 同上，第91页。

第四十八讲　如何面对婚姻中的爱恨交织

人们常说"婚姻是爱情的坟墓",其实准确地说,是有了孩子之后,柴米油盐加上了鸡毛蒜皮,爱情就面临了极大的挑战。可能每天你都要对爱情失望一次,对爱人失望一次,直到孩子长大成人。但是,这就是人的实际生活处境,是这个时代人的特殊处境。

爱情与婚姻中都是"爱恨交织"的,因为爱情和婚姻中的双方是两个独立的个体,相爱是因为彼此有需要,相恨是因为不自由、不平等。对伴侣的期待越少,婚姻可能越幸福。在婚姻中做好自己,不要寄希望于对方做出多大改变。除对孩子要尽到的责任与义务以外,其实什么要求都无法有,不必去向配偶求"关注",这世界上真正关注你的、始终关注你的可能只有父母，不要把爱人当成父母来依赖。人性有自私与功利的一面，我们不能期待爱情可以彻底改变人性。爱情的激情与浪漫会在婚姻中慢慢褪色，婚姻最终要靠品德、责任与善良来维系。

婚姻中的妥协是需要的，准确说不是妥协，而是让步。让步是主动的，是给对方方便，也给自己方便。当然，前提是双方让步，是每个人都让渡一点自我与自由，才能与爱人相处。人各有缺点，价值观各有不同，互相包容就是让步。没有这个，婚姻就会充满矛盾与痛苦。做好自己、教育好孩子永远是最重要的事。如果遇到爱情，当然很幸运，但不能抱住爱情不放，尤其当人到中年，生活的重心需要更多地放在自己的事业与孩子的教育上。婚姻的意义也不再是爱情，而是一个共同进步的"家"。

如何面对婚姻中的这些问题？我们借助这三部电影来分析，这是同一个导演和两个主演用了18年的时间拍摄而成的连续剧式电影——《爱在黎明破晓前》（1995）、《爱在日落黄昏前》（2004）、《爱在午夜降临前》（2013）。两位主人公经过了浪漫，也经过了很多艰难走到一起。到了第三部《爱在午夜降临前》时已经人到中年。他们的双胞胎女儿已经上小学，但夫妻争吵不断，中年人该如何经营自己的婚姻？这是个问题。杰西为了赛琳从纽约来到了巴黎，赛琳为了照顾两个女儿而不能安心工作，两人都付出了很多。互相憎恨是因为各自的付出与牺牲都

第四十八讲 如何面对婚姻中的爱恨交织

到了不堪重负的时候。赛琳说：

> "女人在广袤的自我牺牲的花园中探索永恒。"那句话太对了，已经存在了一万多年，够了，我不想当那样的女人。什么婚姻对同性恋很重要，避孕是妇女的权利，全都一回事。让我放弃希望。千百万女人放弃了希望。我绝不那样做，这比我本人更重大，更有意义。

这段话像女权宣言，虽然破坏了夫妻独处本来应有的浪漫的氛围，但对于女性观众来说应该很过瘾。女性在家庭中的这种付出变成了社会默认的习惯，任何对女性在琐碎沉重的家务与育儿中牺牲的美化与淡化都是不人道的，就像"妇女节""母亲节"的这一天女性得到了非常多的赞美，但是节日一过，女性要继续超负荷地从事繁重的家庭劳动与带孩子。各种宣传与美化常常是让女性忘记反抗，放弃寻找出路。剧中的杰西与赛琳为这些家庭琐事大吵，赛琳愤而离开，杰西去找了赛琳，假装是通过时空机穿越而来的，给80岁的她写了一封信：

> 亲爱的赛琳，我在森林的彼端给你写信，我给你的建议是：你正进入生命最美好的阶段，从我现在往回看，相比青春年少，中年只不过难了一点点……你会没事的，你的女儿们会长大，成为女权运动偶像。顺便说一下，我一生中最好的性爱是在南伯罗奔尼撒半岛的那一夜。

这是哄妻子的方法，也是给对方台阶下，爱情与婚姻中的抱怨、争吵、痛苦多是来自生活的压力和对自己的不自信，尤其人到中年的时候。伴侣之间需要情感的陪伴、情绪的忍耐，相互倾听与理解。爱情与婚姻中最忌讳的是情绪化与冷暴力，女性的情绪化与男性的冷暴力是相互构成的，面对妻子的抱怨，丈夫很容易用冷暴力的方式处理，结果让感情跌入冰点。杰西对赛琳说："这是真实的人生，不完美，但很真实。"人都是不完美的，婚姻是各种机缘的凑合，有很多自己无法主宰的事。

杰西说："今天晚上会是你80岁以后还会谈起的夜晚吗？"重要的是把每一个夜晚尽可能过得值得回忆。婚姻坚持下去，其实不是为了婚姻本身，也不是为了爱人，为了孩子，而是为了给自己的未来创造更多美好的回忆。黄昏时分两个人一起看夕阳，看太阳"还在，还在，没了"，这个过程正是对人生的浓缩。活着的时候我们要多和爱人一起看看夕阳，感受生命一点一点逝去，珍惜彼此能相互陪伴的每一个当下。爱情归根到底是自己的，只与自己有关，互相减少伤害与内耗，这便是婚姻中的修行。

心理学家罗兰·米勒将爱情分为四种："浪漫之爱、相伴之爱、愚昧之爱和完美之爱。"[①] 浪漫之爱是有着强烈的亲密感和

---

① ［美］罗兰·米勒、丹尼尔·珀尔曼著，王伟平译，彭凯平审校：《亲密关系》，北京：人民邮电出版社，2020，第255页。

激情的,是喜欢和迷恋的结合,这样的爱情往往来得快,去得也快。他通过调查欧美的爱情与婚姻状况指出:

> 随着时间的流逝,人们在浪漫和爱之激情量表上的得分就会下降,这还是那些努力维持婚姻的夫妻的情形!……仅仅在结婚两年之后,夫妻彼此平均表达出的情爱就比他们刚结婚时减少了一半。从全世界范围来看,婚姻之后的第四年是离婚最频繁的时间段。①

这还是1993—1995年的研究情况,30年过去了,今天的爱情与婚姻关系更为脆弱。他认为当人慢慢变老,激情消退,亲密与承诺就会加强,但问题是,很多人的婚姻坚持不到变老的时候,当激情消退,矛盾变多,面临的诱惑增加时,爱情常常不堪一击。那么,如何对待感情的破裂?我认为首先在爱情中不要依赖对方,因为对方也有自己的很多问题要解决,要克服原生家庭的各种负面影响。其次,不要把原生家庭的负面影响作为自己处理不好婚姻问题的理由。人学习的目的就是战胜人生各种负面影响,一个成年人有义务去克服这些影响,让自己强大起来,去承担自己应该承担的,治愈自己应该治愈的。

如果到了感情完全破裂,理解、包容、让步都不愿意的时

---

① [美]罗兰·米勒、丹尼尔·珀尔曼著,王伟平译,彭凯平审校:《亲密关系》,第275-276页。

候，说明彼此已经不爱了，分手或离婚也可以变成另一种重生。婚姻中爱情的维护确实有这么多的不易，但不能没有爱情。爱情注定是一场随时都会结束的冒险，一团终会燃烧殆尽的火焰，但是没有冒险过，你就不会获得更丰沛的生命意义。

第四十九讲　如何看待独身、丁克现象

独身、丁克的现象很复杂，成因也很多，不能一概而论。其实很多人都是被独身、被丁克的，很少有人天生就不喜欢被爱，不喜欢爱情，不喜欢有自己的孩子，这些都是人的本能。一种现象既然存在就是有原因的，我们理解原因，才会理解这种趋势，既尊重别人的选择，也清楚自己的选择；既思维开阔，懂得包容，也不盲目跟风，回避问题。独身、丁克本来是少数人的个人选择，但今天越来越普遍了，加上今天出现了很多的社会问题，比如出生率下降、人口老龄化等，而独身、丁克会加剧这些社会问题，所以引起了很多领域的关注。

今天的"独身"至少有四种不同的原因和情况：第一，价值观的原因。他们多是条件优越的中产阶级，生活在一线城市，追求自由与生活质量，宁愿养养小猫、小狗，也不愿意结婚生子，这是一种"享受式"的选择，这样的群体在欧美发达国家、韩国、日本、新加坡、我国香港地区也很早就出现了，在当时是开辟了一种新的价值观与生活方式的代表。第二，运气的原因。有的人运气不够好，错过了恋爱与择偶的最佳时期，一直没有遇到适合的人又不想凑合，所以独身。第三，人口的原因。当今男女两性的人口比例失调，中国男性比女性多出约 3 000 多万人，导致农村大量的"单身汉"出现，他们付不起彩礼，没钱娶老婆，被迫选择独身。第四，市场的原因。在婚姻市场上女性受年龄的影响更大，超过 25 岁，竞争优势就小了。超过 35 岁，择偶的空间就更小了。加上中国传统价值观导致的"甲女丁男"——男性普遍想找比自己弱一点的女性，剩下的是最普通的丁男与最优的甲女，但是最优的甲女不愿意接受这个结果，会选择独身，进而丁克。

今天出现的是新中国成立后的第四次"单身潮"，除了以上的原因，还有个人主义、自由主义、消费主义、享乐主义等价值观带来的影响。在一线城市，就业压力，买房压力，教育制度、医疗制度等方面存在的问题，离婚率的攀升等也让很多年轻人对结婚、生子比较畏惧，这些都是可以理解的。无论选择哪种活法，自己觉得快乐与幸福就好。克尔凯郭尔说："人们结婚是为了生孩子，为这个地球上人类的繁衍做出自己微小的贡

第四十九讲　如何看待独身、丁克现象

献。想象一下，如果一个人没有孩子，他的贡献就会非常之小……换句话说，就影响人们，使他们顺从并进入婚姻这个角度，我们的时代已经进入了一个艰难的时期。"① 这还是19世纪的观点，克尔凯郭尔可能没有预想到今天这个问题有多严重。生育当然不是为了做贡献，但它是人类生生不息、不断繁衍下去的重要方式，技术还不能完全取代男女结合生育的方式，更何况还有伦理的问题。

巴迪欧说，哲学的主要问题就是"真正的生活"。什么是"真正的生活"？"那就是为了让年轻人明白有着比所有事物更好的东西：真正的生活。某种值得的东西，某种值得去过的生活，这种生活远胜于金钱、快感和权力。"② 爱情以及由爱情带来的婚姻家庭、生儿育女当然是超出金钱、快感和权力的事情之一，它是很多人仍然在追求的价值。爱情是现代人愿意生育的重要前提，爱情可以导向婚姻和创造新的生命，它的意义不用赘述。

很多人在临终的时候可能最想看到的还是家人、孩子，而不是在医院里被插满管子孤独地面对死亡或独自死于寓所无人发现。这是普通老百姓无论多么辛苦也要生儿育女的最朴素的原因。"自我中心"和自私是这个时代很严重的病，每个时代都有它的压力，即使没有经济压力，也还有战争、天灾、疾病等，

---

① [丹麦]索伦·克尔凯郭尔著，阎嘉译：《婚姻的审美效力》，第101页。
② [法]阿兰·巴迪欧著，蓝江译：《何为真正生活》，第9页。

但人生的意义恰恰是在战胜困难与辛苦努力中获得对生命的领悟。

选择独身与丁克的人越来越多。一个人没有遇到愿意去爱、去结婚、去和他（她）生孩子的人，自然就会选择独身或丁克。"爱情把人的自然本性和社会本质联结在一起，它是生物关系和社会关系的综合体，是人精神情感多面的、深刻的、有生命力的集中体现。"[1] 弗洛姆、伊娃·易洛思、韩炳哲是本书多次引用的作家，他们从不同的角度指出爱情正在走向衰亡，他们对此表现出了忧虑。这些都在启发我不断地思考。学者的使命是去解决问题，而不是逃避问题。我希望更多人有勇气去爱，有智慧去经营婚姻，有热情去创造生命。

---

[1] ［保］瓦西列夫著，王永军编译：《爱的哲学》，北京：国际文化出版公司，2004，第216-217页。

第五十讲　如何看待"虚拟之爱"

虚拟之爱主要是指"赛博之爱"。"赛博"是对"cyber"的音译，源于希腊文"kyber"，原意为"舵手"。"赛博"在现代是电脑仿生、人工智能的意思。"赛博之爱"是指虚拟世界中的恋爱，通常借助电子游戏、社交媒体或虚拟设备等渠道进行，是现代深受年轻人喜爱的情感模式，具体包括用线上交友网站寻找伴侣、网恋、迷恋某个虚拟的二次元偶像或人物角色"纸片人"（动漫中的人物）、恋爱模拟游戏、科幻作品中的人机爱恋、网上追星、"嗑CP"等多种形式。这是数字化时代带来的新的恋爱方式。

在我看来，纸片人、动漫人乃至所有屏幕上的人其实都是"二维人"。虚拟之爱是别人操纵的爱情，是设计者构造出让你参与的爱情游戏,而不是自己与一个实体人创造的真正的爱情。我把它看作 AI 技术对人类爱情的"降维打击"。它是 AI 时代的产物,是"爱情"的替代品,而不是爱情本身,它的产生是必然的、可以理解的。虚拟的恋爱不仅能丰富年轻人的情感世界,让他们有一个寄托,而且更轻松,不需要对一个"纸片人"负任何责任,只需要缴纳上网费、流量费与游戏费即可。这种恋爱的方式应运而生,正是"爱情困难"或"爱情危机"的表现,虚拟恋爱源于现实中实体爱情的困难。

年轻人感到生活压力大,要考虑工作、房子、车子、孩子、医疗等,在竞争越来越大、经济越来越困难的情况下,他们忙于中考、高考、考公(公务员)、考研、考博,没完没了地考试,与现实世界接触得更少,也更晚。现实生活的压力、对爱情与婚姻的恐惧、越来越"自我"的价值观等都使得这些科技替代品成为年轻人逃避现实的手段。但最终可能带来的是更深的情感迷茫与价值混乱,有一篇论文从"女性玩家"的角度分析了这个问题。作者说:

> AI 虚拟男友青年女性玩家的择偶观畸变是"金钱至上、不劳而获"的价值观、"颜值优先、帅即正义"的审美观、"女性为王、女权先行"的性别观、"朝三暮四、游戏人间"的爱情观、"茕茕奔忙、难敌困境"的生存压力与

"任你塑造、唯你独尊"的算法耦合共同作用的结果。①

文中指出，AI虚拟男友作为人工智能技术在情感领域的应用，2020年刚出现时便大受追捧，落地中国7天便吸引了118万名玩家定制。其实不只是女性玩家，AI虚拟女友一样吸引男性玩家。"虚拟之爱"的世界不分男女，虚拟恋爱的男生不比女生少。背后的价值观虽然没有论文作者说得这么严重，但确实已经与传统的价值观、爱情观与解决问题的方式大不相同。他们是在幻想与想象的世界去满足现实世界的情感缺失。他们想要爱与被爱，但缺乏应对现实的能力与勇气，放弃了在现实世界中去遇见爱情、经营爱情的信念，爱情对他们来说是"内耗"。我们正处在一个害怕爱、害怕付出的时代，只不过年轻人生在智能时代，拥有可替代的方法，电子产品伴随他们长大。

论文列举了虚拟恋爱对象的各种便利与好处，比如"人机交流"的及时性与顺畅性。当玩家向AI虚拟男友发送消息后，后者所依凭的强大计算能力能够在极短的时间内解读消息背后隐藏的动机与渴望，立刻做出玩家想要的回应，让玩家随时随地可以"婚恋对话"。② 于是，恋爱变得简单了，对你毫无伤害，

---

① 蒲清平、向往：《AI虚拟男友青年女性玩家的择偶观：畸变、症因与矫治》，《中国青年研究》2022年第4期，第86页。按：感谢"爱情哲学"课上的单文彦同学提供这篇参考论文。

② 同上，第87页。

快速满足你对爱情的幻想。但这真的是一种满足吗？你能教会一个"纸片人""机器人"恨你吗？他们能自己发出情感而不是被程序控制吗？他们的"回应"真实吗？它们能代替一个有血有肉的人去自主感受与思考吗？它们能在互动中促进你的成长，增长你的智慧吗？其实是背后看不见的设计者控制着一些没有心的假人，玩家和假人谈了一场假的恋爱，暂时填补了内心的空虚。麦克尤恩在小说《我这样的机器》中思考过这个问题，小说的最后机器人失控了，人根本控制不了机器。[1] 设计者自己在恋爱与婚姻上可能都困难重重。即便我们为机器人设计了符合人类所有期望的道德，机器人也不会把它实践出来，因为它无法应对人际的摩擦。我们今天没有一个完善的使用游戏软件的道德规范，它是不可控制的，会带来很多负面的影响。

虚拟之爱是当下特殊的产物，是面对现实中的一些压力而选择的一种寄托。但我觉得人类几千年甚至几万年依赖的"实体恋爱"的价值观与恋爱模式并没有"过时"，也不会过时。正如论文中说的："从牛郎织女鹊桥相会、山伯英台双双化蝶的爱情传说，到罗密欧与朱丽叶不屈从家族重压勇敢相爱，马克思与燕妮、恩格斯与玛丽突破阶级壁垒，同经苦难沧桑的爱情故

---

[1] ［英］伊恩·麦克尤恩著，周小进译：《我这样的机器》，上海：上海译文出版社，2020。

第五十讲 如何看待"虚拟之爱"

事皆证明,摒弃身份的差异而坚定双方平等的认知,避免一味索取的自利而燃生彼此相依的温暖是古今中外共同认可与坚守的爱情观念。"[1] 这样的爱情观能给人带来更多的意义,也能给社会带来更多美好,给他人带来更多鼓励。

爱情首先是"人"与"人"之间产生的感情,这个"人"是肉身的人,不是机器人。这种感情达到了精神层面的爱,尽管不同人的精神层面与契合度不同,但都不是对"物"产生的精神之爱。沉迷于虚拟世界的人其实是另一种恋物癖人格,只不过恋的不是生活中的"物",而是屏幕上的影像,人盯着屏幕与电脑或手机谈了一次恋爱而已,无论这种恋爱带来了多少想象与满足,它都不是人与人之间的,而只是肉身与灵魂都缺席的一场游戏。与真实的人恋爱是身体与心灵都能切实感受到的,不需要屏幕,不需要媒界。虚拟之爱大大削减了爱的厚度与意义,让人对人情、人性更缺乏肌肤相融、四目相视的深刻了解。

我更相信"物极必反",人类最终会从虚拟的世界退回到身体切实感受的世界,虚拟世界是科技的产物,没有科技,就没有虚拟恋爱。但是没有科技,照样有实体人的恋爱、人与人的活生生的恋爱。从庄子到海德格尔都是反对技术的滥用的。AI

---

[1] 蒲清平、向往:《AI虚拟男友青年女性玩家的择偶观:畸变、症因与矫治》,第91页。

时代的狂欢是资本与科技共谋的结果，它在其他方面当然有进步的意义，但在爱情方面对人有摧毁性的打击。资本与科技的伦理学是滞后的，所以不妨"让子弹飞一会儿"，不要恐慌，也不要急于把 AI 生活定义为未来普遍、持久的生活模式，更不必断言爱情死了。

附录　爱情私语

1. 你可以对爱人失望,但不要对爱情失望。
2. 爱情是短暂的,但似繁花,永远开在记忆里。
3. 自由的时候想去爱,爱的时候不自由。
4. 每一种活法都是平等的,都是替不能这样活的人活一次。
5. 爱情中的痛苦多是源于用自己的思维去想对方。
6. 爱情可以是少年懵懂,可以是干柴烈火,可以是柴米油盐,可以是海市蜃楼。
7. 爱情是你夜深人静最想联系的人。
8. 爱情最美的模样是初生的婴儿,充满神迹。
9. 如果不能走出自卑,爱情就是一个又一个"坑"。
10. 人生最重要的事有两件:爱与死。

11. 女人更在意自己的感受，男人更在意男性世界的评价，爱情对于两性的意义不一样。

12. 无论你爱的人是否出现，你都可以陪伴爱情度过一生。

13. 婚姻像一场考试，有的人一次通过，有的人需要补考，有的人弃考。

14. 结婚是公开的性宣告，离婚是不爱的公示牌。

15. 战胜无爱的方法只能是爱。

16. 一个对自己不自信的人才会嫉妒别人。

17. 嫉妒不代表你爱一个人，只代表你想独占这个人。

18. 殉情是一种自我感动，永远不会感动对方。

19. 孩子不是我们的，只是借我们的身体生出来，所以不要干涉他们的人生。

20. 孩子是爱情的结晶，爱情可以消失，亲子之情不会。

21. 婚姻不是爱情的坟墓，精神匮乏才是。

22. 原生家庭是我们认识自己的窗口，不是我们逃避问题的借口。

23. 性是一种氛围，性的美好在于朦朦胧胧、蠢蠢欲动。

24. 爱的能力是一个人最高的能力。

25. 性能让人体会到最真实的自己。

26. 精神恋爱中有肉体的吸引，只是肉体不完美，而精神可以完美。

27. 孩子让我们看到还没有记忆时的自己。

28. 你可以对婚姻失望，但不要对人生失望。

29. 失恋就是站在悬崖上，生出翅膀来，是可以重生的机会。

30. 如果有一天人类灭绝了，人类文明刻在宇宙中的应该是"爱"这个字。

31. 爱情是爱一个人的全部感受。

32. 失恋时幻灭的不是爱情，而是对爱情的想象。

33. 有时候自己都不住在自己的心里，更何况别人。

34. 爱情得以长久不是靠激情，而是靠修养与善良。

35. 爱情与婚姻是我们修行的道场。

36. 没有完美的爱人，只有不停地寻找。

37. 我们永远在爱的路上，一边品尝它的甘甜，一边望向远方。

38. 爱情其实不是爱上了对方，而是爱上了更美好的自己。

39. 爱情的痛苦多是双方的心理缺陷造成的。

40. 只有人格健全的人能拥有美好的爱情。

41. 爱一个人会感觉他无处不在，你看书的时候他在字里，你收衣服的时候他在风里。

42. 不要同情不该同情的人，更不要把同情当爱情。

43. 爱情的选择里不要有任何勉强的成分，否则后患无穷。

44. 现代婚姻仍然需要"门当户对",不是物质上的,而是能力与见识上的。

45. 独立不等于独身,女权不等于成为像男人一样的人。

46. 自信就是既知道对方的优点与缺点,也知道自己不可替代。

47. 自己是什么样的人,就会有什么样的爱情。

48. 爱情是一种命运,命运是性格、思维方式、价值观与运气决定的。

49. 爱情是人类写给宇宙的一封情书,是我们存在过的痕迹。

50. 美是最高的哲学,爱是无言的诗。

后记

　　这本书与前两本通识著作①不同的是加了脚注，因为是本着学术的心去做一件"课虚无以责有，叩寂寞而求音"的事，把一种看似虚无的东西尽可能呈现出来。我希望当代的爱情依旧是鲜活的，依旧保持它的精神性与纯粹性，能带来更多的生命意义，也希望"爱情哲学"课能成为中国内地通识课中常见的一门。

　　感谢为了写这本书读过的所有著作的作者，他们给了我很多启发，而我能力有限，并不能掌握他们的全部思想，只是汲

---

　　① 一本是《放下心中的尺子：〈庄子〉哲学50讲》，北京：中国人民大学出版社，2019；一本是《无为的能量：〈老子〉哲学40讲》，北京：中国人民大学出版社，2022。

取与本书有关的讨论，甚至个别之处有断章取义之嫌。

感谢汪民安老师、杨雪梅老师、仲辉老师、郑泽绵老师、马涛老师、郭鼎玮博士与王嘉玲博士看了本书的初稿，给了我宝贵的修改意见和不吝推荐；感谢我的侄女林思彤帮忙校对了第一稿。

感谢中国人民大学2020、2023年"爱情哲学"课上的同学给予的启发与支持。有同学说："可惜我已经大四了，无法再选到您的课了。"我说："都在江湖，还会再见。"

感谢2020年我在线上、线下采访过的100位女性朋友，感谢她们给我的信任、陪伴与友谊，让我对那段特殊的日子有很多美好而温暖的回忆。

感谢北京幽兰国际女子学院的陈丽院长对我的访谈计划的支持，感谢"十点读书"的雅君直播平台，感谢明德家塾的李立立老师的支持。

感谢中国人民大学出版社的杨宗元老师、王宇老师、崔毅老师、陈希老师陪伴与帮助这本书的诞生，这是我在人大出版社出的第六本书。

感谢我的父母，帮我度过非常艰难的一段带娃时光，也让我们有了更多相处的记忆。

感谢我的两个孩子给我最美好、最天真、最纯粹、最信任的爱，发乎自然，毫无保留，亲子之爱会永远留在我生命的最深处。

感谢读者，愿你遇见爱情，并且好运。以十年前写的这首《爱情》作结，愿那些不能被"思"，不能被"探"，不能被"问"的东西就永远存在我们的心里。

爱情

你毫无知觉，从我的眼里汹涌而出

阳光照进来，以为是你

你弥漫在所有的事物里

将它们升华为

沉默的夜

你满不在乎，我小心翼翼

你千里命中，我在劫难逃

你抽刀断水，我念念不忘

大雪中的绛芸轩

字字都好

怡红公子踏雪而来

你敲错的那声木鱼

是最好的节拍

辗转反侧　寤寐思服

被爱上的那个姑娘啊

蒹葭苍苍　白露为霜

在水一方的伊人啊

是否都到了爱人的身旁

　　　　　　　　　　　　　　　　　林光华

　　　　　　　　　　　　　　　　2024 年 2 月 14 日

图书在版编目（CIP）数据

爱的能量：爱情哲学50讲 / 林光华著．--北京：中国人民大学出版社，2024.7．--ISBN 978-7-300-33012-9

Ⅰ．C913.1-49

中国国家版本馆CIP数据核字第20249NA061号

爱的能量
——爱情哲学50讲
林光华　著
Ai de Nengliang: Aiqing Zhexue 50 Jiang

出版发行	中国人民大学出版社		
社　　址	北京中关村大街31号	邮政编码	100080
电　　话	010-62511242（总编室）	010-62511770（质管部）	
	010-82501766（邮购部）	010-62514148（门市部）	
	010-62511173（发行公司）	010-62515275（盗版举报）	
网　　址	http://www.crup.com.cn		
经　　销	新华书店		
印　　刷	北京联兴盛业印刷股份有限公司		
开　　本	890 mm×1240 mm　1/32	版　次	2024年7月第1版
印　　张	15.625 插页4	印　次	2025年10月第2次印刷
字　　数	277 000	定　价	89.00元

版权所有　侵权必究　印装差错　负责调换

守望者
The Catcher